JN420867

수학 조작교구

안병곤 지음

KyoWooSa
教友社

머리말

Preface

I hear, and I forget
I see, and I remember
I do, and I understand!

중국 속담에 "듣는 것은 잊어버리고, 본 것은 기억하지만, 활동한 것은 이해한다."는 속담이 있다. 이것을 초등수학교육의 측면에서 생각해보면 수학적인 의미의 구성과정에서 활동학습의 중요성을 나타내는 말이기도 하다. 수학은 어떤 교과보다 추상성과 형식성이 뚜렷하여 조작교구를 활용한 활동학습이 필요한 교과목이다. 활동학습에서 조작교구의 활용은 구체와 추상의 사이의 틈새를 잘 연결해주며 수학적인 기본 개념형성에 많은 영향을 끼치고 있다. 특히 초등학생들에 해당하는 인지발달의 시기가 구체적 조작기에 해당되어 조작교구를 통한 활동학습은 더욱 효과를 발휘할 수 있다. 즉 수학적인 의미 형성의 기초에는 학생들의 적극적인 조작교구를 통한 활동학습이 많은 도움을 줄 수 있다는 것이다. 이러한 활동에는 물리적 활동과 정신적 활동이 있는데 조작교구를 활용한 물리적 활동 과정에서 얻은 경험과 상호간의 의사소통이 관련된 학습내용의 정신적 활동인 내면화에 많은 영향을 미치게 한다.

또한 초등수학교육의 목표인 수학적인 사고능력의 계발과 문제해결능력의 신장 그리고 창의성의 계발 등에서도 조작교구의 활용은 중요하게 작용하고 있다. 그러나 실제 초등학교의 수학수업에서 조작교구의 활용은 조작교구에 대한 정보의 부족과 각 조작교구에 대한 구체적 활용에 대하여는 많은 교사들이 심적인 부담을 느끼고 있는 게 현실이다. 이러한 부담을 조금이나마 줄여주고 실제 수업에서 활용 가능한 조작교구를 찾아 그 활용방법을 교재에 구체적으로 제시하였다.

이 교재의 구성은 제1편과 제2편으로 나누어 제1편에서는 수학조작교구 활용의 필요성과 이론적 배경을 제시하였고, 제2편은 구체적 조작교구의 활용 방안으로 기하판(Geoboard), 퀴즈네어 색막대(Cuisenaire color rods), 십진블록(Base ten blocks), 주사위(Dice), 소마큐브(Soma cube), 탱그램(Tangram), 논리블록(Attribute blocks), 패턴블록(Pattern blocks), 폴리드론(Polydron), 도미노(Domino), 펜토미노(Pentominoes), 모형(Model), 산가지(Counter)의 13가지 조작교구에 대한 구체적인 활용방안과 내용을 제시하였다. 독자 여러분들의 많은 활용을 기대한다.

끝으로 이 교재가 나올 수 있도록 도움을 준 교우사 오판근 사장님께 감사의 말씀을 드린다. 앞으로 보다 좋은 내용의 구성을 위하여 독자 여러분들의 비판과 좋은 의견을 기대한다.

2011년 9월

차 례

제 1 편 수학 조작교구 / 1

제2편 수학에서 조작교구의 활용 / 61

Chapter 03 수학 조작교구의 학습 / 63

P·A·R·T 1

제1편 수학 조작교구

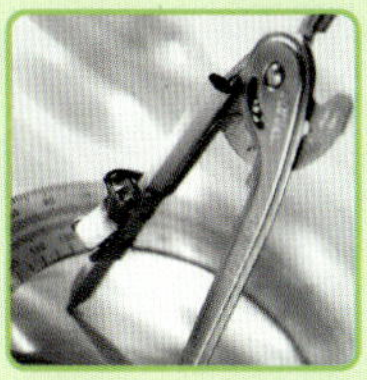

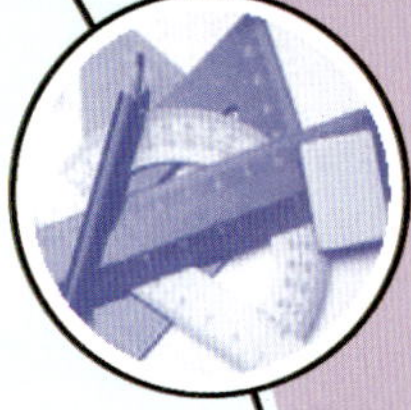

Chapter 1 수학 조작교구의 학습

1.1 수학 조작교구의 필요성

1.2 초등수학에서 조작교구의 학습

1.3 초등수학 교과서의 분석

1.1 수학 조작교구의 필요성

지식·정보화 사회에서는 학생들에게 지식의 소비자에서 지식의 창출자로서의 역할의 변경을 요구하고 있다. 즉 지식을 분석하고 창조할 수 있는 학생을 기대하고 있는 것이다. 이러한 사회에서는 수학적으로 읽고 쓰는 수학적 소양도 언어적 소양만큼이나 중요하게 되었다. 이는 수학이 지식·정보화 사회의 바탕이 되기 때문에 더욱 그렇다. 예전에는 과학계열에서만 요구되었던 수학적 재능이 이제는 평생 직업의 필수 요소가 된 것이다. 또한 사회에서는 이러한 수량적, 과학적, 기술적 문제들을 잘 처리할 사람들에게 더 많은 기회가 주어지고 있어 수학적 힘의 육성이 더욱 중요하게 된 것이다.

학습자들은 물리적 세계의 한 부분으로서 모든 사물과 직접 대하게 된다. 사물에 대한 직접적인 경험은 학습에 가장 필요하며 Piaget의 구체적 조작 사고 단계도 이에 기반을 두고 있다. 일반적인 학습과정이나 목적에서 학습동기, 암기력, 수학적 이해력, 문제해결 능력이나 학습 태도 등의 요인들은 모두 감각적 학습에서 비롯된다. 이러한 구체물로 이루어진 물리적 반응과정이 추상적인 정신적 개념 구성의 기초과정이 되며, 이 반응은 다시 정제되고 재구성이나 종합과정을 거쳐 보다 유용하고 일반화된 개념으로 형성된다. 이 과정에서 교수활동은 학습 내용과 관련된 구체물이나 의도에 따라 잘 짜여진 상황을 통해 제공되는 자극에 기초하고 있다.

Piaget나 Bruner, Flavell의 학습이론에서 조작활동은 학습자의 내적 활동을 통하여 기호체계와 같은 상징적 방법으로 나아가고 있다. 여기서 중요한 것은 내적인 조작활동이 보다 정확하고 지속적으로 이루어지도록 구체적 조작물을 통한 경험이 중요하다. 새로운 수학적 개념 학습이 학생들에게 어려운 이유는 그것이 추상적인데 있다. 이러한 상황에서 조작물은 구체적인 세계와 추상적인 사이의 틈을 메울 수 있게 한다. 예를 들면 학생들은 수 세기 활동에서 구체적 조작물은 “수” 모형을 통하여 개념을 관찰할 수 있다. 구체적 조작물의 또 다른 장점은 교수·학습과정에서 활발한 의사소통이 가능하게 한다. 즉 학생들이 수학의 기본 개념에 대하여 느낀 점을 이야기하고 기록하며 수학적 개념에 대한 이해를 발전시켜 나갈 수 있는 것이다. 이때 교사는 학생들의 개념형성을 위한 적절한 발문을 곁들이고, 학습자들은 학습결과를 학습지에 기록하고, 친구들과 토론을 하거나 교사에게 질문을 하는 등 활발한 수학적 의사소통을 경험하게 된다. 구체적인 것에서 상징적인 것으로 가는 과정에서 학습자가 그 과정을 잘 거쳐 갈 수 있도록 돕는 것이 훌륭한 교사가 지녀야 할 중요한 사항이다. 이때 학습자가 그 과정을 잘 건너도록 교사는 가장 효과적인 방법을 찾아야 한다. 이것이 최초의 학교수학이 시작되는 초등수학의 중요성이기도 하다.

수학학습의 주요 목표는 학생들이 수학적 개념이나 지식을 효과적으로 습득하도록 돕는 것이다. 대부분의 학생들은 구체적 학습자료 없이는 곧바로 추상의 세계로 가는데 어려움을 느낀다. 조벽(1999)의 조사에 따르면 학습 후에 학습내용이 남아 있는 비율은 읽기만 학습은 10%, 듣기만 학습은 26%, 보기만 학습은 30%, 보기와 듣기를 한 학습은 50%, 보기와 말하기를 통한 학습은 70%, 말하기와 행동을 통한 학습은 90%로 나타난 바람직한 학교수업의 방향을 보여 주고 있다.

Weaver와 Suydam(1972)은 수학 학습에서 구체물의 사용이 의미 있음을 보여 주었다. 즉 학생들이 구체적 대상과 더불어 학습하고, 말할 때 의미는 창조되고 동화된다. 더욱이 의미의 개발은 반복적인 훈련이나 연습보다 앞서야 하며, 구체물의 활용은 상징적학습보다 앞서야 한다. 즉 수학학습에서 구체물의 사용이 학생의 구체적 환경과 수학의 추상적 수준 사이의 틈새를 연결하는 것이다. 물론 이와 같은 본질적 목적 이외에도 조작교구를 통한 실제적인 활동은 동기와 흥미의 유발에 효과가 있어 수학교육 분야에서 매우 중요하다.

수학학습에서 교구의 개발은 1950년대 말부터 시작되어 지금은 다양하게 개발되어 사용되고 었다. Suydam(1982)은 미국의 교사들은 대체로 조작교구의 활용이 아동이 수학적 개념 형성에 도움이 된다고 하였다. 그러나 대부분의 교사들은 수학수업에서 교과서 이외의 다른 교구를 자주 사용하지 않는 것으로 나타난다. 이렇게 조작교구의 활용이 교실수업에서 외면당하는 이유는 시간이나 경비, 교구의 종류나 품질, 교사 문제 등의 어려움이 있기 때문이다. 그러나 보다 근본적인 문제는 교사들의 의지를 뒷받침해줄 만한 체계적이고 실증적인 연구가 부족하기 때문이다. 어떤 상황에서, 어떤 교구를 어떻게 수업에 활용할 것인가와 같은 구체적인 연구가 충분하지 않기 때문이다.

중국 속담에 "듣고 나면 잊게 되고, 보면 기억하며, 활동하면 이해한다"는 말이 있다.

I hear, and I forget.
I see, and I remember.
I do, and I understand.

위의 말은 수학적 용어나 기호로 구성된 수학적 지식의 학습에서 각종 교구를 활용한 학습자 중심의 활동적 학습이 더 효과적임을 나타낸 말이다. 학습을 위한 활동은 목적이 아니라 수단이다. 특히 초등학생들의 인지 발달은 주로 구체적 조작 활동에서 이루어지고 있어 새로운 개념이나 내용의 학습에서 사고를 실험해 볼 수 있는 교구의 활용은 매우 바람직하며 적극 권장할 필요가 있다. 활동학습은 20세기 초에 수학교육 근대화 운동의 대표적 인물인 영국의 Perry(1850~1920), 미국의 Moore (1862~1931), 독일의 Klein(1849~1925)이 수학교육 개혁운동의 중심으로 수학교육의 실용성을 강조하면서 수학학습의 실험, 실측, 측량 등의 활동중심의 학습을 강조하였다.

Piaget는 아동들의 사고가 어른들과는 본질적으로 달라 조작활동이 필요하다고 하였다. 조작활동의 의의로 ① 흥미, 관심을 가지게 한다. ② 이해의 기초가 되는 경험을 풍부하게 한다. ③ 보는 방법이나 생각하는 방법의 이해에서 깊게 사고한다고 하였다. 또 조작의 특징으로 ① 조작은 내면화할 수 있는 활동이다. ② 조작은 가역적으로 작용할 수 있는 활동이다. ③ 조작은 변환작용으로 보존 또는 불변성을 전제로 하고 있다. ④ 조작은 전체적인 조직체계와 관계하고 있다고 하였다. 조작 활동의 장점은 인지적인 면에서 이해가 쉽고, 정의적인 면에서 재미가 있으며 능동적인 학습을 기대할 수 있다. 그러나 문제점은 많은 시간이 걸리고 놀고 있는 것처럼 보여 수학적인 개념 형성이 불분명할 때가 있으며 제작과 활용의 어려움이 있다.

1.2 초등수학에서 조작교구의 학습

초등학생들에게 구체적이고 생활과 관련이 깊은 다양한 조작교구들은 학습동기를 유발하게 하고 학습의 효과를 높여 준다. 그 동안 수학 학습지도 과정에 사용되고 있는 교육매체의 발전도 괄목하다. 교사 주도의 칠판과 분필로 수업하던 시대에서 여러 가지 조작자료, 계산기, 컴퓨터, 여러 가지 프로그램 그리고 인터넷 등 첨단 시설이 학교 수업에서 활용되는 시대가 되었다.

일반적으로 교수·학습 자료를 선정하고 활용하기 위해서는 ① 학습과제에 적절한 교수법을 생각하며 ② 수업 상황과 장면, 학습자의 조건, 학습목표 등을 고려한 자료의 목록을 만들고 ③ 각각의 자료가 가진 장점과 약점을 점검하고 ④ 조건에 적절한 자료를 선택하여 활용할 것인지, 변화시킬 것인지, 아니면 새롭게 자료를 개발하여 활용할 것인지를 결정해야 한다.

최근 수학교구의 특징은 무엇보다도 다가성(multivalence)에 있다. 하나의 교구로 수학적 개념이나 구조를 표현하고, 때에 따라 서로 관계가 없는 이론 지도에 사용할 수 있다. 예를 들면 Cuisenaire 색막대나 Dienes의 논리블록 등이 그렇다. 또 하나의 특징은 장르가 매우 광범위하다. 현재 활동주의적 입장에서 주체적 활동이 수학의 본질이라면 활동의 대상은 어떤 것이든 수학교구가 될 수 있어 그 장르가 필연적으로 확대되지 않을 수 없다. Gattegno는 교과서 내용대로 가르치는 것은 수학교육의 바람직한 모습이 아니라고 하였다. 아동의 정신구조에서 출발하여 접근할 수 있는 수학적 관계나 구조를 의식하는 것이 수학교육의 참모습이며 활동 자체를 본질적인 것으로 생각하였다. 구조교구 가운데 특히 Cuisenaire 색막대는 수와 계산, 수 사이의 관계, 수의 구조를 적절히 표현하며, 정수뿐만 아니라 유리수까지도 취급할 수 있다. Gattegno는 이 교구를 대수막대(algebra bricks)라고 부르며 算數보다 먼저 대수라는 교구로 간주하고, 눈금이 없어 수 개념과 연산법칙 지도에 매우 효과적이다.

또한, 일반적으로 양의 개념이 형성된 다음에 측정을 생각하지만, 사실은 측정을 통해 양 개념이 형성된다. 가장 기본적인 형태의 측정은 비교하는 것으로 많은 수학적 개념이 비교활동의 결과로서 형성된다. 실제 수학을 지도하는 교사들은 비례 개념, 나눗셈 개념 등의 측정을 바탕으로 매우 자연스럽게 이해시킬 수 있다. 이를 위해 교사는 아동에게 적절한 학습의 장, 활동의 장, Dewey가 말하는 소위 'situation'을 마련해 주어야 한다. 즉, 구체적으로 교구준비와 놀이계획 세우기, 학습 환경을 정비하는 것이다. 한 단원의 지도, 한 시간의 수업, 한 문제의 해결도 그에 알맞은 막연한 전체에서 출발하여 아동의 자주적인 분석활동을 자극하고 그 이후의 학습활동에 목적을 부여하여 결과적으로 학습 성과가 확립된 전체로 자각되도록 한다. 설명식 수업은 대체로 분석단계에서 출발하며 이때 분석활동은 주로 교사가 하며, 아동은 그 결과를 수용하는 입장이다.

Treutlein의 직관기하의 구체적 지도법은 초·중학교의 저학년에서 도형이나 기하교육의 전형이 되고 그 기본이념은 다음과 같다. 직관기하는 논증기하의 준비나 기하입문 이상으로 도형과 공간의 인식이나 개념형성에 독자적인 교육목표를 갖고서 독자적인 방법을 구사한다. 무엇보다 특징은 모형을 이용하는 것이다. 먼저 아동에게 입체모형을 다루면서 관찰시킨 다음 내부직관이 형성되도록 그림을 그리거나 모형을 만드는 활동을 권장하고 있다. 즉 기하학적 개념이 구체적인 활동에서 점차 내면화되는 Piaget심리학의 개념형성의 과정이 교육방법으로서 인용되는 것이다.

도형은 정적인 파악이 아니며 역동적인 활동, 분할·결합·변형 등의 조작을 통한다는 점이 강조되고, 도형 성질의 논리적 이해를 기르는 문제에 부합되고 있다. 여기서 동적이면서 논리적인 도형의 이해는 내부직관의 형성을 생각하고 있다. 그러나 Treutlein의 연구는 활동주의적 관점에서 몇 가지 한계점이 있다. 우선 활동이 개념으로 바뀌어 가는 과정을 명확하게 설명하지 못하고, 교수법의 심리학적 기초가 거의 제시되지 못해 무리한 요구라고 볼 수 있다. 다음은 활동의 문맥이 결여로 활동은 하나의 문맥 속에서 실행되어야 의미가 있고 자발성을 기대할 수 있다. 단지 하나의 사실을 하나씩 활동으로 확인하는 나열주의의 극복은 오늘날 도형교육의 커다란 과제로 지적되고 있다.

교구를 아동의 사고도구로서 모델로 보고, 수학학습에서 일반적인 역할을 고찰해 보면 교구 가운데도 실제로 모델이 있다. 예를 들어 입체모형은 입체도형을 원형으로 하는 모형이다. 아동은 입체모형에 대한 감각적이고 운동적인 활동을 통해서 입체도형의 개념을 형성해 간다. 만일 그러한 입체모형이 없다면 입체도형 개념의 형성은 현저하게 어려워질 것이다.

A. Apostel은 과학연구에서 모델 이용의 동기를 다음과 같이 들고 있다. 알려져 있지 않은 사실의 연구에 이미 알고 있는 사실과 중요한 특성을 공유하는 것을 이용한다. 복잡한 문제에서 그 기초적인 사실만을 뽑아 단순화한 모델을 만들어 연구한다. 불확실하고 불완전한 이론을 완전화한 모델을 이용하거나 일반 이론을 이해하기 위하여 이미 알고 있는 특수한 경우를 모델로 이용한다. 또 빛의 파동설이나 입자설과 같이 어떤 사실을 설명하기 위하여 모델을 이용하거나 너무 크거나 작아서 또는 위험하여 다루기 어려운 대상을 모델화하여 연구한다. 이론전체를 직관적으로 파악하기 위하여 이론적인 것과 관찰 사실을 이어 주는 교량으로서 모델을 구성하여 연구한다. Polya의 「How to solve it」에 제시되어 있는 문제해결을 위한 전략 가운데에 Apostel의 견해에 따른 모델 사고가 있다. 그림을 그려 보아라, 유사한 문제를 알고 있는지를 알아보는 점이 그렇다. 그림은 교과서나 교사의 설명에서 자주 이용되는 영상적 교구나, Polya는 그것을 문제해결을 위한 한 수단으로 삼는 데 그

특색이 있다.

수학교육에서 모델의 역할을 지적한 A. Revuz의 견해를 살펴보자. 그는 수학이 출현하여 전개되는 일반적인 골격으로 '상황–모델–이론'을 제시하고, 상황이란 현실의 단편이며 모델은 상황을 도식화한 것, 이론은 상황을 떠나 모델의 구조 자체를 연구할 때 나타난다. 이러한 입장에서 모델은 상황과 이론의 중간에 위치하고, 상황에서 이론으로, 이론에서 상황으로 이행하는 학습과정에 중요한 위치를 차지한다. 전자를 추상화 모델, 후자를 구체화 모델이라고 부른다. 아동의 수학적 활동은 수학적 관념을 구체적으로 표현하는 활동과 주어진 상황 가운데에서 구체적 활동을 통해서 수학적 관념을 형성하는 활동의 두 방향으로 전개된다.

초등학교 저학년의 수학학습지도는 구체적인 생활과 밀접한 관련을 맺으면서 수학적 표기의 지도가 진행된다. 즉 아동, 사물, 표기의 3가지의 학습지도가 이루어진다. 이는 상급학년으로 갈수록 문제로부터 표현의 주체는 사상(捨象)되고 사물의 수리적 관계와 그 수학적 표현과의 관련성만이 문제시 된다. 이와 같이 수학의 특유한 기호론적인 마력이 수학의 비인간화의 원인이 될 수 있다. 즉 수학이 그 모체인 현실을 이탈하면 큰 위력을 발휘하지만 아동에게는 현실과 유리된 수학의 학습은 무의미하게 될 가능성이 높다. 그러한 점을 간과하고 형식적으로 정비된 기성의 기호체계를 아동에게 강요하는 것은 수학교육의 비인간화 현상이 출현하게 된다. 최근 D. Wheeler, W. Servais 등에 의해서 주창된 '수학교육의 인간화' 문제는 현실에서 이탈된 수학적 표기를 교육과정에서 끊임없이 원래의 현실과 연결시키려는 노력으로 볼 수 있다.

H. Freudenthal은 완성품으로서 수학의 적용은 점차 기계에 맡길 수 있어, 좀 더 새로운 힘은 수학의 창조적인 적용에 자유롭게 사용될 수 있다고 하였다. 모든 사람을 위한 수학을 가르치는 보통교육에서는 방법상의 탐구목표로서 이미 완전히 해석된 수학적 이론의 요점에 대한 동화나 초등수학의 정해진 형태의 적용에 대한 연습을 선택해서는 안 된다. 즉, Bruner는 학생들에게 '어떤 교과를 가르치는 것은 그 교과에 관한 작은 살아 있는 도서관을 만드는 것이 아니라 학생들이 수학적으로

스스로 사고하고 사건을 역사가가 하듯이 지식을 얻는 과정에 참여하도록 하는 것이다. 지식은 과정이지 산품이 아니다.'라는 관점이 필요하다고 하였다.

교사는 자신이 획득한 지식은 자명한 것으로 생각하며 학습과정의 수많은 오해와 곤란을 잊어버리는 경향이 있고, 자신의 논리를 아동에게 강요하려는 경향이 있다. 흔히 수학은 문화적 산물로서 그 규범적인 객관적 특성에 대한 신뢰성의 마력에 지배되어 왔다. 이러한 수학의 마력에서 학생들은 어려움을 느낀다. 수학자는 자신의 사고과정을 나타내지 않고 객관화된 가공품인 정의, 정리, 증명을 말한다. 그 사고과정을 보이는 것은 거리에서 속바지 차림처럼 부끄럽게 생각할 수도 있다. R. Thom에 의하면 수학은 모든 과학가운데에서 엄밀성이 선험적으로 거의 필요하지 않은 학문이다. 그런데도 교사는 아동들에게 완성된 수학적 산물을 가르쳐야 한다는 생각이 떠나지 않는 것은 부정하기 어렵다. 수학의 과정적 특성과 활동주의적 교수·학습이론은 완성된 산품으로서 수학의 전달이라는 전통적인 관념에 끊임없이 도전하고 있다.

학교현장에서 사용될 실제적 목적을 지닌 조작교구의 개발은 1960년대에 시작되었지만, 조작교구가 수학학습에 절대적으로 필요하다는 이론적 토대는 그 이전인 1930년대의 유의미 이론에서 찾을 수 있다. 19세기와 20세기 초반까지 번창했던 정신훈련에 대한 연구와 자극 반응이론은 1930년대의 Wlliam Brownell에 의해 시작된 유의미 학습이론에 큰 영향을 주었다. 유의미 학습이론은 아동이 어떤 내용을 제대로 학습하기 위해서 현재 학습내용의 바탕이 되는 기본 개념을 먼저 이해해야한다는 신념에 있다. 즉, 학습과정이 아동에게 의미를 주는 방향으로 진행되어야 한다는 Brownell의 이와 같은 주장은 수학학습에 필요한 개념 형성에 조작교구의 활용 문제를 처음으로 관심을 갖도록 하였다.

Piaget와 Skemp는 공통으로 모든 인간은 성장에 따라 몇 단계를 거친다고 보고, 인지적 발달 4단계(감각운동기, 전조작기, 구체적 조작기, 형식적 조작기)를 생각했다. 조작교구는 구체적 조작기 이전의 단계에서는 필수적이지만 그 이후 단계도 역시 중요한 학습 조력물이다. 학생이 획득하는 정신적 이미지와 추상적 아이디어는 그들의 경험에 기초한다. 따라서 다양한 물체를 보고 다룬 경험이 있는 학생들은 명확한 정신적 이미지를 갖게 되며, 추상적 아이디어를 보다 완전하게 표현할 수 있다.

Skemp는 학습을 지배하는 첫 번째 단계는 학습자가 물체를 조작하는 경험이 학습을 심화시키고 아이디어를 내면화시키는 데 기초가 되는 물리적 행동을 학습자에게 제공하고, 두 번째 단계는 첫 번째 단계에 기초해 물리적이기보다는 정신적인 것으로 제시 하였다.

Dienes는 조작교구의 사용을 절대적으로 주장하고 직접 여러 가지 교구를 개발하였다. 특히 아동의 수 개념 형성을 위한 다진수 블록과 카운터 등을 개발하고 그 사용을 구체적으로 제시하였다. 그 교구들은 하나의 수학적 개념에 대한 적절하고 구체적인 표현을 제공하였다. 또한 개념에 대한 단일 표상보다는 다양한 형태의 표상을 제공하는 것이 보다 효과적임을 주장하였다. 예컨대 자릿값 개념을 학습시키기 위해서 여러 가지 학습 교구들을 경험하여 그 공통성으로 자릿값 개념을 스스로 터득하도록 해야 한다고 주장하였다. 또 나무막대 묶음, 주판 등의 교구들은 그 형태는 다르지만 모두 힌두 아라비아 수 체계의 의미 학습에 사용될 수 있다.

가. 조작교구의 정의

조작교구(操作敎具, Manipulative Material 또는 Manipulative)의 의미는 '손으로 다루는 교구'이다. 그러나 손으로 다룬다는 것이 무엇인지, 그리고 손으로 다룰 수 없는 교구란 과연 어떤 것인지에 의문이 생긴다.

조작(操作, operation)의 정의는 교육학 대사전(1991, 교육과학사)에 따르면 ① 대상에 작용하는 개체의 구체적, 경험적 동작이나 활동, ② 곱셈과 같은 수학적 연산, ③ 피아제의 이론에서는 구조성, 체계성 등 일관성을 갖춘 특정의 심적 활동을 뜻한다고 하였다. 사고 발달의 핵심은 제각기 분리된 정신활동이 서로 관련되어 하나의 체계화된, 가역성(可逆性)을 갖는 논리구조 속에 융합되는 조작의 형성에 있다. 조작체계형성 여부의 기준은 불변성 즉 보존개념의 획득에 있다.

조작은 구체적 조작과 형식적 조작으로 나누어 생각할 수 있다. 첫째, 구체적 조작을 피아제는 실제 대상 즉 구체적 사물, 구체적 내용에 대해서 조작이 가능한 것을 일차적 조작이라 하고 7~8세경에 가능하다고 하였다. 둘째, 형식적 조작은 이차적 조작으로 11, 12세경부터 시작된다고 하였다. 구체적 상황에서 벗어나 언어적 명제에 의하여 추론하는 명제적 사고, 가설을 설정해서 모순이 생기는지 여부를 검토하는 가설연역의 필수조건도 이때 획득된다. 이 시기의 형식적 조작 구조는 피아제군이라 불리우는 INRC군에 의해서 표현된다.

교구(敎具, teaching instrument)의 정의는 교육학 대사전(1991, 교육과학사)에 따르면 교편물 또는 교편이라고도 한다. 학습을 보다 쉽게 전개시키기 위한 방법으로 사용되는 도구로 교육의 목적이나 대상 또는 내용에 따라서 그 종류나 기능이 달라진다. 교육은 교구를 사용함으로써 학습능률을 높이며 교구의 발달은 교육의 효과를 더욱 증진시키게 된다. 교구와 교재는 교육자와 피교육자 사이에 성립되는 학습을 매개하는 것으로 서로 구분하기는 어려우나 엄밀히 말하면 교재는 교육활동을 성립시키는 직접적인 매개물이고, 교구는 간접적인 매개물로 교재는 교구를 매개로 하여 학습되는 것과 교구의 매개를 필요로 하지 않는 것이 있다. 예를 들면 언어의 학습은 언어가 교재로서 직접 학습활동을 성립시키지만 그것이 문자의 학습이 되면 그것을 표현하기 위하여 흑판, 백묵, 종이, 연필, 지우개 등의 도구가 필요하다. 이들 도구를 교구라 한다. 그러나 교구가 교사의 노동수단으로서 사용될 뿐더러 학생의 학습방법 또는 학습조건으로 필요하게 되면 그것은 교구임과 동시에 교재가 된다.

Bruner는 교구의 개념을 매우 넓게 보고 '간접적 경험을 위한 교구', '모형교구', '극화 교구', '자동화 교구' 등으로 분류하였다. 이 분류에 의하면 영화, 텔레비전, 마이크로필름, 녹음기, 책, 시범 실험, 삽화, 모형, 계열화된 학습 프로그램 등 교구의 범위는 넓고 다양하다. 이와 같은 생각은 어떤 자료나 도구도 수업에 활용되면 교구로 간주할 수 있다는 생각이다.

교구에 대한 또 다른 분류로 김응태 외(1984)는 첫째, 아동에게 구구를 암기시키기 위한 '플래쉬 카드'나 계산 연습을 위한 학습 프로그램과 같은 기계적 훈련 교구가 있다. 둘째, 어떤 특정한 수학적 개념이나 원리 등을 이해시키기 위한 모형, 예를 들면 평행사변형의 넓이, 각뿔의 부피, 피타고라스의 정리, 투영도 등을 설명하기 위한 모형 등이 있다. 흔히 수학자료실의 교구는 대부분 이에 해당된다. 이러한 교구는 교사의 일방적 설명만으로 본래의 목적을 충분히 달성하지 못하게 된다. 교구를 이용하는 것이 이용하지 않는 것 보다 바람직하지만 보다 큰 효과를 얻기 위해 아동에게 직접 다루도록 경험을 제공하는 것이 중요하다. 셋째로 수학적 구조를 구체화한 'Cusinare 색막대'와 논리 혹은 Boole 대수 지도를 위한 Dienes의 '논리블록' 등이 있다.

수학적 교구의 분류기준은 명확하지는 않지만, 수학적 구조를 어떤 식으로 내포하고 있는가에 주요 초점이 있다. 즉 첫번째 유형인 플래쉬카드나 계산 연습을 위한 학습 프로그램은 교구 자체가 수학적 구조를 내포하고 있는 것은 아니다. 이것은 주로 단순암기나 연습 등을 위한 반복 사용에 편리하나 수학의 구조의 발견은 기대할 수 없다. 두번째 모형은 수학적 구조를 그대로 표현하는 하나의 수학적 아이디어에 대한 시각화라 할 수 있다. 예컨대 삼각뿔을 정의로만 설명한다면 삼각뿔의 이해가 쉽지 않다. 물론 그림도 있지만 실제로 나무나 플라스틱의 교구를 통해 삼각뿔 개념에 대한 보다 확실한 이해를 얻을 수 있다. 그러나 이것은 수학적 아이디어나 구조가 지나치게 표현되어 수학적 아이디어나 구조를 발견하는 수학적 활동을 촉발시키지는 못한다. 이때 교구에 있는 수학적 구조의 발견은 아동의 적극적 개입이 필요하여 교사의 능력에 따라서 수학적 아이디어 지도가 가능하다. 이런 유형의 교구가 조작교구라 할 수 있다.

조작교구의 개념에 대하여 Cathcart(1977)는 '수학적 개념을 병합하고, 여러 가지 감각에 호소하며, 학생이 만질 수 있고 옮길 수 있는 구체적 모델', Kennedy(1986)는 '몇 가지 감각에 호소하는, 만질 수 있고 여기저기 옮길 수 있으며, 재배열이 가능하며, 아동에 의해 조작될 수 있는 물체'로 정의하였다. 교사가 교구의 사용을 실연하는 것만으로는 충분치 않다. Young(1983)은 조작교구를 '물리적 참여를 통해 추상화되어질 수 있는 수학적 아이디어를 표현하는 물체'로 앞의 두 정의처럼 학생의 활동과 동시에 수학적 모델의 역할을 조작교구가 수행할 수 있어야함을 강조하였다.

조작교구는 다음과 같은 특성을 지니고 있어야 한다.

첫째, 학생의 지각적 감각에 자극을 주어야 한다. 예컨대 여러 가지 색상으로, 혹은 여러 가지 기하적 도형으로 시각을 자극하거나, 길이가 늘어났다 줄어들었다, 혹은 빼었다 끼었다 할 수 있어 촉각을 자극하여야 한다.

둘째, 학생이 만질 수 있어야 한다. 조작교구는 크기가 너무 작거나, 유리 등 처럼 깨지기 쉬운 재질은 학생이 만질 수 없다.

셋째, 재배열이 가능해야 한다. 조작교구는 학생의 책상 위에서 다루어지는 것으로 위치가 가능한 자유롭게 옮겨질 수 있어야 한다. 예컨대 덧셈 혹은 뺄셈 지도시 교구의 이동과 재배열은 연산의 과정을 역동적으로 이해하는데 도움이 된다.

넷째, 수학적 아이디어를 표현해야 한다. 예컨대 십진블록은 자릿값 개념이 표현 가능하며, 기하판은 여러 가지 도형의 기하학적 모양뿐만 아니라 도형의 넓이 개념이 지도 가능하다.

교구는 '학습을 구체적으로 진행시키고 보다 쉽게 전개시키기 위한 방법으로 사용되는 도구'로 교육목적이나 대상 또는 내용에 따라서 그 종류나 기능이 달라진다(남억우 외, 1991). 김수미(2000)의 조사에 따르면 성취면에서 학업성취에 도움을 주며, 특히 세기, 자릿값, 기초 연산, 측정, 기하 영역, 문제해결, 분수와 문제해결에 효과가 있다. 또 재강화에서 내용의 복습에 효과가 있으며 분수의 이해와 태도를 강화시킨다. 교구의 사용은 치료가 필요한 학생이나 부진 학생에게 가치가 있고, 개념적 이해를 위한 튼튼한 기초 제공과 초기 단계에서 적절한 사용은 차후의 치료의 필요성을 제거해 주는 것으로 조사되었다.

학습 자료와 관련된 용어는 매우 다양하나 흔히 교구, 조작교구, 교수자료, 학습자료, 교수매체 등을 사용하고 있다. 'Helping children learn Mathematics(Robert E. Reys., Marilyn N., Suydam., Mary M. Lindquist., & Nancy L. Smith, 1998)'의 책을 번역

(강완 외 18 역, 1999)한 내용 중에서 교구로 사용되고 있는 용어로 "구체물(concrete materials), 자료(resources), 교수자료((materials, instructional resources 또는 instructional materials), 구체적 조작물(publishers and distributors), 교수·학습자료(curricular materials), 조작자료(manipulative materials), 실제적인 자료(hands-on materials)" 등을 사용하고 있다.

학습 자료에 대하여 강완·백석윤(1998)은 '수학 학습의 내용을 풍부히 하고 그 효과를 극대화하기 위하여 사용하는 모든 대상, 장치, 모형, 도구, 고안, 출판물, 그림, 표, 시설' 등이라 하고, 학습자를 둘러싸고 있는 환경에 속한 것은 어느 것이나 학습 자료로 활용될 수 있다, 교사 자신도 학습 내용을 제공하거나 수업 환경을 조절하는 중심으로 학습 자료의 일부로 간주될 수 있다고 하였다.

교수 매체는 '교수의 매개체라는 뜻으로, 학습목표를 성공적으로 실현하는 데 필요한 매개체로, 모든 종류의 학습자료를 포함하는 일체의 교육 환경'으로 교육 환경은 교사의 교수 기술 및 학습 분위기까지도 포함한다. 따라서 종래의 시청각 보조물(audio-visual aids), 교편물(teaching aids), 시청각 교재, 시청각 교구 등은 좁은 의미의 교수 매체에 해당된다.

초등학교에서 학습자료를 나귀수(2002, 연구보고 RRC 2002-16 p.70)는 초등학교 수학 내용에 대한 교수학적 이해를 위한 자료, 초등학교 수학수업의 실제 예를 수록한 CD 자료, 초등학교 수학 학습을 위한 활동지 자료의 3가지로 구분하고 있다. 이처럼 사용되고 있는 학습자료와 관련 있는 용어는 여러 가지가 있고 다양하게 사용되고 있으나 대부분 비슷한 뜻으로 사용되고 있다.

수학은 인간이 현실세계에 존재하는 현상이나 대상에 대하여 감각기관과 접촉을 통한 상호작용 및 조작 그 자체를 대상으로 추상화와 이상화한 학문으로 교구는 수학의 세계로 연결하는 활동 대상인 동시에 탐구의 대상이며, 구체(실제)와 추상(관념)을 연결시켜주는 매개체라 할 수 있다. 교구는 지도를 위한 단순한 보조 도구가 아니라 교수·학습의 효율성과 효과성이 보장되어야 한다.

교구는 다음과 같은 기능을 포함하고 있을 때 교육적 가치가 있다.

① 수학적 개념을 자연스럽게 표상과 상징할 수 있어야 한다.

② 수학적 원리와 법칙을 자연스럽게 연결시킬 수 있어야 한다.

③ 조작하기 간편하며 쉽고 안전성을 유지해야 한다.

④ 다양하게 활용될 수 있어야 한다.

⑤ 조작과정과 결과에서 얻은 사실을 수학적으로 표현을 할 수 있어야 한다.

⑥ 학생 스스로 조작이 가능하며 많은 시간이 투입되지 않아야 한다.

⑦ 학생들의 호기심을 자극하며 사고 과정에 도움이 되어야 한다.

⑧ 조작과정에서 다양한 감각기능을 사용할 수 있어야 한다.

⑨ 개념의 오류나 사고의 혼란을 일으키지 않아야 한다.

⑩ 구하기가 쉽고 가격이 저렴해야 한다.

교구는 시각과 청각은 물론 촉각까지 포함된 직접적인 참여를 통한 체험학습에 사용된다. 조작과정에서 정신적 조작이 연결되어 언어나 문자에 의한 설명에서 사전에 충분한 교사의 설명을 바탕으로 실제적인 경험과 연결시켜 회상과정에서 완전한 느낌이나 이해를 갖도록 한다. 그러나 교구는 '언제, 어떻게 사용하느냐?'에 따라 학습의 효율성을 더 높일 수도 있다.

학습에서 교구활용의 유의할 점은 다음과 같다.

첫째, 교구는 학습의 효과를 높이기 위한 도구이다. 따라서 교구를 조작해 보는 경험을 통해 수학적 개념 및 원리·법칙을 추상화할 수 있도록 한다.

둘째, 수학학습에 가장 효과적이고 적절한 교구를 선택하고 활용해야 한다.

셋째, 교구의 기능과 특성을 알아야 한다. 모든 교구는 그 자체의 기능과 특성이 있어 언제, 어떻게 활용 것인지, 어떤 교육적 효과를 얻기 위한 것인지를 명확히 알고 활용해야 한다.

넷째, 교구의 활용에 대한 소양이 있어야 한다. 현재 활용중인 교구뿐만 아니라 새로운 교구의 개발과 효율성을 제공할 수 있는 대안적인 교구의 정보도 갖고 있어야 한다.

다섯째, 교구의 효과를 높이기 위한 방안을 찾도록 한다. 즉 효과적이고 효율적인 교구도 언제, 어떻게 활용하는 것인지에 대한 활용 시기와 방법에 대해 면밀한 계획이 세워져야 한다.

여섯째, 새로운 교구 개발을 위한 정보 수집과 개발 경험을 풍부히 쌓아야 한다. 가장 효과적인 교구활용은 자신이 직접 교구를 개발하고 수업 장면에 활용함으로써 교구의 교육적 효과를 극대화시키는 것이다.

나. 조작교구의 활용

구체적 조작교구를 활용한 수업에서 교사의 역할은 다음과 같다.

① 조작교구의 사용기회를 많이 갖도록 한다. 다양한 단원과 개념의 학습에서 다양한 구체적 조작교구를 통하여 구체적인 대상과 추상적인 개념 사이의 구조의 유사성을 발견할 수 있다.
② 수학 학습 방법에 개인차가 있어 효율적인 학습 환경을 조성하도록 한다.
③ 학생들이 다양한 문제해결 전략을 사용하며 검산하는 도구로 사용하도록 한다.
④ 수업 진행 가운데 적절한 발문을 제시하여 학습의 방향을 잃지 않도록 한다.

구체적 조작교구 선택시 참고해야 할 기준은 다음과 같다.

① 수학적 개념이 구체화되거나 반드시 아이디어가 탐구될 수 있어야 한다.
② 학생들의 상상력이나 흥미를 자극하여 동기 유발을 시켜야 한다.
③ 여러 학년에서 사용할 수 있고, 하나 이상의 개념을 발전시킬 수 있도록 활용 목적이 다양해야 한다.
④ 구체적인 개념 형성을 도와서 학생들의 추상화하는 능력을 키울 수 있어야 한다.

⑤ 시각, 청각, 촉각, 운동 감각 등의 여러 감각을 이용해 개별적으로 조작할 수 있도록 제공되어야 한다.

⑥ 조작교구 선별에 내구성, 호기심의 자극, 용이한 조작, 구입비용 등의 활용 가치 등이 고려되어야 한다.

구체적 조작물의 효과적인 사용을 위한 교사의 역할을 수업 전·후로 살펴보면 다음과 같다.

① 수업 전

- 교육적, 물질적 기준을 고려한 자료의 선택과 준비 상태를 확인한다.
- 교사는 구체적 조작물을 사용하기 전에 사전 활용을 통하여 기능과 수업의 방향을 생각한다. 이 때 반드시 학습목표와 학생들의 수준을 생각하여 구체적 조작물을 구별 없이 사용하거나 남용이 없도록 한다.

② 수업 중

- 구체적 조작물의 사용 경험을 확인하고 무엇을 할 것인지에 대해 정확히 안내와 학생들의 구체적 조작물을 탐색할 충분한 기회를 갖도록 한다.
- 자연스럽게 탐구할 수 있는 분위기의 조성과 칭찬, 격려, 실수 허용, 살아 있는 학습과 토론, 소그룹 활동, 호기심과 토론의 기회를 제공한다.

③ 수업 후

- 구체적 조작물의 활용 후에는 평가와 반성하고, 문제점과 수정해야 할 부분을 기록 및 반성하고 동료 교사와의 아이디어 교환 한다.
- 수업 후에 응답, 토론, 주제와 관련된 독서, 보고서, 과제들을 통하여 결과를 더 분석하고 종합하도록 한다.

Suydam(1982)과 Moser(1986)의 조작교구와 관련한 논쟁점은 다음과 같다.

1) 학업성취에 긍정적인가?

Parham(1983)은 초등학교 대상의 64편 연구물조사에서 조작교구를 사용한 학생은 85%, 사용하지 않은 학생은 15%을 얻었다. 이 결과는 Suydam과 Higgins(1977)의 초기 연구와 일치하고, 주요 결과는 조작교구 사용이 학업성취에 큰 도움을 주었다. 특히 세기, 자릿값, 기초 연산, 측량, 기하 영역 그리고 문제해결이나 분수 영역에 도움이 되었다. Canny(1984)는 특히 4학년 수학의 문제해결에서 차이가 많았고 또 재강화 목적으로 사용할 경우, 복습에서도 높은 득점을 얻었다. Driscoll(1984)은 교구는 분수의 이해에 도움을 주고 태도 역시 강화시켰고, Hunting(1984)은 4, 6, 8 학년을 대상으로 동치 분수 조사에서 많은 학생들이 두 분수가 동치임을 증명하지 못하는 이유는 분수를 구체적 교구로 표현한 경험이 없었기 때문이라고 하였다. 즉 동치에 대한 이해는 분수의 물리적 표상을 구성하기 위한 적절한 전략의 습득에 달려있어 교사들이 분수를 지도하는 방법을 재고해야할 필요가 있음을 지적했다.

2) 모든 학습자에게 유익한가?

조작교구는 능력이나 발달 수준에 관계없이, 모든 학생에게 적절한지? 단지 첫 시간에 이해하지 못하거나 지체가 있는 학생들을 위한 것인가? 에서 교구의 사용은 치료가 필요한 학생이나 부진학생에게 잠재적으로 가치 있다. 학생들의 오개념, 이해부족, 빈약한 개념적 이해에 튼튼한 기초를 제공해 준다. 사실, 초기 단계에서 조작교구의 적절한 사용은 차후의 치료의 필요성을 제거해 줄 수 있다. 우수한 아동들 역시 학습의 초기에 조작교구가 도움이 된다는 것이 Suydam과 Higgins(1977)의 연구에서 밝혀졌다. 즉 우수한 학생과 그렇지 않은 학생의 차이는 학습의 구체적 단계를 건너뛰는 것이 아니라 단지 그 단계를 빠르게 통과한다는 것이다.

3) 어떤 수학내용에 적합한가?

교구는 대부분의 수와 연산영역에 집중되었다. 예컨대 Dienes는 대수와 함수 영역에서의 교구 사용의 가능성을 구체적으로 보여주었다. 조작교구의 적절하고 효과적인 가능성이 수학의 모든 영역에 존재한다.

4) 사용은 누가 하는 것이 효과적인가?

조작교구는 학생의 직접적 사용이 필수 요건이나 교실이라는 한정된 공간에서 많은 학생들 모두가 교구를 사용하는 것은 여러 가지 무리가 따른다. 따라서 적절한 시점에서 교사가 학생을 대신하여 적절한 시범을 보이는 경우에 직접 교구를 사용만큼의 효과를 거둘 수 있다. Suydam(1982)은 학생의 주의 집중과 교사의 시연에 따라 사고를 밟아 간다면, 학생이 교구를 직접 사용하는 것과 교사가 교구로 시범을 보이는 것을 지켜보는 것은 똑같은 효과를 가진다고 주장한다.

5) 수학적 개념에 몇 가지 조작교구가 효과적인가?

Dienes는 하나의 수학적 아이디어에 가능한 많은 수의 다양한 구체물이나 표상을 사용하는 것이 수학 학습을 촉진시킨다고 하였다. 그는 '지각적 다양성의 원리'로, 추상이라는 수학적 본질을 얻고 개념 형성 과정에서 광범위한 개인차가 있어 동일한 수학적 개념 구조가 지각적 동치인 가능한 여러 가지 유형으로 제시되어야 한다고 하였다. 예컨대 십진블록이나 주판, 자릿값 차트 등은 모두 자리 값이라는 동일 개념을 표현하는 구체물이 될 수 있다. 이런 다양한 경험을 자리값 개념이라는 공통성을 스스로 발견하면 이것은 수학적 활동이라 할 수 있다. 그러나 Suydam(1982)은 하나의 수학적 아이디어에 대해 단 하나의 구체물이 제시되든 몇 개의 구체물이 세시되든 성취점수에는 많은 차이가 있다고 하였다.

6) 어떤 조작교구가 사용되어야 하는가?

효과적인 조작교구의 중요한 특성에 Hynes(1985)는 조작교구의 선별기준을 교육적 기준과 물리적 기준으로 구분하였다. 교육적 기준의 첫 번째는 '수학적 아이디어에 대한 명확한 표현'이다. 조작교구는 아이디어를 명확히 표현할 때 도움이 된다. 두 번째는 '학생의 발달 수준에 대한 적절성'이다. 모든 아동의 발달 수준과 학습에 적합한 교구를 사용과 선택이 중요하다. 예컨대 어떤 교구가 '길이'라는 한가지 속성만을 지니고 있을 경우, 길이에 민감하지 못한 학생은 아무런 도움이 되지 못한다. 그러나 크기, 모양, 색, 두께 등의 여러 가지 속성을 지닌 속성블록 같은 유형은 모두에게 도움이 된다. 교구의 선택에서 아동의 인지적 발달과 운동 발달도 고려해야 한다. 예를 들어, 어린 아동은 센티미터 큐브와 같은 매우 작은 교구를 다루는데 어려움을 느낄 수 있다. 세 번째와 네 번째는 '흥미'와 '융통성'이다. 조작적 교구는 학생의 관심과 학습 동기를 높일 수 있다. 교구 중에는 여러 가지 감각을 자극하며, 여러 학년에 걸쳐 수학적 개념을 가르치는데 사용될 수 있는 교구가 있다. 즉, 주판, 속성 블록, 십진블록, 지오보드, 패턴 블록, 유니픽스 큐브 그리고 자리값 주머니 차트 등이 있다.

조작교구 선별에서 물리적 기준은 필요하다.

내구성, 단순성, 매력, 통제와 보관의 용이성, 합리적 비용은 선택에 앞서 반드시 고려되어야 하며 일상적인 사용과 조작에 견딜 수 있어야 한다. 두 번째는 교구의 단순성으로 조작하기 쉬워야한다. 복잡한 아이디어를 간단한 모델로 표현하는 것이 쉽지는 않지만 가능하면 쉽게 기억되도록 해야 한다. 세 번째는 학생의 동기와 흥미를 증가시키도록 한다. 조작교구는 산뜻하고, 정확하며, 심미적으로 기분이 좋은 것이어야 한다. 네 번째는 통제와 보관의 용이성이다. 수업 동안 교구의 분배와 수거에 대한 각별한 계획이 만들어져야 한다. 교구에 따라 학생이 책상에 보관할 수도 있고 조작에 따른 소음은 줄일 수 있어야 한다. 마지막 기준은 비용의 합리성으로 교구의 값은 사용과 융통성 그리고 수명을 고려해야 한다. 또 수리비 등의 간접적 비용 역시 고려되어야 한다.

다. 수학 조작교구의 분류

수학과 교수·학습 환경은 시대적인 변화와 인터넷, 컴퓨터 네트워크, VOD 등과 같은 각종 첨단 교육매체의 많은 발전에 따라 교사의 설명 위주 수업은 많은 변화가 될 것이다. 현재와 같은 변화 속도라면 새로운 학교는 첨단 기자재를 기본적으로 활용할 수 있는 환경이 될 것이고 수학 학습에서도 다양한 교수·학습 자료의 변화가 있을 것이다.

오늘날은 인쇄기술의 발달로 교과서도 다양한 기능을 갖추게 되었다. 색도 인쇄, 사진 인쇄 등에서 내용의 설명을 한층 쉽게 해주었고, 교과서를 축소하여 싣는 교사용 지도서의 활용성에 많은 도움을 주었다. 수학학습은 학습자 스스로 지적 구성의 과정을 통해 이루어지는 것이 바람직하나, 현실적으로 수학 학습 내용에 대한 교사의 설명과정이 무시되기 어렵다. 아직도 학습내용의 설명에서 교과서 방식을 완전히 대체할 만한 교수·학습 자료는 없어 보인다.

교과서 밖의 기타 인쇄물로 수업 시간에 나누어주는 각종 유인물, 시험지, 각종 참고서적, 만화 등도 유익한 교수학습 자료이다. 상업적 제도가 잘 발달된 미국이나 유럽에서는 각종 아이디어가 등록되어 그 저작권이 보호를 받고 있기도 하다.

추상적이고 논리적인 수학의 이해에는 경험을 바탕으로 한 활동 중심의 체험학습이 필요하다. 아동 스스로 행동을 통해서 학습할 경우는 이해도 빠르고 쉽사리 잊혀지지 않고 학습의 전이효과도 크다. 사고의 본질을 행동이 내면화된 조작이론에서 본다면 지식은 조작체계라 할 수 있고 교육방법은 능동적 탐구활동 방법이어야 할 필요성이 명백해진다. 의미 있는 학습을 위해서 처음에 구체물을 가지고 실제적인 행동으로, 다음에 그림이나 도식을 이용하고, 마지막으로 순수한 표상적 수준에서 형식화하여 문제를 해결할 것을 요구하고 있다. 구체적 조작의 경험은 보다 용이한 형식적 조작의 기초가 되며 보다 높은 개념도 구체적 조작의 기회를 통하여 학습 가능으로 이끌 수 있다.

학습자의 수준에 따라 구체물 자료를 달리 하는 것이 효과적이다. 나이가 어릴수록, 지능이 낮을수록, 학습내용이 추상적일수록 상대적인 기호를 수단으로 하는 학습자료보다 구체적이고 동적인 자료가 학습의 효율성을 기대할 수 있다. 그러므로 학습자료는 아동들의 인지적인 발달수준에 적합하도록 선정해 주어야 한다.

1) 큐브형 교구

정육면체의 조각들로 여러 가지 색을 이용하여 분류, 세기 등의 학습에 사용할 수 있다. 쌓기 나무도 이러한 종류의 하나이다. 작은 큐브 10개를 일렬로 연결한 막대기형, 10개의 막대기를 붙여 만든 정사각형의 판형, 10개의 판형을 쌓아 올린 큰 정육면체 등을 사용하면, 십진법의 지도에 도움이 된다. 이 경우 10개씩 묶지 않고 7개 또는 12개씩 묶는다면 각각 7진법, 12진법의 지도에 사용될 수도 있다. 퀴즈네어 막대도 이러한 큐브의 아이디어를 상품화한 것으로 도형, 측정, 연산 등에서 다양하게 활용된다.

2) 타일형 교구

일정하게 규칙적인 무늬와 색을 가진 조각들로서, 여러 가지의 아름답고 흥미로운 도형의 구성에 사용된다. 탱그램(tangram)도 타일의 일종이다. 타일의 두께를 크게 하면 패턴블록처럼 입체도형의 지도에 사용될 수 있다. 패턴 블록이나 타일을 적당한 크기의 부채꼴이나 사각형으로 만들면 분수개념 지도에, 색과 모양을 규칙적으로 조합시키면 논리개념 지도, 적당한 두께로 도미노를 만들면 게임이나 연산 지도에 활용할 수 있다.

3) 모형

입체도형에 대한 모형은 오래 전부터 사용되어 온 교수·학습 자료이다. 오늘날은 투명한 플라스틱 등 좋은 소재가 많이 개발되어 공간개념의 지도에 효과적으로 사용된다. 또한, 다면체나 입체도형 등을 스스로 만들어 그 성질의 탐구에 도움이 되는 모형 만들기에 사용되기도 한다. 모형은 도형의 지도와 모형 시계, 모형 화폐 등이 시간 개념의 지도나 연산 응용의 지도에 활용될 수 있다.

4) 산가지(counter)

분류, 개수 세기 등 초기의 수 개념 발달을 위한 교수·학습 자료로, 작은 막대기, 얼음과자 손잡이, 나무젓가락, 타일, 큐브, 구슬, 클립, 쐐기, 단추, 조개껍질, 또는 각종 동물, 과일 등의 작은 플라스틱 모형 등을 사용할 수 있다. 이 중 클립은 서로 길게 연결할 수 있어서 색깔까지 이용하면, 분류, 측정, 집합의 지도에 유용하다.

5) 각종 계기와 작도 기구

길이를 재는 대표적인 교구가 여러 가지 종류의 자이다. 둥근 물체의 지름의 길이를 재는 캘리퍼스, 구부러지거나 긴 거리를 재는 데 쓰이는 굴렁쇠자 등도 있다. 들이를 재는 데 눈금이 새겨진 비커, 투명한 유리 또는 플라스틱 그릇, 계량 숟가락 등을 사용한다. 온도를 재는 온도계, 각도를 재는 각도기, 무게를 재는 용수철저울, 눈금저울이나 양팔저울 등도 교수·학습 자료로 활용될 수 있다. 특히, 양팔저울은 여러 가지 형태로 개량하면 무게의 개념뿐만 아니라 방정식, 비례식 등의 지도에 활용될 수 있다.

공리적으로 작도 기구란, 눈금 없는 자와 컴퍼스만을 의미한다. 초등수학에서 여러 가지 기하학적 개념의 지도를 위해 다양한 작도 기구를 사용할 수 있다. 대표적인 것은 기하판(geoboard) 또는 점판과 고무줄인데, 기하판의 못들은 정사각형의 격자 모양이나 원형으로 못을 배열한 것을 사용할 수 있다. 그래프 등을 그리는데 모눈종이가 활용될 수도 있다. 간단히 반복사용이 가능한 도형에는 형판(template)이나 고무도장(stamp) 등이 있다. 고무도장에는 좀 더 복잡한 도형으로 바늘 없는 시계, 각 자리를 나타내는 십진수 큐브, 규칙적 무늬, 모의 화폐나 동전, 적극적 활동을 자극하기 위한 칭찬을 나타내는 그림 등을 새겨 넣으면 효과적이다. 대칭이나 합동 개념의 지도는 반사와 투명의 성질을 동시에 갖는 매끈한 플라스틱의 표면을 이용한 미라(Mira)를 사용하면 매우 효과적이다.

6) 기타

이 밖에 자연수, 분수, 소수 등과 연산 기호지도에는 카드, 또는 여러 가지 모양의 수판 등을 활용할 수 있다. 또, 확률의 지도를 위한 회전판, 주사위 등이 있고, 상품화된 확률분포의 개념을 시각적으로 보여 주는 헥스탯(Haxstat)이 있다.

라. 수학 조작교구 활용의 유의점

교구는 수학 교육에 매우 유용한 수단이지만, 인식론적 관점에서 유의하여야 할 점이 몇 가지 있는데, 대표적인 것은 다음과 같다.

1) 실세계 모델에 의한 교수학적 전도 현상

교수·학습 자료로 사용되는 여러 가지 조작 도구나 모형들은, 거의 모두가 수학적 개념에 대한 실세계에 있는 모델들이다. 이들은 추상적인 수학적 내용을 쉽게 이해하고, 그 응용의 가능성을 제시해 주는 긍정적 효과를 갖는다. 한편, 수학적 개념 그 자체는 바로 실세계의 여러 가지 대상에서 추출된 것이다. 따라서 수학화과정의 방향은 일단 실세계에서 시작하여 수학적 개념쪽으로 진행되는 것으로 보아야 한다. 그러나 어떤 수학 학습은 이와 반대 방향으로 사고가 진행되고 있는데 이러한 현상을 교수학적 전도 현상이라 한다.

예를 들어, 십진법 큐브를 사용하여 345을 나타낼 경우, 수학적으로

$$345=3\times100+4\times10+5$$

이 되므로, 100을 나타내는 판형 3개, 10을 나타내는 막대기 형 4개, 1을 나타내는 작은 큐브 5개가 필요하게 된다. 이 경우에 학생들의 사고의 방향은 이미 완성된 수학적 개념에서 시작하여 실세계 모델의 조작으로 향한다. 그러나 수학화의 방향은 이와 반대이다. 즉, 큐브의 수 345을 표현하기 위해 10개씩 묶고 남은 것의 수가 1의 자리의 수, 10씩 묶은 수를 다시 100개씩 묶고 남은 것의 수가 10의 자리의 수, 그리고 나머지 묶음의 수는 100의 자리의 수가되어, 그러한 큐브들의 모양과 수가

필요한 것이다. 십진법 큐브가 비록, 수학적 개념에서 시작하여 실세계의 장면으로 사고의 방향이 움직이더라도, 수학적 개념의 형성에 긍정적 작용을 하여 유익한 교수· 학습 자료임에는 틀림없다.

2) 메타인지 이동

메타인지 이동은 학생의 개인화, 배경화를 돕기 위하여 도입된 교수학적 보조 수단에 학생들의 사고가 집중되는 현상이다. 이를테면 수학을 가르치는 수단으로 컴퓨터 프로그램을 사용하는데, 막상 수업에서 학생들의 관심은 수학에서 컴퓨터 프로그램 사용법과 같은 내용으로 옮겨가 버리는 현상도 메타인지 이동의 일종이다. 형식적 고착은 공식화된 지식의 논리적 표현에만 의존하는 교수 현상으로서, 교수의 배경화, 개인화과정을 무시하는 것이다. 이를테면, 컴퓨터의 사용은 문자나 대수식에 대한 배경 지식이 없어도 인수분해, 다항식의 곱, 미분, 적분, 극한값을 계산할 수 있다. 문자나 변수에 대한 이해 없이 이런 조작들을 컴퓨터 환경에서 수행한다면 형식적 고착이 일어날 수 있다.

3) 토파즈 효과

토파즈 효과는 학생이 해야 할 중요한 일을 교사가 대신하여 학생의 학습을 피상적인 것으로 만들어 버리는 현상을 말한다. 이를테면, 학생이 어떤 문제를 해결하는데 어려움을 겪고 있을 때, 학생에게 문제에 대한 힌트를 준다면서 일련의 유도 질문을 통하여 답을 가르쳐 주는 것이다. 이러한 현상은 웹 기반 교수 환경에서 나타날 수 있다. 웹 기반 환경에서 흔히 문제와 함께 쉽게 도움을 구할 수 있는 힌트 버튼과 정답 버튼이 주어진다. 그러므로 학생들이 주어진 과제를 해결하기 위하여 심사숙고보다는 힌트 버튼을 눌러 쉽게 문제를 해결하는 경우가 있다. 이렇게 되면 토파즈 효과가 일어날 수 있다.

4) 죠르단 효과

죠르단 효과는 교사가 학생의 사소한 행동을 과대 해석하여 그 학생이 특정한 수학 지식을 형성했다고 잘못 판단하는 것을 말한다. 컴퓨터 환경에서 학생들이 컴퓨터가 안내하는 대로 특정 조작을 수행하여 원하는 결과를 얻었다고 해서 학생들이 조작 이면에 들어 있는 수학적 개념을 이해했다고 단정할 수 없다. 그럼에도 불구하고 학생들이 수학 개념을 이해한 결과라고 판단한다면 이는 일종의 죠르단 효과를 범한 것이다.

5) 국소화(Localization)

학교 수학은 학문적 수학과 밀접한 관련이 있다. 그러나 학문적 수학의 대상은 일반적인데 비해 학교 수학의 대상은 학생들의 지적 수준의 발달에 맞추어 여러 가지 제한이 가해진다. 이러한 현상을 학교 수학에서 수학적 대상의 국소화라고 한다. 예를 들어, 초등학교에서 유리수를 지도할 때 크게 분수와 소수로 나누어 지도한다. 즉, 유리수의 개념이 분수나 소수의 개념으로 국소화되는 것이다. 분수의 개념은 보다 국소적인 양의 분수, 몫의 분수, 비율의 분수, 분할 조작의 분수 등으로 세분화되기도 한다. 또한 학교 수학에서 다루는 응용문제의 경우, 실세계에서 관측될 수 있는 수보다는 계산이 간단하거나 크거나 복잡하지 않은 수를 사용하게 된다. 이러한 것도 일종의 국소화 현상이다. 교수·학습 자료를 활용할 경우, 국소화 현상은 보다 심화되거나 해소될 수도 있다. 예를 들어, 패턴 블록을 사용하여 분수의 개념을 지도할 때, 양으로서의 분수 그것도 등분할 분수의 개념만 강조되어 국소화 현상이 두드러지게 된다. 또한, 계산기나 컴퓨터를 사용할 경우 특수한 프로그램을 사용하지 않으면 계산기의 정보 처리 방식에 따른 제약으로 인해 분수를 직접 다룰 수가 없어 유리수란 곧 소수 그것도 유한소수를 의미하는 듯한 인상을 심어줄 수 있다. 그러나 위에서 언급한 응용문제의 경우 복잡한 계산이나 수치를 다루는 부담을 기계에 맡길 수 있어 작고 간단한 수에 제한되는 응용문제의 국소화 문제가 다소 해결되어 도움을 얻을 수도 있다. 국소화 현상은 수학 학습 지도에 있어서 불가피하지만, 교사는 수학적 개념의 국소화가 폭넓은 수학적 사고를 제약하는 일이 없도록 유의하여야 한다.

마. 초등수학 교과서의 구성

우리나라와 같이 중앙 집중체제의 교육과정 운영에서는 개인차를 고려한 교수·학습 지도는 어려움이 많아 교재를 재구성하여 학생들의 인지 와 사고 수준에 따른 학습지도가 필요하다. 이러한 교육과정은 국가가 교육과정과 교과서를 단일로 개발 제공하여 국가 교육목표의 실현이나 새로운 교육이론의 적용이나, 전국학교 교육의 수준을 균등하게 높이는 국가수준의 교육과정의 질 관리를 용이하게 할 수 있다. 그러나 교육과정 시행이 권위주의적인 맥락이 형성되어 획일화, 경직화되기 쉽고 지역·학교·학생의 특수성에 부합할 수 있는 교육과정 운영이 어렵다. 특히, 초등학교의 경우에 국정 단일 교과서에 의한 교육과정 운영으로 교과서는 국가가 요구하는 최소의 학력 수준을 바탕으로 집필하여 학생 개개인의 학습 능력 수준에 따른 지도에 어려움이 많다.

분산체제는 교육과정 개발의 다양한 접근방법에 따라 지역·학교·학생의 특수성을 고려하고, 학생들의 수준에 따라 교육과정을 제공할 수 있으나 국가 수준에서 합의할 수 있는 교육의 목표·내용·평가를 알아보기가 어렵고 새로운 교육개혁에 시간이 많이 걸리고, 지역·학교·학생간의 교육, 초등학력차이가 심화될 수 있다.

1) 학습목표

학습목표란 한 단위학습의 학습활동이 끝난 후 학습자들에게 성취하기를 기대하는 행동 특성을 기술해 놓은 것이다. 학습목표 설정의 기본적인 자료는 수학과 교육과정이고, 교과서는 보조자료로 활용된다. 학습목표 진술에서 가네(Gagn'e)는 '학생에게 요구되는 학습 능력을 나타내는 행위 동사, 학생 행위가 나타날 수 있는 상황, 요구되어지는 대상 및 도구가 목표 진술 속에 제시되어야 한다.', 타일러(Tyler)는 '목표가 학생 행동으로 진술되고 행동으로 나타내어지는 내용도 함께 진술되며 학생의 기대되는 행동도 충분히 세분화되어야 한다.', 메이거(Mager)는 '학습자의 목표 행동을 구체화하여 행위를 나타내는 동사로 표시되는 도착점 행동과 학습자 행동이 발생되리라 기대하는 조건 또는 상황, 성취 수준을 평가하고 기대하는 준거가 목표 속에 나타나야 한다.'는 것을 강조하였다.

블룸(Bloom)은 교육목표를 학습내용(주제)과 최종 행동(동사)으로 구성할 것을 요구하면서 지적영역을 인지 수준에 따라 여섯 단계로 구분하고 다음과 같은 동사를 사용하고 있다.

1. 기억단계
   계산하다, 표시하다, 읽다. 반복하다. 정의하다, 나열하다. 인용하다, 서술하다, 그리다. 이름짓다. 회상하다. 쓰다, 알아내다, 가리키다, 확인하다. 추적하다, 기록하다. 표로 만들다.
2. 이해단계
   연상하다. 해석하다. 비교하다. 토의하다. 보관하다. 대조하다. 계산하다, 구별하다. 예측하다, 대비하다, 묘사하다, 어림짐작하다, 차이를 말하다.
3. 응용단계
   적용하다. 고용하다. 풀다. 시험하다, 사용하다. 분류하다. 묘사하다. 활용하다. 완료하다. 연습하다. 작성하다. 시범을 보이다. 관련시키다.
4. 분석단계
   배열하다. 발견하다. 분류하다. 설명하다. 관련시키다. 추론하다. 변환시키다. 분리하다. 분석하다. 요약하다.
5. 종합단계
   조정하다, 개발하다, 계획하다, 연구하다. 결합하다, 공식화하다. 준비하다. 설계하다. 구성하다. 일반화하다. 조직하다. 통합하다. 생산하다. 명기하다.
6. 판단단계
   감정하다, 등급매기다, 시험해보다. 판단하다. 권장하다. 비평하다. 측정하다, 결정하다, 분류하다, 평가하다, 선택하다. (2001. 조벽교수의 명강의 노하우 노와이 pp.55-56)

학습목표 설정과 진술은 일반적으로 학습경험의 결정과 지도에 명확한 시사를 줄 수 있을 정도로 구체적이고 명료한 행동적 용어의 진술을 하고 있다.

참고로 메이거(Mager)는 목표 진술에서 ①조건 ②준거 ③종착 행동으로 제시하고 있다.

일차방정식 10문제를 주었을 때	30분 동안에	정확히 풀 수 있다.
(조건)	(준거)	(종착행동)

2) 학습과제

학습과제 분석은 학습목표를 어떻게 구체적으로 세분화하고 구조화시키는 것으로 학생들이 최종 수업 목표 달성에 차례로 계통적인 학습을 해야 할 하위능력이나 기능을 찾아내는 절차와 하위학습 요소들 간의 관계를 밝히는 것을 의미한다.

학습과제 분석은 앞으로 수업설계, 수업실제, 매체선정, 평가문항 작성에서 기본을 이루게 된다. 수학과의 학습과제 분석은 위계적 분석법(hierarchical analysis)을 적용하고 있다. 위계적 분석법은 가네(Gagn'e)가 제기한 것으로 기본 가정은 어떤 학습과제이든 그 속에는 학생이 학습해야 할 여러 개의 내용 단위로 쪼갤 수 있고, 또 쪼개어진 내용 단위는 학습법칙에 따라 상하의 위계를 형성할 수 있는 구조로 조직할 수 있다는 것이다. 위계적인 학습과제 분석은 수학과 학습내용을 학습 요소별로 선수학습 능력이 무엇인지를 찾아 최종 수업 목표의 달성에 필요한 하위능력들이 무엇인지를 분석하여 체계화, 계통화, 구조화하는 일이다. 학습과제를 분석하면 선수학습 능력과 학습 순서가 밝혀지고 학습자에게 어떠한 능력을 길러 주어야 할지가 세목화되며, 또 무엇을 언제 평가해야 하는지가 분명해진다. 학습과제의 위계적인 분석 절차는 먼저 최종 수업목표를 확인하고 학습자가 그 최종 수업목표가 요구하는 행동을 하기 위해서 어떠한 하위의 능력을 학습해 내어야 하는지를 열거해 보는 일이다. 그 다음으로 하위 학습과제들을 어떤 관계 속에 도식화하고 선수학습 요소를 규정해 내어 분석된 학습과제를 중심으로 합리적인 학습계열을 결정한다.

3) 초등 수학수업의 전략

수업 전략은 학생들에게 주어진 수업목표 달성을 위해 교수·학습의 원리와 이론을 적용하여 수업을 체계적으로 계획하는 활동을 뜻한다.

가) 수업 전략의 주요 단계

효율적인 1시간 수업의 도입→전개→정리→형성평가의 주요 단계는 다음과 같다.

첫째, 도입은 본시 학습에 대한 수업 준비 단계로서 학생들의 주의를 집중시키고 학습목표 인식, 학습동기 유발, 선수학습 관련짓기 활동 등으로 구성된다.

둘째, 전개는 새로운 학습요소에 대한 학습활동이 행해지는 과정으로 학습 안내나 자료제시, 개념이나 원리설명, 발견·탐구활동, 시범, 실험, 질문 등의 활동이 있고, 학습의 파지나 전이를 촉진시킬 수 있는 수업이 이루어져야 한다.

셋째, 정리는 본시 학습의 총정리, 연습, 적용, 통합 등으로 학습결과를 확인하고 강화하는 단계이다.

넷째, 형성평가는 학습지도의 성과를 중간 점검해 보는 것이다. 형성평가는 학생들이 주어진 학습목표를 어느 정도 달성하였고, 부진한 부분이 무엇인가를 알게 하며, 결과에 따라 학습 진전 상황이 좋지 않은 학생들의 부진한 학습 부분은 재학습할 수 있는 보충학습이 실시되며, 만족할만한 학생들은 심화 또는 더욱 촉진시킬 수 있는 적절한 기회가 주어져야 한다.

나) 수학과 수업 전략

수학과 수업은 본질과 목표에서 요구하고 있는 수학적인 지식구조와 그 논리적인 체계를 능동적으로 습득하는 과정에서 논리적이고 창조적인 사고력을 신장시키는 것을 강조하고 있다. 수학과 수업의 유형은 학습내용 수준에 따라 개념 형성 학습, 원칙 발견 학습, 문제 해결 학습의 세단계로 구분하고 있다. 개념 형성 학습은 수학적인 용어나 기호 등의 단어 수준의 학습이다. 새로운 개념을 형성하는 데 필요한 적절한 정례와 반례를 제시하고 추상화 과정을 통하여 수학적인 용어나 기호를 언어화, 문자화한다. 원칙 발견 학습은 수학적인 원리, 법칙, 성질, 공식 등의 문장 수준의 학습이다. 기지의 학습을 바탕으로 한 직관사고로 결과를 먼저 예상하고 추론 활동을 통한 논리적인 사고로 결과를 검증한다. 문제 해결 학습은 개념 형성 학습, 원칙 발견 학습을 바탕으로 한 응용문제 해결학습이다.

다) 수학학습의 활동유형

수학과 매체는 학습내용의 이해를 돕기 위한 소재로서 감각기관에 자극을 주어 지각 또는 인지하는 감각자극 체를 말한다. 이는 학습을 용이하게 또는 능률적으로 진행시키기 위하여 사용되는 데 교육의 목적을 달성하기 위한 모든 매개 수단과 방법들을 포괄 지칭하고 있다.

〈수학적 활동의 매체〉

구분	구체	→	추상
양식	작동적	영상적	상징적
대상	실물→모형→구체물→	그림→도표→벤도→수직선→	용어→기호→수→문자

수학적 활동이 강조되는 데 대표적인 수학적 활동은 다음과 같다.

① 조작활동 :

수학적인 개념이나 원리, 법칙 등을 쉽게 이해하기 위하여 의도적인 구체물 조작활동을 통하여 학습한다. 피감수가 5이하인 뺄셈의 학습에서 대표적인 문제 5-3=2를 제시하고 구체물인 바둑알을 가지고 제거형 또는 비교형의 관점에서 이야기 꾸미기식의 조작활동에 의한 학습을 한다.

② 제작활동:

물건을 직접 만들어 보는 활동으로 예각과 둔각을 알아보는 학습에서 막대 2개를 이용하여 제작활동을 통하여 예각과 둔각을 만들어 보게 한다. 직각보다 작은 각을 예각, 직각보다 크고 180°보다 작은 각을 둔각임을 알게 하는데 2개의 막대를 이용하여 제작한 자료로 학습을 한다.

③ 교구사용활동:

교구를 사용하여 이미지를 형성하는 학습으로 점판(지오보드판)의 교구를 사용하여 여러 종류의 사각형을 만들어보고 넓이가 같은 사각형을 찾아보는 활동이다.

④ 실측활동:

양을 측정할 때 먼저 어림하여 알아보고 실측활동을 통하여 실제의 양을 확인해보는 학습을 한다. 일상생활에서 1kg의 무게 단위 학습에서 1kg은 1000g이라는 단위 환산은 잘 하지만 1kg이 어느 정도의 무게인지를 잘 모르는 아동을 위하여 실제 여러 종류의 구체물의 무게를 알아보는 측정활동이다.

⑤ 작도활동:

주로 도형 영역에서 조건에 맞는 도형을 그릴 때 하는 활동이다. 작도는 이미 학습한 사항을 정리하거나 새로운 개념, 원리, 법칙, 성질 등을 예상, 발견할 때 효용가치가 있다. 컴퍼스, 자, 각도기 등을 사용하여 여러 가지 삼각형을 작도하는 활동을 통하여 삼각형의 성질을 예상하고 발견하는 학습을 한다.

⑥ 조사활동:

문제해결에 필요한 상황의 실태나 자료를 조사하는 활동을 통하여 수학학습을 한다. 학교 앞을 지나가는 교통량을 시간대 별로 조사하여 표로 만들어 보고 그래프로 나타내고 이들을 해석하고 활용하는 학습을 한다.

⑦ 탐구활동:

수학적인 개념, 원리, 법칙, 성질, 해결방법 등을 찾아내거나 만들어내는 과정에 탐구 활동을 통하여 수학학습을 한다. 분수의 나눗셈을 할 때 나누는 수

대신에 역수를 곱하는 사실의 발견 과정을 탐구활동으로 학습을 한다.

⑧ 발전활동:

이미 학습한 수학적인 지식을 발전적인 사고 활동으로 이들을 확장, 응용, 일반화하는 수학 학습을 한다. 학습자가 알고 있는 직사각형, 삼각형, 평행사변형의 넓이를 구하는 방법을 이용하여 사다리꼴의 넓이를 구하는 공식을 만들어 보게 하는 학습을 한다.

⑨ 체험활동:

수학적인 지식을 실제생활에 활용하는 체험활동을 통하여 학습을 한다. 여러 가지 도형의 넓이 구하는 학습을 한 다음에 일상생활 주변에 있는 강당, 운동장 등의 넓이를 체험활동을 통하여 알아보는 학습을 한다.

⑩ 통합활동:

여러 종류의 수학적 지식을 타 교과나 수학과 내에서의 다른 영역과 통합하여 학습을 한다. 사회과 학습의 여러 가지 통계자료를 표로 만들어 그래프로 그리고 이들을 해석해 보는 과정에서 수학과와 사회과 학습의 통합활동을 통한 학습을 한다.

이와 같은 활동은 수학과 수업 장면에 다음과 같이 활용되기도 한다.

<table>
<tr><td>도입장면</td><td>① 작업적인 활동
② 체험적인 활동
③ 조사적인 활동</td><td rowspan="2">외적활동</td></tr>
<tr><td rowspan="2">해결장면</td><td>④ 구체물 사용 활동</td></tr>
<tr><td>⑤ 탐구적인 활동</td><td rowspan="2">내적활동</td></tr>
<tr><td>발전장면</td><td>⑥ 응용적인 활동
⑦ 발전적인 활동
⑧ 총합적인 활동</td></tr>
</table>

1.3 초등수학 교과서의 분석

듀이(Dewey)의 '학습은 경험과 학습자의 능동적인 활동을 통하여 이루어진다'는 수학 학습방법은 계속 진행되고 있다. 이러한 Dewey의 경험주의적인 교육논리에 프로이덴탈(Freudenthal), 페스탈로찌(Pestalozzi), 가테그노(Gattegno), 스테이너(Steiner), 퀴즈네어(Cuisenaire) 등도 활동 중심 학습의 중요성과 필요성을 강조하였다. 또한 피아제(Piaget)는 '학습자는 능동적으로 자신의 지식을 구성한다.'는 관점은 학생들이 단순히 새로운 정보를 받아들이는 것이 아니라 보거나 듣거나 행한 것을 이미 알고 있는 지식과 관련지어 해석하게 된다. 즉 학생들은 수학적인 지식을 배울 때 지식을 수동적으로 받아들이는 것이 아니라 학습자 스스로 직접실험이나 적절한 교수·학습자료를 통하여 능동적으로 지식을 만들어 가는 수학을 한다는 것이다.

가. 초등수학교과서의 분석

교사들이 교수·학습자료의 활용이 가장 필요한 영역에 대한 조사 분석은 <표 1>과 같다.

〈표 1〉 교수 · 학습자료의 필요 영역 조사표[1)]

영 역	빈도	1	2	3	4	5	6	교과 전담	복식
수와 연산	92명(17.5%)	15	10	19	8	11	13	12	1
도형	310명(58.8%)	27	32	42	45	70	58	30	3
확률과 통계	71명(13.5%)	4	6	11	16	13	13	6	2
측정	27명(5.1%)	5	3	5	5	4	4	1	
규칙성과 문제해결	21명(4.0%)	3	2	3	2	3	3	4	

1) 조사표는 제7차 교육과정의 수학교과서의 내용에 대한 조사 결과이다.

<표 1>에 의하면 교수·학습자료가 필요한 영역은 도형 영역이 58.8%, 수와 연산 영역은 17.5%, 확률과 통계 영역은 13.5%으로 나타나 교사는 도형영역과 수와 연산 영역에서 교수·학습 자료의 활용이 가장 필요하다고 느끼고 있다.

단위 수업시간에서 교수·학습 자료를 가장 많이 활용하는 단계의 조사 결과는 <표 2>와 같다. 단위 수업시간에서 가장 필요한 단계는 전개과정에서 64.7%, 도입과정에서 20.7%, 정리나 평가 단계에서 각각 6.1%, 5.3%로 나타났다. 이는 김남희(2000)가 중학생들을 대상으로 조사한 자료에 따르면 85.4%의 교사가 전개과정과 도입과정에서 교수·학습 자료를 활용과 다소 다르게 조사되었다.

〈표 2〉 수업의 교수 · 학습자료의 활용 조사표

단계	빈도	1	2	3	4	5	6	교담	복식
도입	109명(20.7%)	8	7	19	17	22	25	3	1
전개	341명(64.7%)	40	37	50	48	68	57	9	4
정리	32명(6.1%)	4	7	4	7	6	2	31	0
평가	28명(5.3%)	2	1	5	4	4	5	2	1
기타	3명(0.6%)	0	1	0	1	0	0	6	0

교사가 수학수업에서 지도하기 어렵다는 단원의 조사 결과는 <표 3>과 같다. 교사들이 초등수학학습에서 가장 곤란을 겪고 있는 영역은 규칙성과 문제해결 영역 단원, 다음은 수와 연산영역, 측정영역, 도형영역으로 나타났다.

〈표 3〉 영역별 교수 난도 조사표

영역 / 학년	수와 연산	도형	확률과 통계	측정	규칙성과 문제해결	
1	• 더하기와 빼기(21) • 가르기와 모으기(6)		• 분류하여 세어보기(9)	• 시계 보기(6)	• 문제 푸는 방법 찾기(17)	
2		• 도형과 도형 움직이기(15)		• 시간 알아보기(7) • 길이 재기(7)	• 문제 푸는 방법 찾기(21)	
3	• 나눗셈(20) • 곱셈(7) • 분수와 소수(8) • 덧셈과 뺄셈(5)	• 도형 움직이기(21) • 도형(5)		• 들이 재기(13) • 길이와 시간(8)	• 문제 푸는 방법 찾기(15)	
4	• 분수(19) • 소수(8) • 곱셈과 나눗셈(8) • 수(5) • 혼합 계산(9)	• 수직과 평행(7) • 사각형과 도형 만들기(7)		• 시간과 무게(7) • 어림하기(7)	• 문제 푸는 방법 찾기(34)	
5	• 약분과 통분(19) • 분수의 나눗셈(9) • 소수의 나눗셈(9)	• 도형의 대칭(5)		• 평면도형의 둘레와 넓이(31) • 넓이와 무게(17)	• 문제 푸는 방법 찾기(45)	• 무늬 만들기(19)
6	• 분수의 나눗셈(5) • 분수와 소수의 계산(8)	• 쌓기 나무(7) • 각기둥과 각뿔(5) • 입체도형(7)	• 경우의 수(10)	• 겉넓이와 부피(15) • 원과 원기둥(7)	• 문제 푸는 방법 찾기(45)	• 비와 비율(5)
합계	16개 단원(166)	9개 단원(79)	2개 단원(19)	11개 단원(125)	6개 단원(177)	2개 단원(24)

(괄호 안의 숫자는 각 단원에서 난이도를 느끼는 교사들의 수, 응답자 수가 5명 이상인 단원을 대상으로 처리하였고, 학기는 구분하지 않았음)

도형영역은 전체적으로 차지하는 시간배정의 비율과 비교해 볼 때 가장 어렵게 생각하는 단원의 수가 많았다. 보다 구체적으로 수와 연산영역의 '더하기와 빼기', '나눗셈', '약분과 통분', 도형영역의 '도형 움직이기', 측정영역의 '겉넓이와 부피', 규칙성과 문제해결은 모든 단원에서 많은 어려움을 느끼고 있었다. 이처럼 교수난도가 높은 단원은 교수·학습자료의 적극적인 활용과 함께 보다 효과적인 교수·학습자료의 개발이 필요함을 보여 주고 있다. 또한 같은 내용을 나귀수(2002, p.19)의 조사에 따르면 <표 4>와 같이 나타나고 있다. 교사들이 가르치기 어려워하는 영역은 문자와 식, 도형과 측정영역이고 학생들이 수학적 내용에 대한 흥미도가 낮은 단원들로 흥미와 관심을 갖도록 활동 위주의 교수·학습방법과 다양한 교수·학습자료가 필요함을 주장하고 있다.

〈표 4〉 영역별 교수난도가 높은 이유 조사표

학년	수와 연산	도형	측정	확률과 통계	규칙성과 문제해결
1	• 수 개념 미흡, 덧셈·뺄셈의 역연산 이해 부족 • 받아 올림과 내림이 있는 덧·뺄셈 능력 부족				• 문장제 만들기나 문제해결과정의 혼돈, 적용 능력 부족
2		• 도형 돌리기나 조작활동 부족	• 시간과 분, 날짜와 요일의 관계 이해 부족		• 개념, 원리, 법칙이해 능력부족
3	• 곱셈 이해 부족	• 도형 옮기기 공간 개념 부족			• 탐구 방법 부족
4	• 개념 이해, 계산과정의 기계적 계산 • 분수 개념 부족				• 해결전략과 사고능력 부족
5	• 분수 개념 부족	• 선대칭과 점대칭을 혼돈과 평면 도형의 이해 부족			• 문제해결력약함 • 계산식 만들기 부족
6	• 복잡한 사고과정 싫증 • 배수와 약수 개념부족	• 도형에 상상력 부족			• 문제 이해능력 부족 • 문장제 해결력 부족
자료	• 구체적 활동자료 부족	• 수준별 자료부족	• 관련 교구 부족		• 교수·학습자료 부족

<표 4>에서 교수난도가 높은 이유로 교사들이 서술한 내용을 중심으로 분석해보면 규칙성과 문제해결 영역은 문제해결능력부족, 수와 연산영역은 사칙연산의 기

초능력부족, 그 밖의 내용으로 5학년은 학습목표에 대한 이해와 원리, 선수학습의 결손과 복잡한 계산이나 사고를 요구하는 문제로 나타났다. 교사는 아동수준에 알맞은 교수법 찾기에 어려움을 느끼고 있으며 갑자기 수준이 높아졌다고 생각하고 있다. 또 6학년은 조작활동 자료와 같은 다양한 교수·학습자료의 부족과 아동들의 수학에 대한 싫증과 기본학습능력 부족, 수학적 사고력 부족을 들고, 교사용 지도서에 대한 내용의 빈약과 난도가 높아진 점으로 조사되었다.

❖ 메모

Chapter 2

수학 조작교구학습의 이론 배경

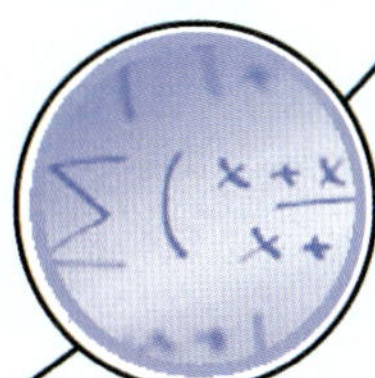

2.1 피아제(Piaget)의 학습이론

피아제(Jean Piget)는 지식이 아동들에 의해 구성되는 조작적 구성주의를 제시하였다. 즉, 수학적인 개념은 초기에 감각 운동의 구조로 나타나고, 다시 그것에 바탕을 둔 행동의 변화조정이 이루어지면서 반영적 추상화가 일어나 구성이 된다는 것이다. 다시 말하면 수학적 사고를 내면화된 행동(조작)으로 보고 활동 가운데 그 형성적 근원을 찾는다. 이처럼 아동의 능동적 역할을 강조한 Piaget의 발달 심리는 그 이론의 기저가 되는 실험 관찰이 수학적 수 공간 개념의 발달에서 얻어진 관계로 교사에게는 의미가 있다. Piaget는 모든 학습의 근본은 아동이 물리적 사회적 접촉을 통하여 얻게 되는 활동에 있다고 주장한다. 아동들의 구조화되고 분리된 정신활동 하나하나는 서로 관련이 되어 scheme-행위의 패턴-의 무리에 묶어진다.

■ 피아제의 3종류의 추상화

피아제의 3종류의 추상화는 인식 주체의 외부 대상이 갖는 성질로부터 일반화된 지식을 끌어내는 경험적 추상화와 인식 주체의 활동에 대한 일반적 조정으로부터 이루어지는 반영적 추상화, 주체 활동으로부터 구성이 이루어지지만 그 구성 결과의 확인은 외부 대상에 대해서 행해지는 의사 경험적 추상화가 그것이다.

사물의 색깔이나 무게 등은 경험적 추상화의 대표적인 예이다. 피아제는 물리적 경험과 논리 수학적 경험을 구분하고 사물로부터의 추상화와 행동으로부터의 추상화를 구분하였다. 돌멩이들은 어떻게 늘어놓고 세어도 그 개수가 동일하다는 것을 아는 것이다. 이 때 수라는 성질은 이전부터 돌멩이 속에 있던 것이 아니라 주체의 행동의 조정에 의해서 도입된 것이다. 피아제는 이러한 '행동으로부터의 추상화'를 '반영적 추상화'라고 부르며, 수학적 추상화는 본질상 반영적 추상화라고 보고 있다. 그리고 확인되는 성질이 주체의 활동에 의해 내적 구성의 결과로 그 대상에 도입되는 것이라면 그것은 경험적 추상화가 아니라 의사 경험적 추상화라고 부른다.

정신활동은 적응과정으로 두 개의 분리될 수 없는 과정인 동화와 조절을 포함한다.

동화란, 인간이 자기의 기관을 통하여 자연을 자기 속으로 끌어들이는 기능을 말한다. 환경 속에서 자료를 어떤 인과적 의미로나 기계적인 의미로가 아니라 그 자신의 성격으로 인해 환경으로부터 잠재 재료를 내면으로 끌어넣는 것이다. 예를 들면, 자연수의 덧셈을 배운 어린이는 정수의 덧셈을 배울 때 이미 내적으로 형성되어 있는 도식(자연수의 덧셈)에 맞추려고 한다.

조절이란, 동화와는 반대로 잠재적으로 가지고 있는 기능을 작용시켜서 자기 자신을 여러 가지로 통제하면서 적응해 가는 것을 말한다. 예를 들면, 자연수 4칙 계산을 숙달한 학생은 정수의 4칙 계산을 조절하게 된다.

Piaget는 인지발달의 단계를 감각 운동단계, 전 조작 단계, 구체적 조작 단계, 형식적 조작 단계의 4단계로 구분하였다.

가. 감각 운동 단계

태어나서 18개월까지 정도로 본능적 행동이 경험에 의해 수정되면서 복합적인 행위 패턴을 가지게 된다. 이 기간에 대상을 지각하고 식별하며, 그것의 불변성을 인식하기 시작한다. 대상을 다루는 데 원인과 결과의 관계를 인식하고, 자연스럽게 대상은 자기와 관계없이 존재한다는 사실을 느끼며 점차 보이지 않는 대상까지 생각한다. 예를 들면, 출근하는 부모의 발소리를 듣고 손을 흔들며 직장이 끝나면 돌아온다는 사실을 느낀다.

나. 전 조작 단계

18개월에서 7세까지 정도로 이 기간은 기호를 사용하게 된다. 그러나 자기중심적으로 사물이 움직일 때 처음과 끝만 알고 중간과정을 모른다. 예를 들면, 진흙 덩어

리를 굵은 것을 짧게 놓은 것과 가는 것을 길게 늘어놓은 것이 있으면 후자가 양이 많다고 하거나, 5개의 구슬을 일렬로 모아 놓은 것과 5개의 구슬을 일렬로 떼어놓은 것과 비교해 보면 후자가 많다고 하는 것이다. 즉 사물을 전체와 부분의 관계를 잘 인식하지 못하며 논리적인 적용을 하지 못한다.

다. 구체적 조작 단계

7살에서 11살까지 정도로 양과 수의 보존이 이루어지는 단계이다. 두 집합의 포함 관계인식과 순서관계의 추이성을 이해한다. 이때 조작(operation)은 schme가 언어적 기능에 의해 내면화되고 동화와 조절하는 가역성을 획득 할 때, 그 scheme를 말한다. 아동이 진흙을 길거나 짧게 하더라도 양이 같다는 것을 인식했을 때, 진흙이 사용한 조작이 시작된다. 연산 개념에서 정수가 군(group)을 만드는데 이러한 체계를 군성체(Groupement)라하며 이 시기의 대표적인 특징이다. 즉, 전조작기에서 분리되고 통합되지 못한 정신활동이 마침내 군과 같은 구조를 통합소식이 되면서 구체적 조작단계에 들어오게 된다. Piaget가 구체적이라는 용어를 강조한 것은 이 시기에 구체물의 출현과 이것에서 얻는 직관적 감각을 중요시했기 때문이다.

라. 형식적 조작 단계

11세와 12세 사이에서 시작되는 것으로 눈에 보이지 않는 대상에 사고할 수 있으며 조합적인(예를 들면, 순열, 조합) 사고를 할 수 있다. 가설을 세워서 결론을 이끌어 낼 수 있으며 연역적 추론(증명)을 할 수 있다.

2.2 딘즈(Dienes)의 활동주의 학습이론

딘즈(Zoltan Dienes)는 구조화된 학습과정에서 구체적 조작, 게임의 개발과 이러한 구체물 사용의 밑바탕이 되는 심리학적 원리에 대한 연구로 잘 알려진 사람이다. 수학은 구조를 연구하는 학문으로 보고 학생들이 수학을 학습하기 위해서는 다음과 같은 기능, 개념, 원리에 연결되어 가르쳐지고, 학생들은 여러 가지 수학적 아이디어들 간의 연결성을 알아야 한다는 것이다. 이것은 Bruner의 연결 이론과 유사하다.

① 수학적 구조와 그 구조들 간의 관계성을 분석할 수 있어야 한다.

② 여러 가지 서로 다른 구조 또는 상황에서 공통 성질을 추상화하고 구조 또는 상황에 속한 것을 분류할 수 있어야 한다.

③ 좁게 정의된 유에서 발견되는 비슷한 성질을 바탕으로 좀 더 넓은 유를 만듦으로써 이미 배운 수학적 구조를 일반화할 수 있어야 한다.

④ 사전에 학습된 단순한 추상에서 더 복잡하고 높은 수준의 추상을 구성할 수 있어야 한다.

가. 학습의 원리

1) 활동성의 원리(dynamic principle)

수학적 개념은 개념이 발생할 수 있는 놀이나 게임 등을 경험해야한다. 이것은 수학적 개념이 인간의 활동을 통해 형성된다는 Piaget 등의 활동주의적 수학관에 영향을 받은 것으로, 아동들은 종이접기 놀이나 나무 쌓기 놀이 등과 같은 활동에서 도형 개념의 형성이나 부피 개념 형성에 크게 도움을 받는다는 것이다.

2) 구성의 원리(constructivity principle)

수학학습에서 구성이 분석에 앞선다는 원리로 여기서 구성이란 물체를 만들거나 전체를 파악한다는 것이고, 분석이란 물체를 분해하거나 세밀히 검토하여 그 근거를 알아보는 것을 말한다. 공간도형의 학습에서 먼저 공간 도형이나 단면을 만들고, 다음에 그 성질을 분석하거나 성질의 근거를 조사하는 학습이 이루어지는 것이 좋다는 원리이다.

3) 수학적 다양성의 원리(mathematical variability principle)

수학적 개념을 제시할 때 변화가 가능한 것은 변화시켜서 다양하게 제시 한다. 이를테면, 평행사변형의 지도에서 변의 길이, 각, 위치 등 가변적인 요소는 여러 가지로 변화시킨다.

4) 지각적 다양성의 원리(perceptual variability principle)

수학적 개념 형성에서 그 개념을 가능한 한 다양한 구체물(평행사변형의 경우, 종이, 대나무, 고무줄 등)로 제시한다. 이는 개인차를 고려하여 추상화 과정에 학생들을 경험시켜 보는 것이 유효하다고 생각되기 때문이다. 이 원리는 모두 수학적 개념이나 사고 그리고 그 형성과정에 대한 깊은 통찰로부터 도출된 것으로 수학학습에 광범위하게 적용될 수 있다.

나. 교수 · 학습 과정 6단계

1) 1단계 : 자유 놀이 단계

구체적 소재를 처음으로 자유롭게 대하는 시기로 소재에서 최종적인 개념을 구성한다. 이 때 아동은 주어진 환경에 어떤 작용을 가하고 그 환경에서 어떤 작용을 받게 된다. 따라서 이 상황에서 소재는 될 수 있는 대로 풍부하고, 변화가 많아야 하며, 수학적으로 의미 있는 특징을 갖도록 한다. 예를 들어, 덧셈, 곱셈을 수 막대를 이용하여 놀이 환경을 제공하거나, 음수를 지도할 때는 음수는 손해, 양수는 이익 등과 같은 실생활 장면을 이용한다.

2) 2단계 : 게임의 단계

주어진 상황 가운데 어떤 규칙성이 있다는 것을 착안하는 시기로 규칙에 따라 설명할 수 있고, 어떤 것이 일어날 것인지 예측할 수 있다. 규칙을 알게 되면, 규칙을 발견하고 그에 따라 게임을 할 수 있다. 이 때 아동들이 게임의 규칙이 절대적인 것이라고 생각하지 않도록 한다.

3) 3단계 : 공통성 탐구 단계

여러 게임에서 발견되는 공통적인 구조를 파악하는 시기로, 공통적인 구조를 파악을 위해서 구체화되어 있는 추상적인 특징 자체는 변화시키지 않고 여러 가지 형태로 구체화해 주는 방법을 생각한다.

4) 4단계 : 표현 단계

아동들이 공통적인 구조를 파악한 후, 스스로 인식할 수 있는 표현으로, 즉 그림 또는 언어 표현이나 다른 어떤 함축적인 표현으로 남기는 단계이다.

5) 5단계 : 기호화의 단계

자기 나름대로의 표현 방법을 강구하며 기술하는 단계로 기술을 할 수 있는 적절한 언어, 즉 기호 체계를 찾게 된다. 이 때 아동 스스로 기호 체계를 발견하도록 하는 것이 좋다.

6) 6단계 : 형식화의 단계

기술된 것들 사이의 순서 관계가 확립되는 단계로 성질 가운데 어떤 것이 기본적으로 선정되면 그것에서 출발하여 다른 성질의 규칙을 찾아낸다. 예를 들어, 음수와 음수의 곱은 양수이고 음수와 양수의 곱은 음수인 것을 말하게 된다.

2.3 반 힐레(van Hiele)의 기하학습수준이론

가. 기학학적 사고수준 이론

사람들의 기하적 사고는 다양하다. 사람들 모두는 같지는 않지만 기하적인 상황에서 사고하고 추론하는 능력을 발달시킬 능력이 있다. 반 힐레(Pierre van Hiele와 Dina van Hiele-Geldof)는 기하학습에서 학생들이 부딪치는 어려움을 해소해줄 수 있는 방법을 다각적으로 연구하던 중 다음과 같은 다섯 가지의 수준을 제시하여 아동의 기하적 사고의 발달순서를 제시하였다.

1) 제0수준(시각적 인식 수준: visual level)

생활 주변의 구체적인 물체를 대상으로 도형에 대해 초보적인 이해 수준의 단계이다. 기하영역에서 가장 낮은 수준으로 모양만 식별하는 특징이 있다. 예를 들면 1학년 아동에게 세모, 네모, 동그라미를 제시하고 이름을 가르치는 경우로 여러 번 되풀이한 다음에 모양만으로 도형을 식별하게 된다. 이때 아동들은 도형을 만들고 그리기, 2차원 3차원 모양들을 함께 놓기, 집과 학교에서 도형들 찾기 등과 같은 기하학적 사물들의 전체적인 이해를 발달시키는 경험이 필요하다.

2) 제1수준(분석적 수준: descriptive level)

제0수준의 도형이 대상이 되고, 성질을 고찰하는 단계로 삼각형, 사각형의 변이나 각의 개수 등이 고찰 방법이 되고 기하학적 개념의 분석이 시작된다. 예컨대 실험법(측정하기, 접기, 그리기, 모델들로 조작하기)을 통해서 정사각형이 4개의 변이 모두 같다. 모든 각이 직각이다 등과 같은 성질을 발견한다. 이 수준은 도형이 제각기 성질을 지니는 것으로 성질에 의해서 식별된다. 그러나 도형의 여러 성질이 아직 논리적으로 정리되지 않는 상태로 실험적인 방법으로만 확립되어 있다. 또 모든 정사각형들은 직사각형이지만 모든 직사각형은 정사각형이 아님을 설명하기 위해 연역적 추론을 시작한다. 0수준과 1수준은 1~4학년에 해당한다.

3) 제2수준(이론적 정리 수준: theoretical level)

제1수준의 성질이 대상이 되고, 명제간의 관계가 고찰되는 단계로 도형의 성질을 추론하고, 특정 관점에서 도형을 분류할 수도 있다. 도형의 성질이나 논리적 정리가 시작된다. 성질의 일부는 도형의 정의에서 채택되고 남은 것은 논리적 방법으로 확립된다. 연역법의 의의가 소규모 또는 국소적으로 설명된다. 즉 몇 성질을 실험적으로 밝히면 남은 성질은 추론에 의해서 이끌어짐을 보여 줄 수 있다.

4) 제3수준(연역적 추론 수준: formal level)

제2수준의 명제를 대상으로 논리가 고찰되는 단계로 공리론적 조직 속에서 기하의 정리들을 세우는 추론을 이해하고 명제의 증명이 주된 과제가 된다. 연역법의 의의가 이해되고 기하학의 이론 전체를 구성하며 발전시키는 방법으로 이해한다. 이 이행을 촉진시키는 것은 공리나 정의, 정리의 본질, 증명의 논리적 구조, 여러 개념이나 명제의 논리적 관계 등에 대한 설명이다. 이 수준은 고등학생이면 충분히 이해할 수 있다. 이 수준에서 이루어지는 의미와 내용이 있는 이론의 공리화, 즉 일정한 구체적인 해석에 바탕을 둔 이론의 공리화이다.

5) 제4수준(논리법칙의 엄밀 수준: nature of logical laws level)

제3수준의 논리를 대상으로 추상화(적용)가 고찰되는 단계로 비유클리드 기하를 연구할 수 있고, 여러 공리들 사이에 차이점을 비교할 수도 있다. 구체적인 모형 없이 매우 추상적으로 다양한 기하를 학습할 수 있다. 여러 가지 구체적 해석을 벗어나 발전시키는 수준으로 기하학의 이론이 추상적인 연역체계로 구성된다.

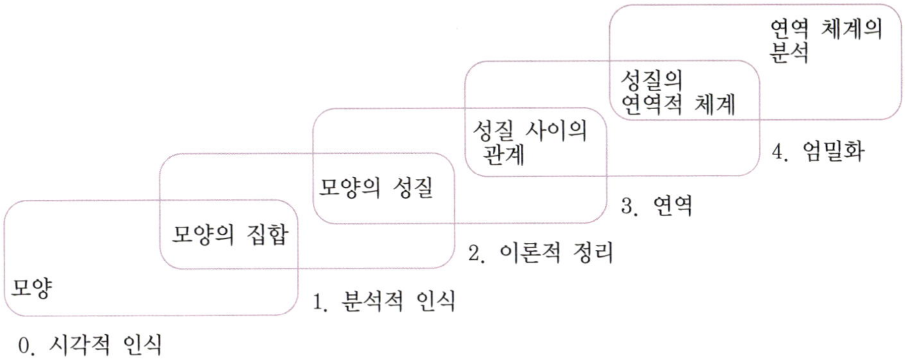

[그림 1] Van Hilie의 기하적 사고 수준(남승인 외 7인, 2008)

나. 5단계 교수 · 학습법

1) 1단계(탐구: information): 학생들은 작업 영역을 알게 된다.
2) 2단계(안내: directed orientation): 형성되는 망(network)의 서로 다른 관계를 가진 여러 과제로 학생들을 안내하는 단계로 모눈종이에 대각선이 같은 여러 크기의 마름모를 그리게 한다.
3) 3단계(명료화: explicitation): 학생들은 과제의 관계를 의식하며 그 관계를 말로 표현하여 교과에 따르는 전문용어를 학습하게 된다. 모눈종이에서 마름모와 어떤 도형과 성질에 대하여 토론한다.
4) 4단계(적용: free orientation): 학생들은 관계의 망 속에서 일반적인 과제에 의해 자기 자신의 방법을 찾는 것을 학습하게 된다.
5) 5단계(통합: integration): 학생들이 새로 형성된 관계의 망에 관해 학습한 모든 것을 개관한다. 마름모의 성질이 학생들에 의하여 종합된다.

2.4 부르너(Bruner)의 발견학습이론

부르너(Jerome Seymour Bruner)는 교육과정에서 교육내용을 지식의 구조로 보고 교과를 가르치는 가장 근본적인 것은 "지식의 최전선에서 새로운 지식을 만들어내는 학자들이나 초등학교 학생들이 하는 모든 지적활동은 근본적으로 동일하다."는 것으로 이런 활동의 차이는 종류가 아니라 지적활동의 수준에 있다고 하였다. 이러한 구조에서 교과서에 나와 있는 지식은 지식의 현상 또는 지식의 표층에 해당된다고 볼 수 있고 그 지식의 표층 이면에 지식의 구조에 해당하는 것이 내재되어 있다는 것이다. 교육의 문제점으로 지식의 표층에 해당하는 내용이나 해당 학자들의 탐구결과만을 학습하고 그 지식의 표층 이면에 내재에 있는 지식의 구조를 가르치지 않는 것을 지적하였다.

브루너는 교수·학습 이론의 개발에 수학을 사용하였으며, 가장 중요한 것은 일반화된 아이디어에 의한 학습의 전이라고 하였다. 브루너는 수학학습에 대한 4가지 정리를 제시하였다.

1) 구성 정리(construction theorem)

수학적인 규칙, 개념, 또는 원리학습에 가장 좋은 방법은 그것들의 표현 방법을 구성하는 것이다. 이를 위해 구체적인 표현 방식으로 학습하는 것이 좋으며, 수학적 규칙을 형성하는 활동을 허용해야 한다. 학습자는 어떤 개념을 학습할 경우 그 개념에 대한 학습자 자신의 구체적 예를 제시할 수 있을 때 학습을 잘할 수 있다고 한다. 따라서 교사는 학생에게 구체적 법칙을 제시할 것이 아니라 학생 스스로 법칙을 만들 수 있도록 도와주어야 한다.

2) 표기 정리(notation theorem)

구성과 표현 방식이 지적 발달 수준에 알맞은 기법을 포함하고 있을 때 , 개념의 이해는 쉽게 된다. 효과적인 기법 조직이 수학적 원리를 창조하고 확장시키는 것을 가능하게 한다. 수학적 기호나 수식을 함축성 있게 나타내는 표기는 수학의 이론 전개를 분명하게 해 준다. 따라서 교사는 학생들로 하여금 다양한 표기 방법으로 자료를 정리하게 하기 위한 방법 등을 찾을 수 있도록 도와주어야 한다.

3) 대조와 변화 정리(contrast and variation theorem)

수학적 개념의 구체적인 표기 방식에서 좀 더 추상적인 표기 방식의 과정은 서로 다른 대조되는 개념과 각 개념에 대한 변화된 예를 포함하고 있다. 사실, 많은 수학적 개념들은 대조 성질에 따라서 정의되고 있다. 소수는 1도 아니고 합성수도 아닌 수로 정의되고, 무리수는 유리수가 아닌 수로 정의되고 있다. 학생들이 수학에서 일반적인 개념을 배우고자 한다면, 각각의 새로운 개념은 다양한 예로 설명되어져야 한다. 수학적 개념은 홀수와 짝수, 음수와 양수 등 대조적인 개념에 의하여 직관적 파악이 가능하다.

4) 연결 정리(connectivity theorem)

수학적 개개의 기능, 개념, 원리는 다른 기능, 개념, 원리에 연결되어 가르쳐지고, 학생들은 여러 가지 수학적 아이디어들 간의 연결성을 알아야 한다. 브루너에 의하면 수학에서의 중요한 사실은 「모든 것은 다른 어떤 것들과 연관성을 갖는다.」는 것이다.

가. EIS이론

Bruner는 학습한 개념과 생각의 표현방법을 3단계인 활동적 표현(enactive representation), 영상적(iconic) 표현, 상징적(symbolic) 표현의 순서로 발달한다고 설명하였다. 각 단계는 선행하는 양식에 의존하며 발달되어 가는 것으로 여겼다. 활동적 표현은 구체적인 자료를 직접 다루는 것으로 만지고 조작하고, 실행하는 것이다. 예를 들면 3개의 사과와 2개의 사과를 실제로 손을 사용해 보는 것이고, 다음 단계는 정신적인 영상으로 옮겨가는 영상적 표현단계로 대상의 이미지를 다루는 것으로 시각적 정보, 그림, 벤다이어그램, 화면 등과 같이 그림에 의한 표현을 말하고, 상징적 표현은 기호를 엄격하게 다루는 것으로 언어나 기호 등으로 표현하는 것을 말한다. 또한 상징적 표현은 수학에서 최종 단계의 개념 표현 방식으로 지극히 추상화되어 있고 의미가 함축되어 있다. 따라서 상징적 표현의 이해는 학생들의 개인차에 의해 결정된다. 이러한 원리는 수학교육에서 조기교육이나 오류의 치료적 지도 등에 유효한 것으로 지도방법의 문제에서 수학적 내용을 어떻게 학생의 인지양식에 알맞은 표현으로 만들어갈 것인가 된다. 이러한 배경에 유명한 가설 "어떤 교과든, 어떤 발달단계에 있는 아동에게도 지적으로 정직한 형태로 효과적으로 가르칠 수 있다."가 제안된 것이다.

나. 발견학습

Bruner가 지식 습득의 새로운 방향을 제시한 것으로 기본교재의 학습내용의 사고와 탐구를 수단으로 발견적 과정을 통해 습득해 가는 학습 형태이다. 발견학습에서는 구체적 자료를 취급하여 학생 스스로 발견하게 하는 발견적 의미를 지니며, 소크라테스 식의 문답을 통하여 발견을 유도한다. 발견은 이미 알고 있는 아이디어의 내적인 재조직을 포함한다. 즉, 발견적 지도법이란 학습자가 문제를 해결하든지 지적 행동을 획득하도록 학습자가 내부에 유효한 절차나 발견을 만들 수 있게 설계된 무한상태의 정비과정이다. 발견학습의 의의는 자율적이면서 자발적인 학습 활동을 통하여 발견적인 사고력을 배양하고 그 중에서도 지적 사고력을 증대시켜 미지의 세계에 대한 도전력을 갖도록 하는데 있다. 학습은 지식의 새발견 과정에 따라 학습시켜 발견하는 것이다. 발견학습의 특징은 누구든지, 자유롭게 토론하고 교실로서 제시된 발견 또는 발표된 사실을 일단 고려해 볼 만한 가치 있는 것으로 중심이 된 아이디어를 중요시하여 모든 교실 내의 발견 과정을 검증하기 위한 방향으로 이끌어 가는 것이다. 발견학습의 단점은 모든 지식을 스스로 발견하기 어렵고, 문제 해결력만이 교육의 목표가 아니며, 후속학습에 긍정적인 효과만 주는 것은 아니다.

2.5 스켐프(Skemp)의 학습이론

스캠프(Richard R. Skemp)의 schematic learning 이론이란 수학교육의 근본 문제인 수학적 개념의 본질 문제, 여러 가지 수학적 개념이 아동의 역동적인 지식구조를 형성하도록 어떻게 연결되어야 하는가? 에 대한 것으로 보았다. Skemp는 감각-운동적 지능과 반성적 지능의 관계에 주목하여, 반성적 지능은 감각-운동 체계의 제 1차적인 개념과 조작 및 그 관계를 인식할 수 있는 제 2차적인 개념 및 조작 체계라고 생각했다. 실제적인 수학학습은 감각-운동적 지능에 의한 것이고, 수학학습은 반성적 지능에 의한 것이다. 예를 들어, 아동이 때때로 수학 문제에서 바른 해답을 찾을 수가 있음에도 불구하고, 그 해결 방법의 논리적 기술 혹은 이유의 설명을 할 수 없는 것은 산술이 반성적 지능에 의한 것이 아니고, 감각-운동적 지능에 의한 것이기 때문이다. Skemp가 생각하는 schema의 개념은 정적인 이미지보다는 행동이나 사고의 양식 내지 구조에 가까우며, Piaget이론에서 scheme(인간 행동이나 사고를 반복 가능하게 하고, 일반화할 수 있게 하는 심적인 구조)에 해당한다.

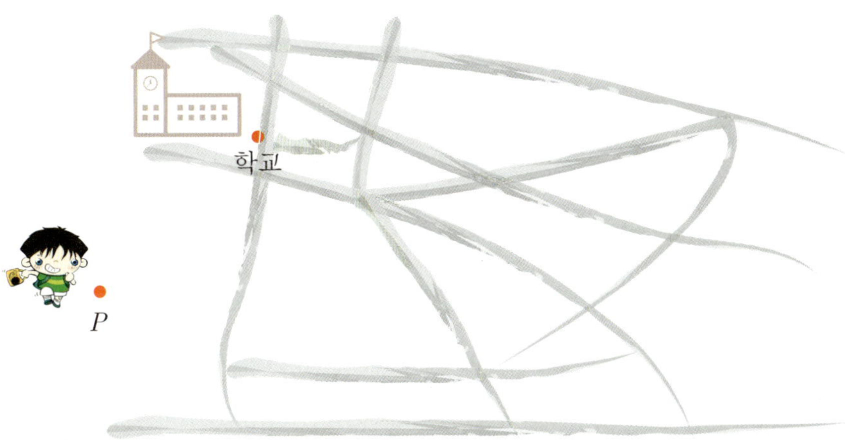

스캠프 이론의 핵심은 이해한다는 것은 기존의 스키마에 연결시키는 것(동화)이다. 예를 들어 학생들이 학교 주변의 길은 잘 알고 있다(기존의 스키마)고 할 때 점 P에 학습자가 있다면(새롭게 학습할 요소), 학습자가 학교로 찾아가게 하기 위해서 교사는 어떻게 안내해야 할까? 기존에 알고 있는 학교주변의 길(기존의 스키마)로 안내하여 학교로 학습자가 스스로 찾아가게 해야 한다는 것이다. 따라서 스키마학습이란 유의미한 학습이며 참된 이해 즉 관계적 이해를 하는 학습이다. 스키마학습의 결정적인 요인은 학생의 마음 가운데 적절한 예비스키마가 존재하는가와 어떤가 하는 학습의 준비성의 문제와 자료를 어떻게 배열해야 할 것인가 하는 문제가 된다.

참고 문헌

강완 · 백석윤(1998). 초등수학교육론, 서울: 동명사.

교육부(2000). 초등학교 교사용 지도서. 수학 1-나. 2-가. 2-나. 4-가. 교육부.

교육인적자원부(2002). 초등학교 교사용 지도서. 수학 1-가. 3-가. 3-나. 4-나. 5-가. 5-나. 6-가. 6-나, 교육인적자원부.

김남희(2000). 탱그램을 통한 수학적인 생각의 구체화. 대한수학교육학회지<학교수학> 2(2), 563-587.

김수미(2000). 수학교육에서의 조작교구에 관한 연구. 대한수학교육학회지 <학교수학>2(2), 459-474.

김응태 · 박한식 · 우정호(1996). 수학교육학개론, 서울: 서울대학교출판부, 241-260.

김효정. 구체적 조작물을 이용한 활동 지향적 수학수업에 관한 연구. 이화여자대학교 대학원.

나귀수(2002). 연구보고 RRC 2002-4-3 초등학교 수학과 교수 · 학습예시 자료집. 한국교육과정평가원.

______(2002). 연구보고 RRC 2002-16 초등학교 수학과 교수 · 학습방법과 자료 개발 연구. 한국교육과정평가원. 19-70.

박성택(2002.7). 수학과 이원적 교재 구성에 관한 연구. 대한수학교육학회. 수학교육학연구발표대회 논문집. 565-581.

안병곤(2003). 초등 수학 수업에서 활동중심 교수 · 학습자료 활용에 대한 조사 연구. 대한수학교육학회지<학교수학> 5(2), 241-257.

전평국(1999). 수학과 교수 · 학습에서의 교수 매체의 역할. 한국수학교육학회 <수학교육학술지>3, 21-25.

정동권(2001). 수학교실에서 기하판 활용 의의와 활용 사례. 대한수학교육학회지 <학교수학> 3(2), 447-473.

❖ 메모

P·A·R·T 2

제2편 수학에서 조작교구의 활용

Chapter 3 수학 조작교구의 학습

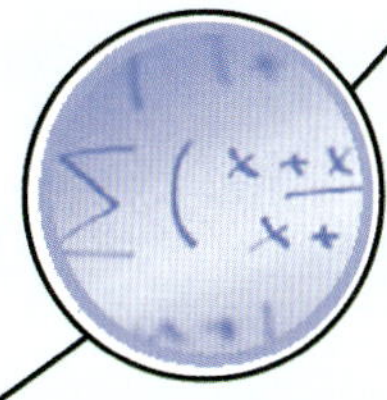

3.1 기하판(Geoboard)

가. 기하판

기하판은 영국의 수학교육학자 Gattegno가 개발한 것으로 사전적 의미는 '토지판자'를 뜻하는데, 판자 위에 여러 가지 일정 간격의 격자점(정사각형, 정삼각형, 원형 등)에 못을 박아 고무줄로 여러 가지 도형을 구성할 수 있도록 고안된 것이다. 영어로 지오보드(Geoboard) 또는 페그보드(Pegboard)라고 불리는 기하판은 고무줄을 못에 알맞게 걸어서 여러 가지 모양 또는 기본 도형을 구성하면서 둘레의 개념이나 면적관계 등을 탐구할 수 있다. 기하판과 고무줄이 준비되지 않았을 경우는 학생들에게 격자로 점이 찍혀있는 종이를 주고 점을 펜으로 연결하는 작업을 하게 함으로써 기하판 위에서와 동일한 활동 할 수 있다.

격자로 점이 찍혀있는 종이는 '점판'이라 하고 우리나라 교육과정에 따른 초등학교 수학과 교과서에도 '점판'을 이용한 도형지도의 예를 찾아볼 수 있다. 격자 모양으로 점이 배열된 점판이 외에도 모눈종이를 기하판 대신 사용할 수 있다.

다양한 도형 구성 외에 넓이, 둘레, 길이, 각, 좌표기하, 대칭성, 삼각형, 사각형의 등적변형, 도형의 이동뿐만 아니라 수 감각이나 문제해결에 이르기까지 폭넓은 영역에 도움을 줄 수 있다. 초등학교에서 교구의 활용은 아동들에게 도형에 대한 흥미와 학습동기를 유발하고, 탐구능력의 신장과 함께 아동 상호간에 활발한 의사소통의 기회 제공에 도움을 줄 수 있다.

나. 기하판의 종류

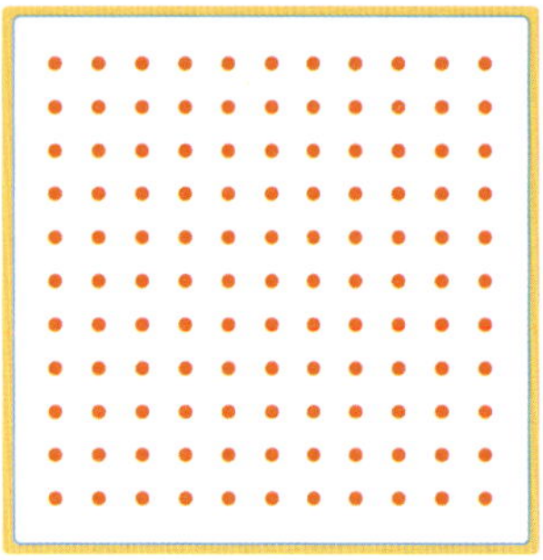

정사각격자 기하판

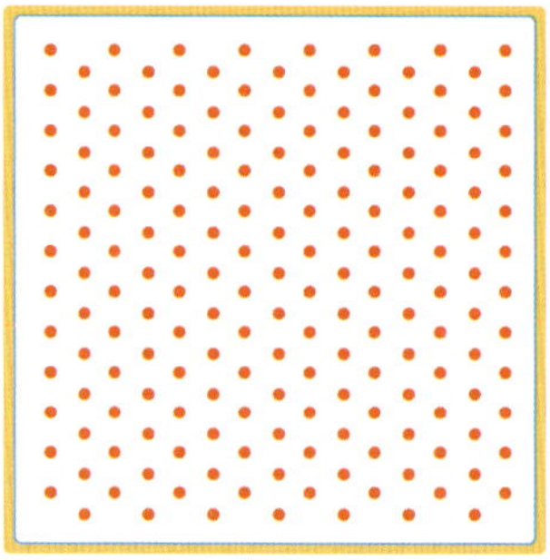

정삼각격자 기하판

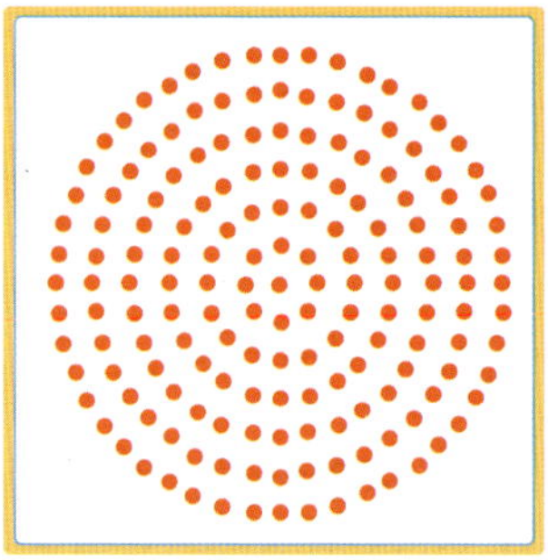

원형 기하판

정사각격자 기하판(square geoboard)은 그림과 같이 정사각형의 격자점에 못을 박아서 만든 것으로 못을 박는 개수에 따라 3×3, 4×4, 5×5, … 등 다양하다. 또 정삼각격자 기하판은 그림과 같이 인접하는 못 사이의 간격을 일정하게 제작한 것으로, 특히 정삼각형, 정육각형 등과 관련된 도형을 다루는 경우나 입체도형의 겨냥도 구성에 유용하다. 원형 기하판(circular geoboard)은 원주 상에 24개(또는 36개, 약수의 개수 많은 수)의 못을 같은 간격으로 박고, 원의 중심과 그 원에 외접하는 정사각형의 네 꼭짓점에 4개의 못을 박아서 만든 것이다. 이는 원과 관련된 학습과 분수, 약수와 배수의 성질, 규칙 찾기, 수 감각 형성을 위한 학습 등에 유용하다.

다. 기하판과 초등수학교육[1)]

1) 구체적 조작 활동

Piaget의 발생적 인식론에서 "구체적인 내용에서 추상적인 내용으로 나아가야 한다."는 기하판을 이용한 수학학습에 함의하는 바가 크다. 피아제는 약 12~13세면 형식적 조작기에 들어간다고 주장하고 있다. 따라서 중·고등학교 이하의 수학학습

1) 기하판을 활용한 학교수학의 지도(김남희, 2001)

은 구체물 이용이나 장면을 통해 시작될 필요가 있다. 퀴즈네어 막대, 딘즈 블록, 탱그램, 대수타일과 기하판 교구는 수학의 개념을 구체적이고 실제적인 활동을 통해 다룰 수 있는 훌륭한 수학학습도구이다.

어떤 수학자들은 학생들이 촉각, 청각, 시각적인 교수양식에서 특히 손으로 조작하는 활동에 잘 반응한다고 하였다. "기하학습은 수학적 개념이 추상화되는 근원인 실제 세계를 여러 가지 방식으로 관찰되면서 시작되는 것이다. 따라서 기하의 아이디어들을 탐구할 때 물리적인 모델을 사용하여 잘 고안된 여러 가지 활동을 해야만 한다."라고 하면서 기하학습과 관련된 교구로 거울(Plexigals mirror)과 기하판을 권장하고 있다.

2) 초등수준의 '구성하기'

'구성하기(Constructing)'에는 다양한 의미가 부여되며 학습에서도 다양한 수준이 있다. 유클리드 기하에서 구성하기(작도)는 눈금 없는 자와 컴퍼스만으로 도형을 그리는 것을 의미한다. 그러나 초등수준에서 가장 자연스러운 구성은 특별한 조건하에서 어떤 모양이나 도형을 결합하거나 만드는 것이다. 이러한 활동의 시작은 구체적 자료로 활동하고 나중에 정신적 활동을 재구성하는 단계가 진행된다. 기하판은 블록, 퍼즐, 탱그램 등과 함께 구체적인 활동기에 사용될 수 있는 학습자료이다. 초등수준에서 기하 개념을 지도하기 위해 사용할 수 있는 교구가 바로 기하판과 고무줄이다. 이 교구는 도형의 구성, 관찰, 면적, 둘레, 측정 등에 사용될 수 있다.

Freudenthal을 중심으로 창시된 현실적 수학교육(RME; Realistic Mathematics Education)은 학교수학의 기하교육에서 보기와 투영하기(Sighting and projecting), 방향 정하기와 위치 정하기(Orienting and locating), 공간추론(Spatial reasoning), 변환(Transforming), 그리기와 구성하기(Drawing and constructing), 측정하기와 계산하기(Measuring and calculating)를 제시하였다. 현실적 기하의 내용을 살펴보면 '수학화'라는 개념이 강하게 연결되어 있다. 특히 블록, 기하판, 수직선, 그래프 등의 여러 가지 자료를 활용한 구체물을 통해 문제들을 시각화하여 다루고 있다. 기하판 교구는 기하의 문제해결에서 유용한 시각적 보조교구의 역할을 한다. 현실적 기하 교수-학습과정의 핵심은 탐구, 실험, 논의, 반성이다. 이러한 관점에서 기하판을 활용한 학습은 학생들에게 기하학습에 대한 동기를 유발하고, 시각화, 모델링, 추론, 반성, 적용과 같은 수학 학습의 다양한 측면에 대한 경험을 제공할 수 있다.

라. 초등수학과 기하판

다양한 도형을 구성해 넓이, 둘레, 길이, 각, 좌표, 대칭성, 삼각형, 사각형의 등적변형, 도형의 이동, 수 감각이나 문제해결에까지 폭넓은 영역의 수학학습에 도움을 줄 수 있다. 학교 현장에서 도형에 대한 개념의 지도에 사용되었던 모눈종이는 도형을 그리거나 지우고 변형하는데 어려웠는 데, 기하판은 고무줄을 사용하여 도형의 변환이 자유롭고 수정이 가능하다. 이런 이유로 기하판은 도형의 구성요소(각, 꼭짓점, 변)로 도형을 인식하는 활동, 여러 가지 도형의 넓이에 대한 감각, 수학적 추론능력의 신장을 위한 교구로 효과적으로 사용될 수 있다.

마. 기하판 활용의 의의[2)]

다양한 도형의 구성과 수정이 쉽고 동적 기하 학습이 가능하다. 종이 위에 정적인 학습에서 동적인 학습으로 학습자의 생동감을 느낄 수 있다. 도형의 이동 활동을 기하판 위에서 고무줄로 조작하면 원하는 도형을 구성할 수 있다. 도형의 대칭이동이나 회전이동을 시켜 처음 도형이 그 모양과 크기가 변하지 않음을 알 수 있다. 공간 감각의 형성·발달에 적합하여 고무줄의 다양한 조작에 의해 도형을 구성·묘사하고, 이동(밀기, 뒤집기, 돌리기)하고 측량하며 기하학적 관계를 발견하는 경험을 통한 공간감각의 형성·발달을 기대할 수 있다.

평면도형의 넓이와 둘레 및 그들 사이의 관계 탐구를 돕는다. 정사각격자 기하판 위에서는 꺾은선 모양의 도형(rectilinear figure)은 모두 넓이를 구할 수 있어 평면도

2) 수학교실에서 기하판의 활용 의의와 활용 사례 분석(정동권, 2001)

형의 넓이 지도에 활용할 수 있다. 특히, 기하판 활동은 선분의 길이와 단위정사각형의 넓이에 대한 약속 및 등적변형을 바탕으로 직사각형, 삼각형, 평행사변형, 사다리꼴 및 마름모 등의 넓이 사이의 관계의 탐구에 적합하여 관계적 이해를 도울 수 있다. 도형의 합동과 닮음의 개념 및 관련 기본 성질 탐구에 적합하다. 기하판 위에 대응하는 변의 길이가 2배, 3배 되는 도형을 구성하여 그들 사이의 여러 가지 관계를 탐구하여 닮음과 닮음비에 대한 개념 이해, 각의 크기의 불변성도 인식과 이들 사이의 관계를 설명할 수 있다.

등적변형이 쉬워 기하판 위에서는 어떤 도형의 넓이가 같으면서 모양과 위치를 변화시키는 고무줄 조작이 용이하다. 즉 조작적 특성은 평면도형의 넓이 지도에 유용하게 활용될 수 있다. 이와 같은 활동은 유추적, 연역적 사고를 경험시킬 뿐 아니라, 도형의 넓이를 구하는 공식의 발견에 도움을 준다. 기하학적 추론 능력 개발에 적합하여 도형의 정의나 성질을 바탕으로 정당성을 밝혀나가는 것이 가능하다. 정사각격자 기하판에서 정삼각형을 구성할 수 없음을 발견함으로써 정삼각형의 정의 및 한 변과 높이 사이의 관계, 그리고 수로서 무리수의 기본 성질 등을 바탕으로 기하학적 추론을 하는 것이라 할 수 있다.

문제 만들기 활동을 위한 조작 도구로 활용할 수 있는데 기하판 위에서는 실수로 또는 고의로 다른 도형이 만들어지기 쉽다. 예컨대, 사각형에 대해 어떤 것을 탐구해야 할 것을 잘못하여 삼각형이나 오각형으로 활동할 수도 있다. 이 때 가치 있는 결과를 이끌 수도 있으며, 이는 주어진 문제를 발전적 사고에 의해 조건이나 관점을 변경해보도록 고무시킬 수 있다. 소위 “What-if-not” 전략에 따라 유사한 또는 새로운 문제 만들기 활동이 가능해진다. 패턴 탐구 활동으로 ‘5×5 기하판에 넓이가 서로 다른 정사각형은 몇 개 만들 수 있는가?’라는 문제에서 2×2 기하판에서 못의 수를 늘려가면서 조사하며 매우 흥미 있는 규칙을 발견할 수 있으며, 규칙이 왜 성립하는지 그 이유를 밝혀보는 기회를 가질 수 있다.

기하판을 활용한 수업 모형[3]은 다음과 같이 생각할 수 있다.

3) 초등학교 수학수업에서 지오보드의 활용 방안 연구(신경순, 2001)

학습 주제와 학습내용 안내하기
↓
기하판으로 탐색하기
↓
탐구한 내용을 의사소통하고 명료화하기
↓
확장이나 일반화하기
↓
적용 · 발전하기

〈기하판 활용 수업모형〉

바. 기하판(Geoboard) 활용의 실제

기하판의 활동은 도형의 구성 뿐 아니라 넓이, 둘레, 길이, 각, 좌표기하, 대칭성, 도형의 이동은 물론 수 감각이나 문제해결, 패턴의 탐구활동까지 매우 폭이 넓다.

1) 도형의 넓이

가) 넓이의 이해

① 3 × 3 기하판 위에 도형 한 가지를 만들어 본다.

② 고무줄로 둘러싸인 부분의 칸수를 세어 본다.

③ 넓이의 단위를 생각해 본다.

④ 넓이가 2인 도형을 찾아보고, 넓이가 2가 됨을 설명한다.

⑤ 아래의 다각형을 제시하고 넓이가 얼마가 되는지 이야기한다.

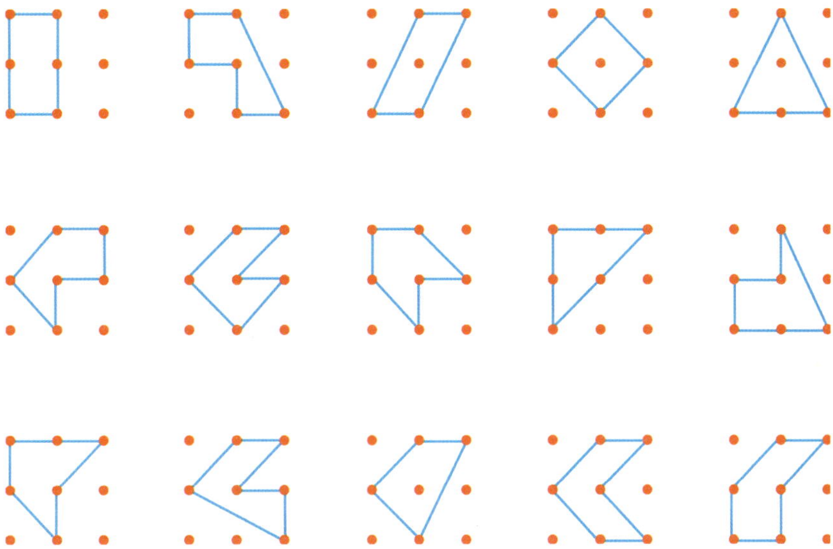

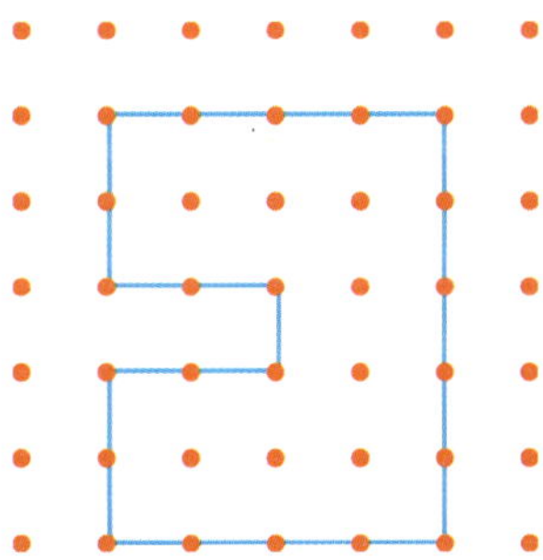

나) 직사각형과 정사각형의 넓이

① 7 × 7 기하판 위에 여러 가지 직사각형을 만들어 본다.

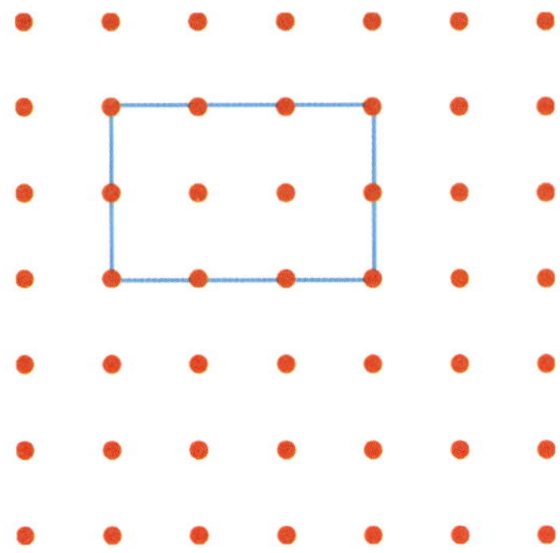

② 직사각형의 각 변의 길이와 넓이를 조사한다.

③ 변의 길이와 넓이와의 관계를 서로 이야기하여 식으로 나타낸다.

④ 임의의 직사각형의 넓이의 식을 만들어 본다.

⑤ 정사각형의 경우는 어떻게 될 지 생각해 보고 이야기한다.

⑥ 정사각형의 넓이를 식으로 나타내 보고 설명한다.

⑦ 아래의 도형의 넓이를 공식을 사용해서 해결하고 기하판으로 확인한다.

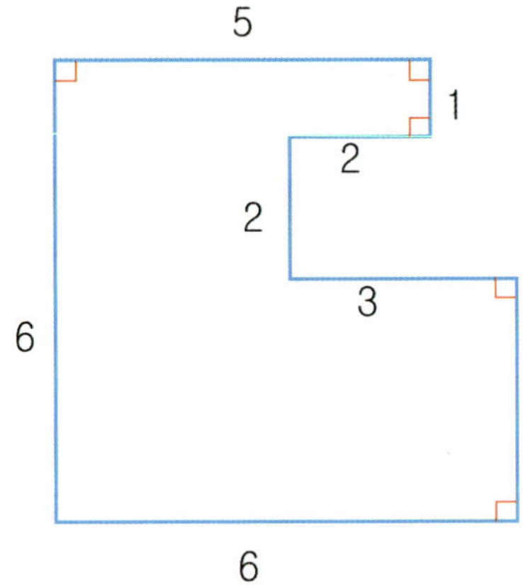

다) 평행사변형의 넓이

평행사변형의 넓이를 등적변형을 통해 직사각형으로 만든 후 평행사변형의 넓이와 직사각형의 넓이가 같음을 조작을 통해 알아본다. 또한 평행사변형의 넓이를 익히는 활동으로 알아본다. 예를 들어 넓이가 12㎠인 평행사변형을 가능한 많이 만드는 활동을 통하여 창의적 사고를 자극할 수 있다.

활동 1

1. 평행사변형의 넓이를 구하는 방법을 알아보시오.
   - 종이에 밑변이 4cm이고 높이가 3cm인 평행사변형을 그린 후, 오려 보시오.
   - 평행사변형을 다음과 같이 자른 다음, 직사각형 모양이 되게 붙여 보시오.

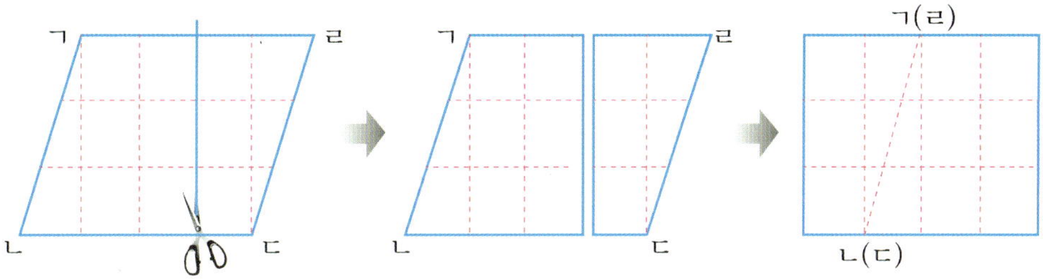

   - 만들어진 직사각형의 넓이는 얼마입니까?
   - 처음 평행사변형의 넓이는 얼마라고 생각합니까?
   - 평행사변형의 넓이를 구하는 방법을 말하여 보시오.

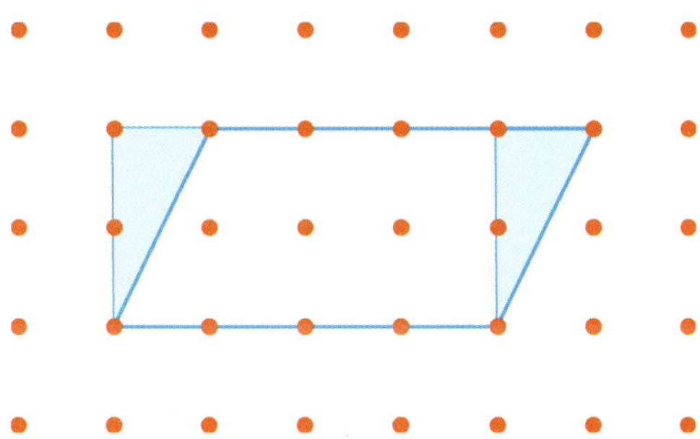

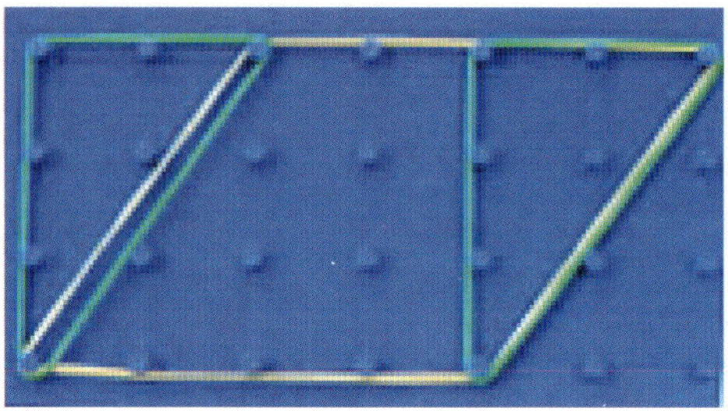

위 활동에서 합동인 삼각형 2개를 이어 붙여 평행사변형을 만들면 삼각형의 넓이는 평행사변형 넓이의 $\frac{1}{2}$임을 직관적으로 이해할 수 있다. 또한 기하판에서 밑변의 길이와 높이가 같은 삼각형은 넓이가 같음을 알 수 있다. 삼각형의 넓이 구하는 공식을 유도했다면 넓이가 4㎠인 삼각형을 가능한 많이 만들어 보는 활동도 학생들의 창의적 사고를 자극 할 수 있다.

활동 2

1. 크기와 모양이 같은 삼각형 2개로 평행사변형을 만들어 보시오.
   - 그림과 같은 삼각형을 2개 만들어 보시오.

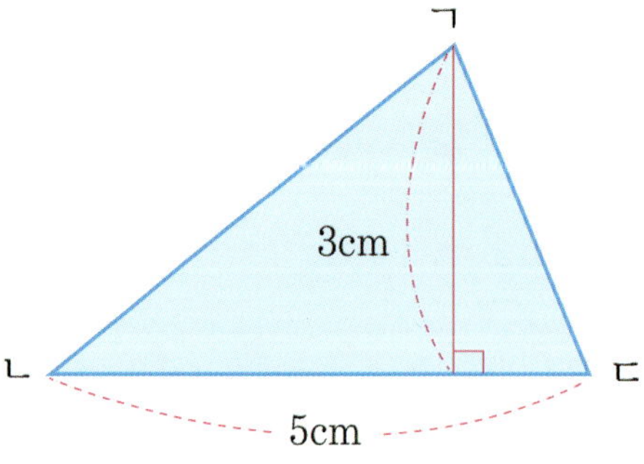

• 두 삼각형으로 여러 가지 평행사변형을 만들어 보시오.

• 그림과 같은 삼각형으로 위의 활동을 하여 보시오.

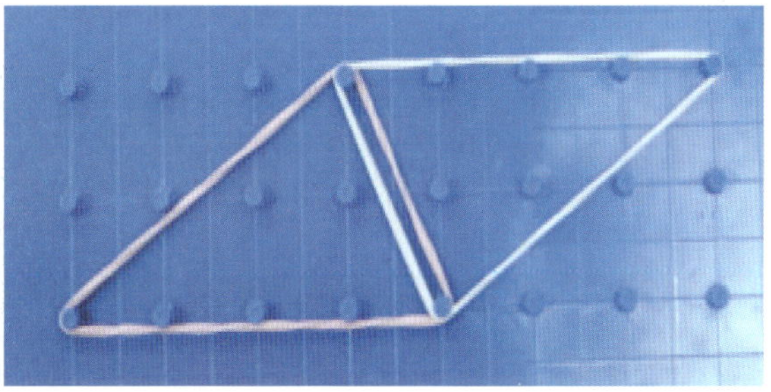

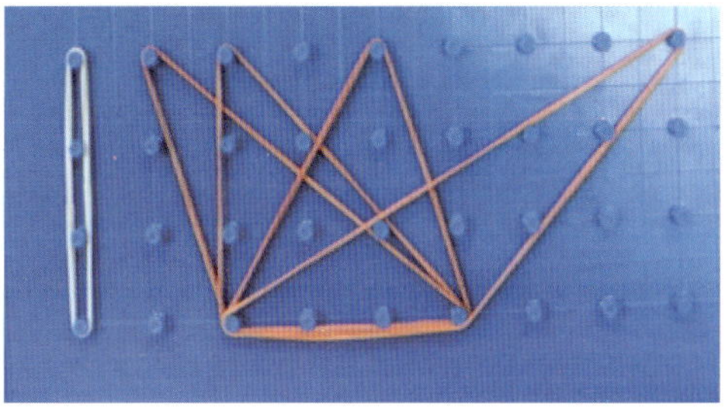

라) 사다리꼴의 넓이

두 개의 합동인 사다리꼴을 이어붙여 평행사변형을 만든 후 사다리꼴의 넓이는 평행사변형의 넓이의 $\frac{1}{2}$임을 직관적으로 이해하고 사다리꼴의 넓이 구하는 공식을 스스로 구성하게 할 수 있다.

활동 3

1. 평행사변형의 넓이를 구하는 방법을 알아보시오.

• 합동인 사다리꼴 2개를 본떠 보시오.

- 본뜬 2개의 사다리꼴을 오려 각각의 윗변과 아랫변이 붙도록 돌려 붙여 보시오.
- 어떤 도형이 되었습니까?
- 이 도형의 넓이는 어떻게 구합니까?
- 사다리꼴의 넓이를 어떻게 구하면 좋을지 말하여 보시오.

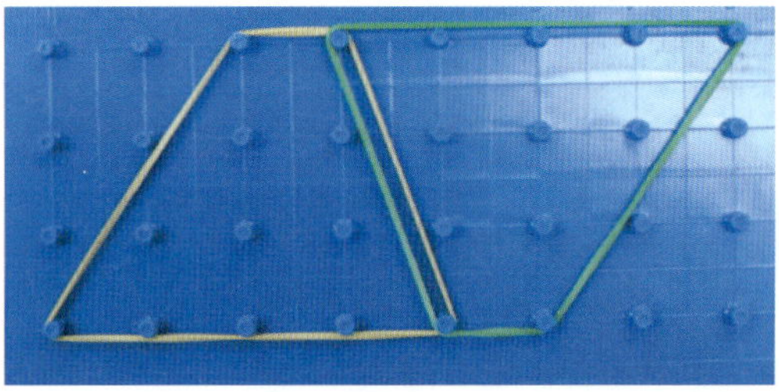

2) 도형의 개념 및 성질

가) 어떤 도형의 개념이 형성되면 도형을 가능한 많이 만들어 보는 활동은 개념을 강화에 도움이 된다. 즉 등변사다리꼴을 만든 후 하나의 점만 옮겨서 평행사변형을 만들어 보는 활동과 같은 활동은 도형의 개념을 형성하는 좋은 소재이다.

나) 도형의 성질의 발견에는 기하판이 좋다. 예를 들어 선대칭도형을 만들고 대칭축을 찾거나 대칭축과 대응점까지의 거리 또는 대칭축과 대응점을 이은 선분이 어떻게 만드는지 등을 탐구할 수 있다. 또한 도형의 일부와 대칭축만 제시하고 선대칭 도형이 되게 나머지 일부를 만들어 보는 활동도 효과적이다.

활동 4

1. 선대칭도형의 대응점, 대응변, 대응각을 알아보시오.
   - 점 ㄱ의 대응점은 점 ㅅ입니다. 점 ㄴ, 점 ㄷ의 대응점을 각각 말하여 보시오.
   - 변 ㄱㄴ의 대응변은 변 ㅅㅂ입니다. 변 ㄴㄷ, 변 ㄷㄹ의 대응변을 각각 말하여 보시오.

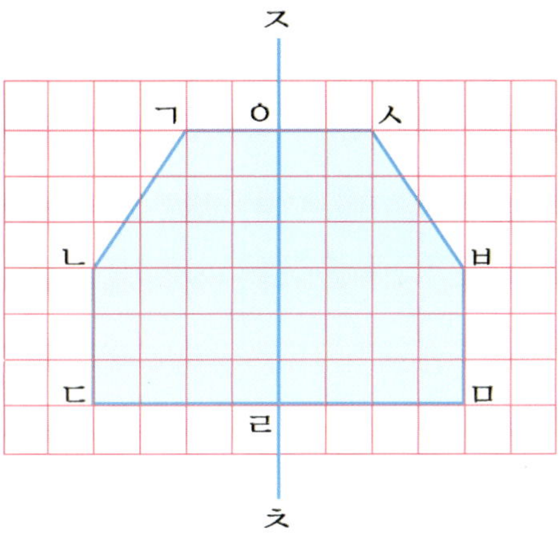

   - 각 ㄱㄴㄷ의 대응각은 각 ㅅㅂㅁ입니다. 각 ㄴㄷㄹ, 각 ㅇㄱㄴ의 대응각을 각각 말하여 보시오.
   - 선대칭도형에서 대응변의 길이는 서로 같습니까?

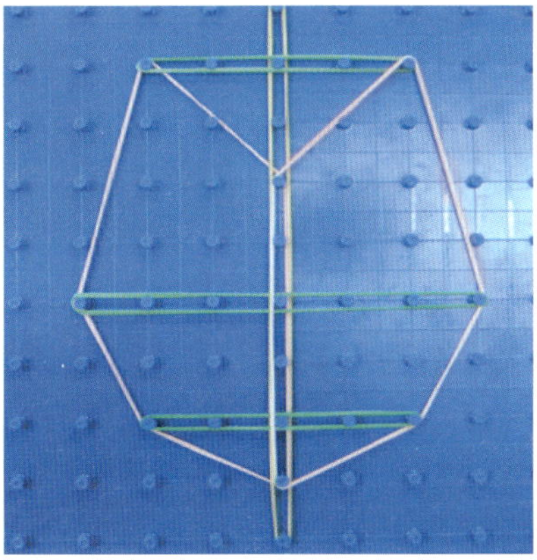

활동 5

1. 선대칭도형이 되도록 그려 보시오.

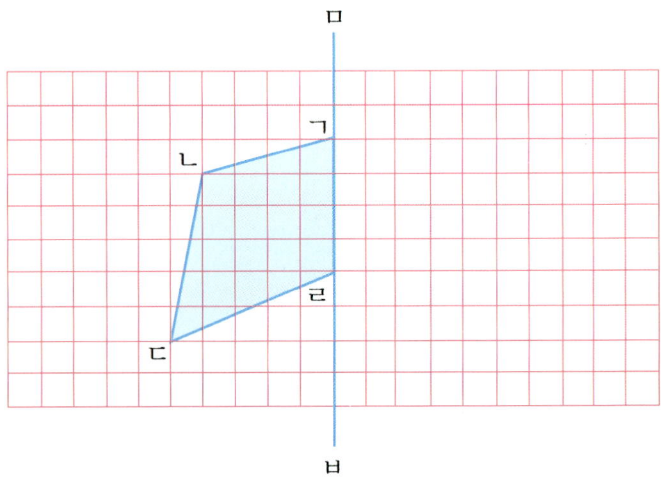

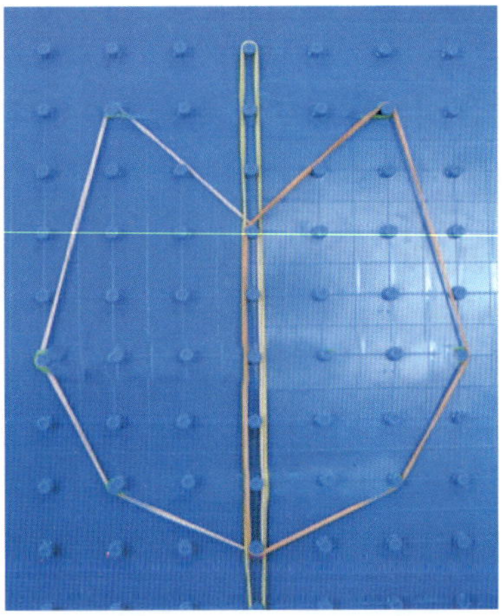

활동 6

1. 점대칭의 위치에 있는 도형을 그리는 방법을 알아보시오.

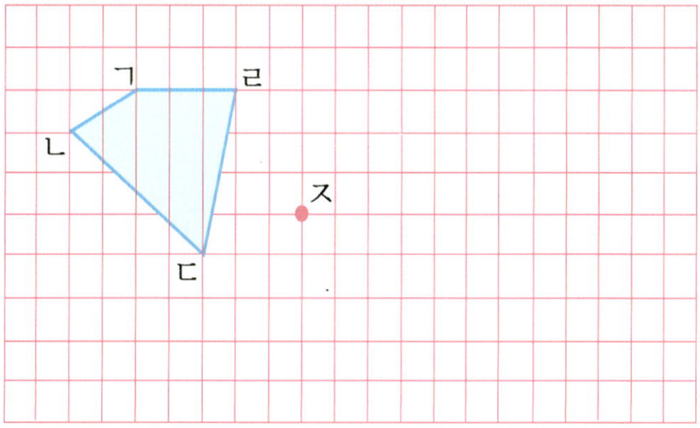

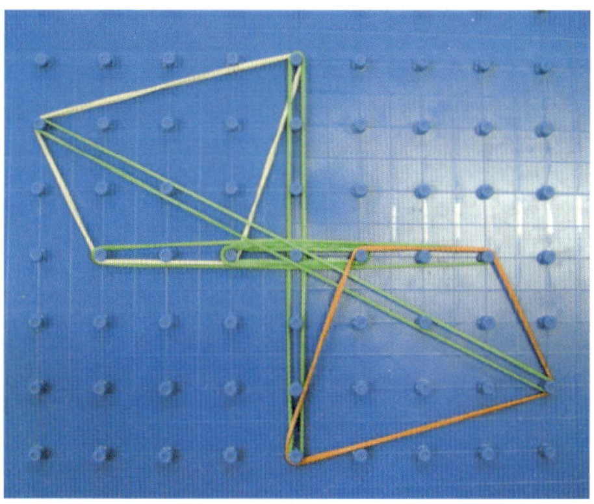

3) 문제해결력 신장 활동

가) 아래 도형을 다음과 같이 바꾸어 보아라.

① 같은 넓이에 둘레는 더 길게 바꾸어 보시오.

② 같은 넓이에 둘레는 더 작게 바꾸어 보시오.

③ 둘레는 같고 넓이는 더 크게 바꾸어 보시오.

④ 둘레는 같고 넓이는 더 작게 바꾸어 보시오.

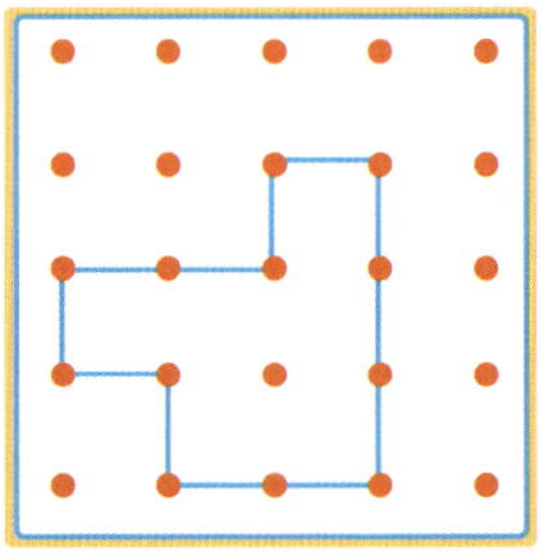

①

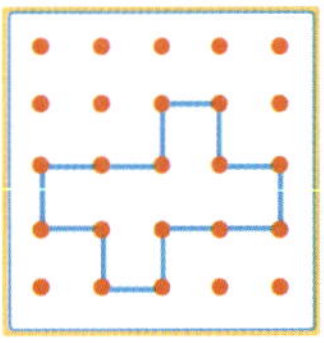

②

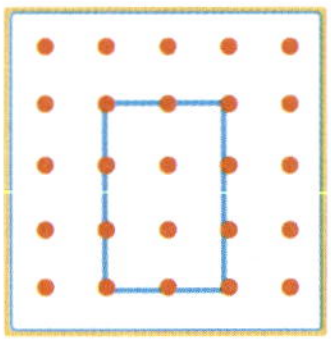

③

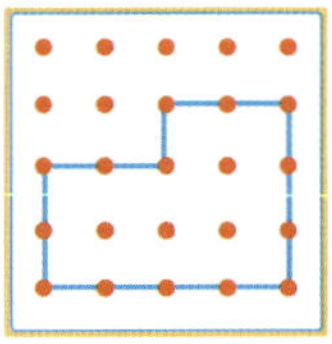

④

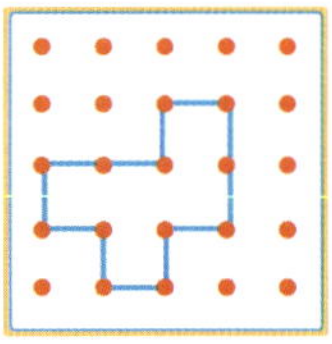

나) 아래의 사각형의 넓이를 반으로 나누는 방법은 모두 몇 가지일까?

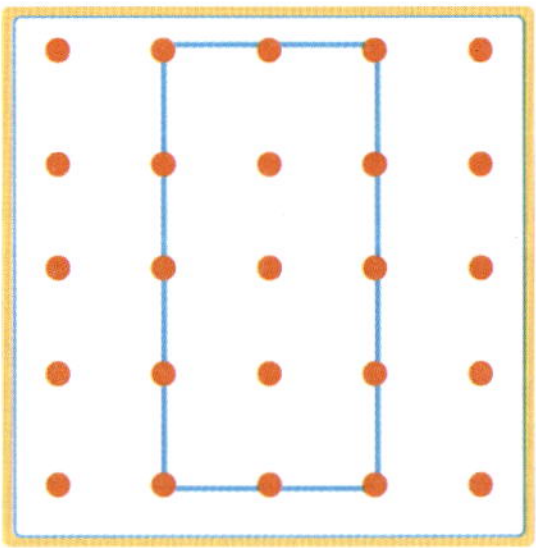

해답 5가지

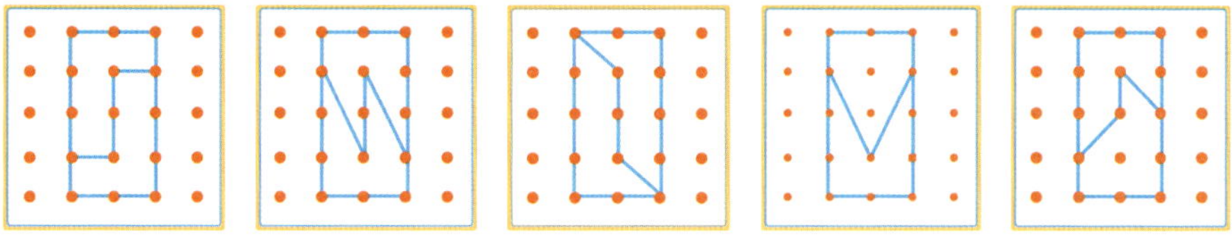

다) 만들 수 있는 정사각형은 몇 개인가?

[3×3 기하판의 경우]

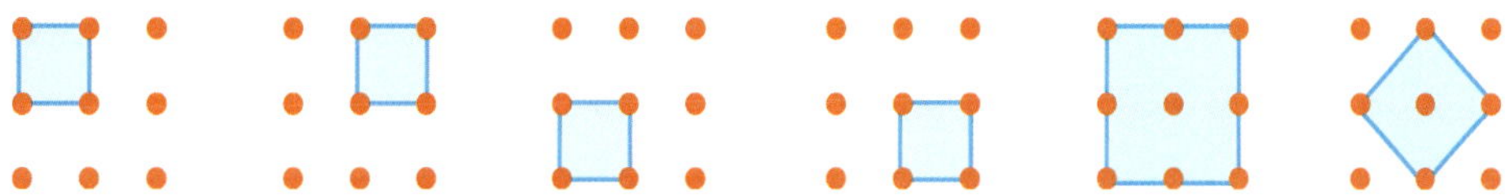

[4×4 기하판의 경우]

4×4 기하판 위에 구성될 수 있는 모든 정사각형을 찾아보자. 여러 가지 크기의 정사각형을 아래의 점판에 그려보고 그 정사각형이 총 몇 개씩 구성되는지를 기록하여보자.

총 개수 = ____ 총 개수 = ____ 총 개수 = ____ 총 개수 = ____ 총 개수 = ____

[5×5 기하판의 경우]

기하판의 밑변에 평행하면서 서로 크기가 다른 정사각형을 찾고 정사각형이 총 몇 개인지 알아보자. 다음에 기하판의 밑변에 평행하지 않은 정사각형을 찾고 정사각형의 총 개수를 구하고 아래의 점판에 그려보고 정사각형이 총 몇 개씩 구성되는지 알아본다.

총 개수 = ____

총 개수 = ____

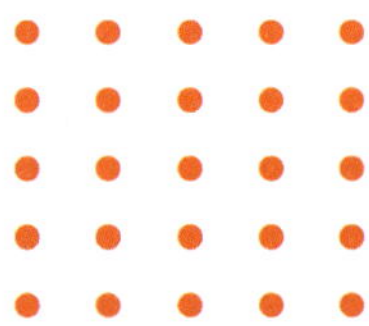
총 개수 = ____

총 개수 = ____

총 개수 = ____

총 개수 = ____

총 개수 = ____

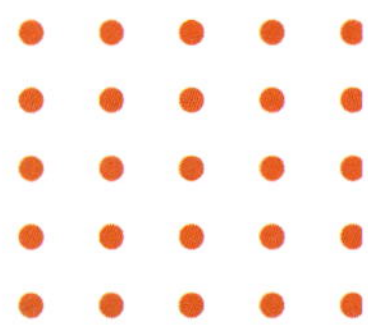
총 개수 = ____

표에 나타난 패턴을 이용하여 6×6, 7×7, 8×8, 9×9, 10×10 기하판의 경우까지 확장한다.

	기하판의 밑변에 평행		기하판의 밑변에 평행 아님		
기하판의 크기	정사각형 종류	정사각형 개수	정사각형 종류	정사각형 개수	총합계
1×1	0	0	0	0	0
2×2	1	1	0	0	1
3×3	2	5	1	1	6
4×4					
5×5					
6×6					
7×7					
8×8					
9×9					
10×10					

사. Pick의 공식 만들기

점판에서 다각형의 면적을 구할 수 있는 방법으로 다각형의 변위의 점의 개수를 b, 다각형 내부에 들어있는 점의 개수를 i라고 하면 "다각형의 면적은 $i+\frac{b}{2}-1$." 이다. 이것이 Pick의 정리로 기하판 위에 구성된 다각형의 면적을 쉽게 구할 수 있다.

아. 기하판(Geoboard) 만들기

1) 정사각격자 기하판

정사각격자 점에 못을 박아서 만들어 사용되는 기하판이다. 보통 못 사이의 가로와 세로의 간격이 2cm이나, 경우에 따라서 간격을 다르게 할 수도 있다. 저학년은 5×5 기하판, 고학년이나 중학교에서는 7×7 또는 10×10 기하판의 사용이 적당하다. 도형의 넓이 지도시 단위 넓이를 이용한 학습지도가 가능하다. 5×5 기하판을 제작할 때 가장자리 부분의 폭이 격자점 사이의 반이 되도록 만든다.[4)]

4) 강혜경(지오보드 활용학습이 학습부진아의 공간감각 능력에 미치는 효과, 대구교육대학교 교육대학원 초등특수교육)

2) 원형 기하판

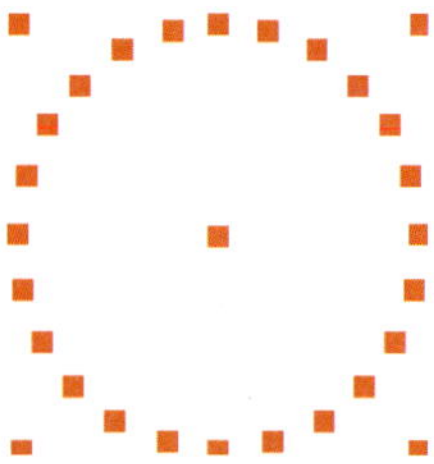

⇒

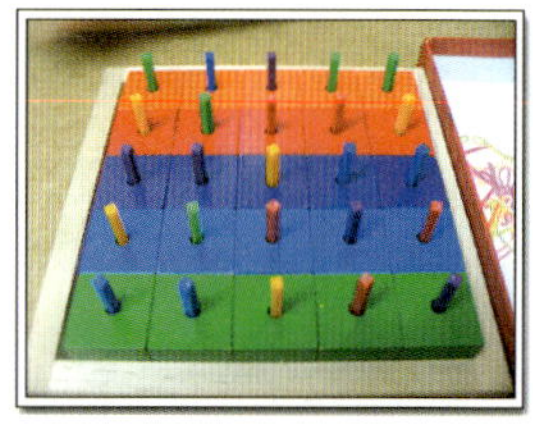

보통 원주 상에 24개(또는 36개)의 못을 일정한 간격으로, 그 정사각형의 네 꼭짓점에 4개의 못을 박아서 제작한 기하판이다. 이 기하판은 원에 관련된 내용의 학습뿐 아니라, 분수, 약수와 배수의 성질에 대한 학습에서도 유용하게 쓰일 수 있다.

3) 전자 기하판(Geoboard)

수학학습에 도구로 사용할 경우에 컴퓨터 기능은 다음과 같다(신동선 & 류희찬 : 1999).

첫째, 그래픽(graphic)과 애니메이션(animation)기능을 들 수 있다.

둘째, 계산 속도를 들 수 있다. 컴퓨터의 가장 기본적인 기능이 바로 신속성이다. 또 컴퓨터를 활용한 초등학교 평면기하 교육을 풍부하게 하는 점들은 다음과 같다.

첫째, 기하 개념 지도에 직관적인 방법을 택할 수 있다. 전자 교구의 활용은 개념적 이해나 추론에 앞서서 구조사이의 관계를 직관적으로 파악하는데 도움이 된다. 즉, 동적인 평면 기하의 성질을 정적인 상태의 인쇄 매체, 칠판에서의 강의 등을 통하여 지도할 때 보다 더욱 강력하게 이해시킬 수 있다.

둘째, 추측하거나 탐구 활동에 초점을 맞출 수 있다. 능동적이고 자유로운 조작을 통하여 학생들이 스스로 탐구할 수 있는 기회를 제공하게 된다.

셋째, 변환기하를 쉽게 도입할 수 있다. 학교기하에서 변환기하를 도입하기 어려운 이유는 도형의 움직임을 구현하는 도구가 없었기 때문이다. 컴퓨터의 그래픽 소프트웨어나 전자 교구 등을 사용하면 변환기하의 중심아이디어(회전, 대칭이동, 평행이동, 닮음변환)을 시각적으로 분명히 이해시킬 수 있다.

넷째, 계산능력 때문에 가능하지 않았던 내용을 쉽게 도입될 수 있다. 예를 들면, 주어진 도형의 둘레의 길이나 닫힌 도형 내부의 넓이를 구하는 계산이 도입될 수 있다.

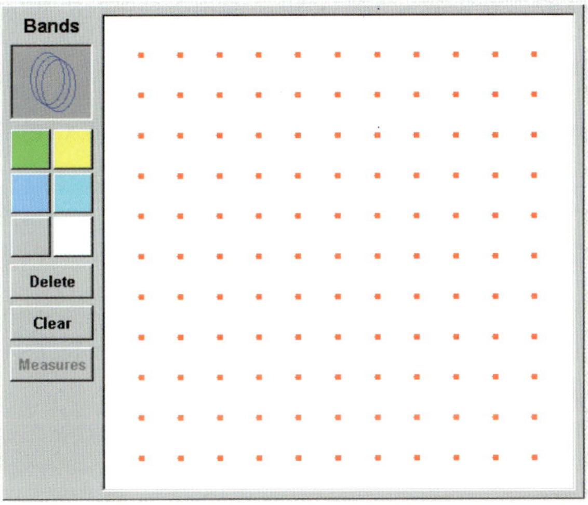

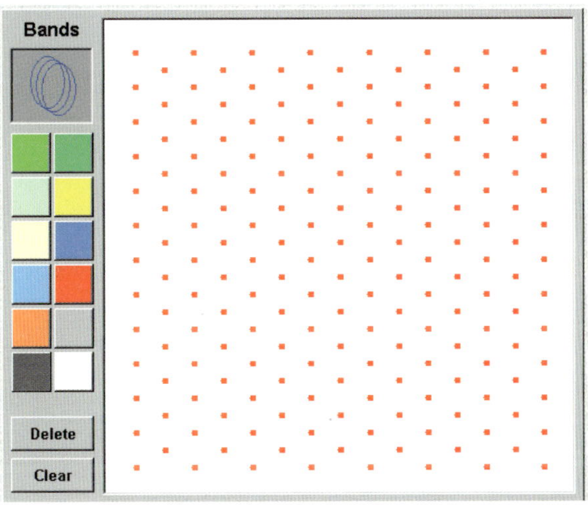

[활용 web site]

- http://www.funmath.net/(숭실대학교 창의력 수학 교실) : 주어진 조건에 맞는 도형 만들기
- http://down.edunet4u.net/KEDLAA/08/B1/2/B12081422M.swf : 기하판에 도형 만들기
- http://www.mathclub.com/activity/5to8/5-8geo.html(http://www.broderbund.com/) : 기하판을 사용하여 대칭의 개념에 대해 알아볼 수 있는 활동
- http://www.mathclub.com/activity/8to12/8-12geo.html(http://www.broderbund.com/) : 선분을 따라 생기는 도형을 찾아 조건에 알맞은 도형의 개념과 성질을 확인해 볼 수 있는 활동
- http://standards.nctm.org/document/eexamples/chap4/4.2/index.htm#applet : 마우스로 고무줄을 걸며 도형을 만들어 보는 활동

3.2 퀴즈네어 색막대(Cuisenaire color rods)

가. 유래와 배경

퀴즈네어 색막대는 40여년 전 벨기에 초등학교 교사인 퀴즈네어(George Cuisenaire)와 영국의 수학교육자인 가테그노(Caleb Gattegno)가 공동으로 개발한 수학교구이다. 음악에도 능숙했넌 퀴즈네어는 악보에서 음의 높낮이에 힌트을 얻어 수들의 관계를 높낮이로 나타내고, 색깔도 달리 한 퀴즈네어 색막대를 만들었다.

나. 퀴즈네어 색막대

퀴즈네어 색막대는 색과 크기로 구분된 직육면체 모양의 막대로 밑면이 $1cm^2$, 높이가 1~10cm인 10가지 종류로 되어 있다. 가장 작은 흰색 막대는 1cm이고, 가장 긴 주황색 막대는 길이는 10cm이다. 수학교육에서 길이로 구분되는 막대의 특징을 이용해 퀴즈네어 색막대를 센티미터 막대(centimeter rods)로 부르는 경우도 있다.

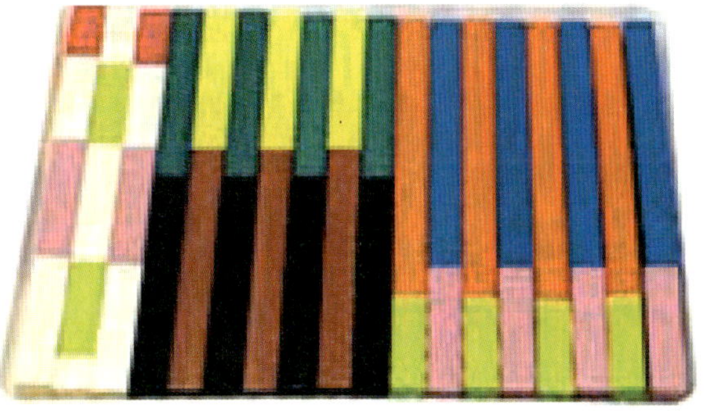

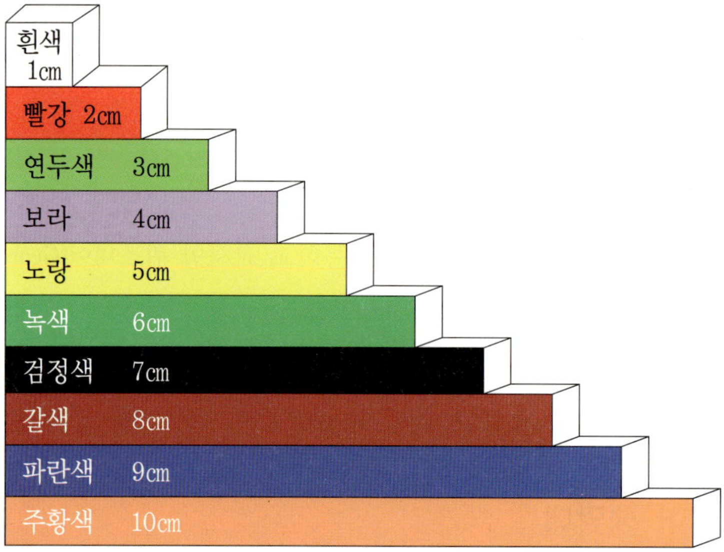

각 색막대는 길이와 색으로 숫자를 나타내어 한 색막대에 하나의 수가 결정된다. 예를 들면, 가로, 세로, 높이가 각각 1cm인 흰색의 정육면체 색막대를 1이라고 하면 높이 5cm인 노란색 직육면체 막대에 해당하는 수는 5, 높이 10cm인 주황색 직육면체 막대에 해당하는 수는 10이 된다. 반대로, 높이 10cm인 주황색 직육면체 막대를 1이라고 하면 높이 5cm인 노란색 직육면체 막대에 해당하는 수는 0.5가 되고, 높이 1cm인 흰색 정육면체 막대에 해당하는 수는 0.1이 된다.

저학년은 색깔과 길이로 색막대를 구분하며, 조작을 통하여 길이의 보존 개념을 알게 하고 크기에 따라 둘레와 넓이의 개념을 이해하며, 고학년은 공간 감각, 공간 추론, 도형의 회전, 반사, 이동 및 대칭 학습 등을 할 수 있다. 이 교구는 계산의 기초가 되는 수학적 관계과 색막대를 서로 맞추는 과정에서 수 사이의 관계들을 탐구할 수 있다. 예를 들면, <그림 2>와 같이 색막대 맞추는 놀이를 통해서 여러 가지 수의 합성과 분해 의식을 바탕으로 사칙연산을 의미 있게 학습할 수 있다.

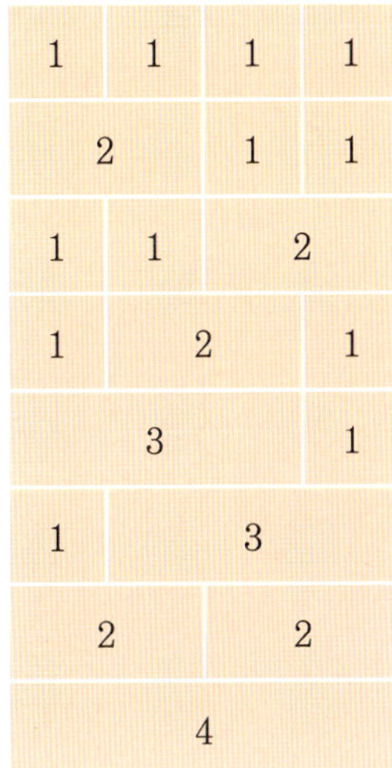

〈그림 2〉 수의 합성과 분해

또 구체적인 활동으로 연두색 박대 두 개를 연결하면 초록색 막대(6㎝)의 길이와 같다는 사실에서 3+3=6 또는 3×2=6임을 알 수 있다. 이것은 수직선의 구성과 연산의 원리를 구체적인 활동으로 이해하는 데 도움이 된다.

Gattegno는 이 교구로 초등수학의 연산영역 전체에 활용하도록 노력하였다. 그가 개발한 학습활동지(workbooks)는 현재 미국에서 출판되어 수학학습의 보조자료로 사용되고 있다.

다. 퀴즈네어 색막대의 활용

1) 색막대 도입 활동

퀴즈네어 색막대를 사용하기 전에 색막대들 사이의 관계를 알 필요가 있다. 수업에 사용하기 전에 모양을 꾸미거나 3차원 입체를 만드는 등의 놀이를 통하여 감각을 익히도록 한다. 놀이를 하면서 학생들은 파랑색막대는 모두 같은 크기이고, 두 개의 빨강색 막대는 보라색 막대와 같으며 보라색 막대는 노랑색 막대 보다 한 개의 흰색 막대만큼 작다 등으로 색막대 사이의 특징과 관계를 깨닫게 된다. 다음의 활동은 이때 사용할 수 있는 활동은 다음과 같다.

가) 계단 만들기

■ 목표: 색막대들 사이의 크기 차이를 알도록 한다.

■ 방법:

- 흰색 막대부터 주황색 막대까지 차례로 하나씩 옆으로 나열한다.
- 크기 차이를 알아보기 위해 흰색 막대로 만든 계단과 똑같이 만들어 본다.
- 한 색막대와 다른 색막대의 차이를 알아보기 위해 흰색 막대를 다른 색막대 위에 올려놓아 같은지 비교해 본다.

나) 촉감으로 색막대 찾기 게임

■ 목표: 촉감으로 어느 색막대인지 알아내어 양감을 갖도록 한다.

■ 방법:

- 두 사람이 하는 게임이다.
- 빈 상자에 각기 다른 색막대를 5개 골라 집어넣고 잘 섞는다.
- 한 사람이 먼저 눈을 감고 하나를 골라 색을 예상해 보고 색막대는 꺼낸다. 예상이 맞으면 1점을 얻는다. 이와 같은 방법으로 색막대가 모두 없어질 때까지 계속해서 점수를 기록한다.
- 다음에 두 번째 사람이 처음 사람과 똑같이 한다.
- 20점을 먼저 얻는 사람이 이긴다.

다) 기차 모양의 패턴 만들기

■ 목표: 색막대의 배열을 통한 간단한 패턴을 찾게 한다.

■ 방법: • 다음과 같이 색막대를 놓는다.

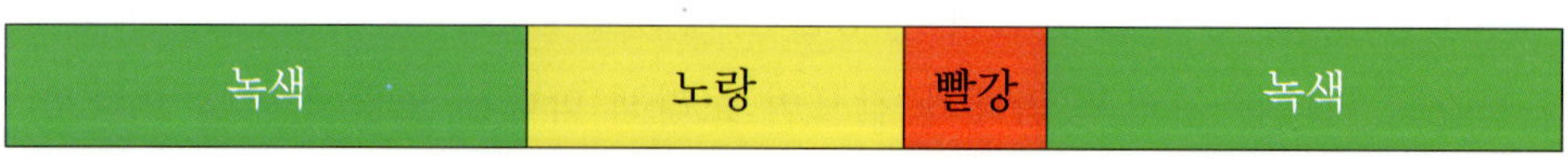

• 다음에 어떤 색막대가 오겠는가?

라) 길이 맞추기

■ 목표: 색막대들 사이의 길이 관계를 알아보게 한다.

■ 방법:

• 갈색 막대를 놓고, 흰색 막대와 맞추어 보게 하여 갈색 막대와 크기가 같으려면 흰색 막대가 몇 개 사용해야 하는지 묻는다.

• 파란색 막대에 녹색 막대를 맞추어 보고 녹색 막대가 몇 개 필요한지 알아본다.

마) 구조물 만들고 설명하기

■ 목표: 색막대에 익숙하고, 수학적 용어의 이해와 의사소통능력을 기른다.

■ 방법:

• 한 사람이 적당한 색막대를 가려 다른 사람이 보지 않도록 배열한 다음, 색깔, 모양, 방향, 위치 등 배열한 방법을 말로 설명한다.

• 다른 사람들은 설명을 들으며 똑같이 배열해 본다.

• 결과를 확인하고 토의하며 교대로 역할을 바꾸어 한다.

2) 수

가) 자릿값과 십진체계 표현

■ 목표: 구체물을 이용하여 자릿값을 익힌다.

■ 방법: 24와 같이 간단한 자연수는 주황색 막대 2개와 보라색 막대 4개로 표현할 수 있다. 그러나 897과 같은 자연수는 필요한 막대가 많아지므로 24와 같은 방법으로 표현할 수 없다. 이러한 경우 $897 = (8\times100) + (9\times10) + (7\times1)$으로 생각하여 다음과 같이 자릿값을 표현한다.

8 × 100; 주황색 막대로로 겹쳐 놓고 그 위에 갈색 막대를 얹어 놓는다.

9 × 10; 주황색 막대 하나를 가로로 놓고 그 위에 파란색 막대를 십자로 얹어 놓는다.

7 × 100; 검정색 막대를 가로로 놓는다.

나) 분수 표현

① 분수로 나타내기

■ 목표: 구체물로 분수를 나타낼 수 있다.

■ 방법: 퀴즈네어 색막대로 나타내는 분수는 전체와 부분 사이의 관계를 나타내는 것이다. 따라서, 분수를 표현하기 위해서는 먼저 단위가 되는 막대를 정해야 한다. 예를 들어, 보라색 막대가 1이면 빨간 색 막대는 $\frac{1}{2}$, 연두색 막대는 $\frac{3}{4}$이 된다. 만약에 단위가 되는 막대가 다르다면, 주황색이 1일 때의 $\frac{1}{2}$이 되는 것은 노랑색 막대인데 위의 빨간색 막대와 크기가 다르다. 따라서, 단위를 같게 해 주어야 한다.

예를 들어 $\frac{3}{7}$은 다음과 같이 나타낸다;

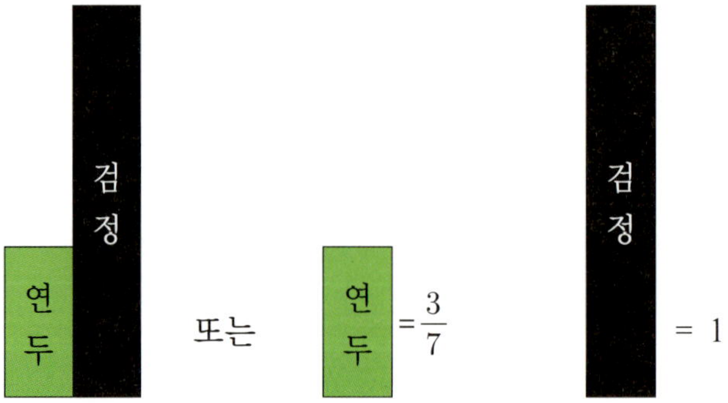

② 분수 크기 비교

■ 목표: 구체물을 이용하여 분수의 크기를 비교할 수 있다.

예) • $\frac{2}{3}$와 $\frac{1}{2}$중 어느 것이 더 큰가? $\frac{2}{3}$와 $\frac{5}{6}$은? $\frac{3}{2}$과 $\frac{5}{3}$는?

• 주황색 막대와 빨간 색막대를 합한 단위일 때 $\frac{3}{2}$, $\frac{4}{3}$, $\frac{5}{4}$, $\frac{7}{6}$중 어느 것이 가장 크고 어느 것이 가장 작은가? 어떤 패턴을 찾을 수 있는가?

■ 방법: 한 막대를 단위로 정하면, 다른 막대 모두는 그 상대적 크기에 따라 수가 정해진다. 예를 들어, 녹색 막대가 단위라면, 다른 막대의 수 값은 다음과 같다.

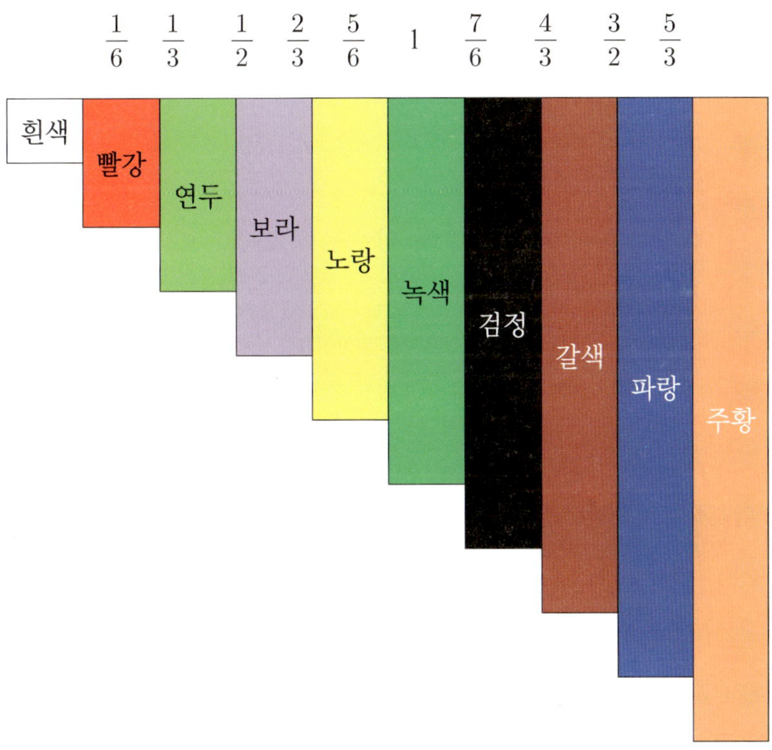

③ 동치 분수 찾기

■ 목표: 구체물을 이용하여 동치 분수를 찾을 수 있다.

■ 방법: 동치 분수는 기준이 같은 색막대에서 찾을 수 있다. 예를 들어 주황색과 빨간 색을 합친 것이 단위라면 다음과 같이 동치분수를 구할 수 있다.

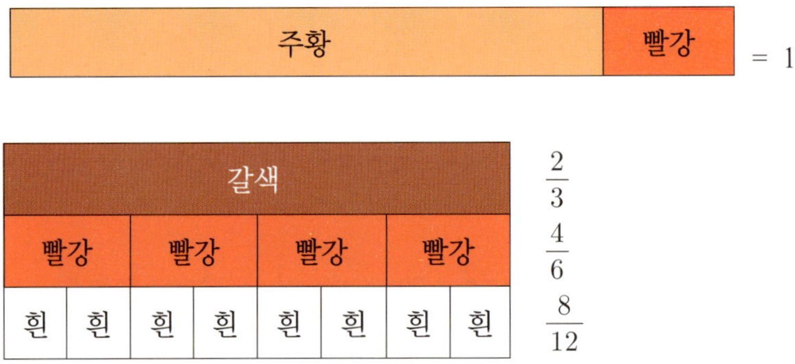

④ 약수 구하기

■ 목표: 막대를 사용하여 어떤 수의 약수를 구한다.

■ 방법: 24의 약수 구하는 방법

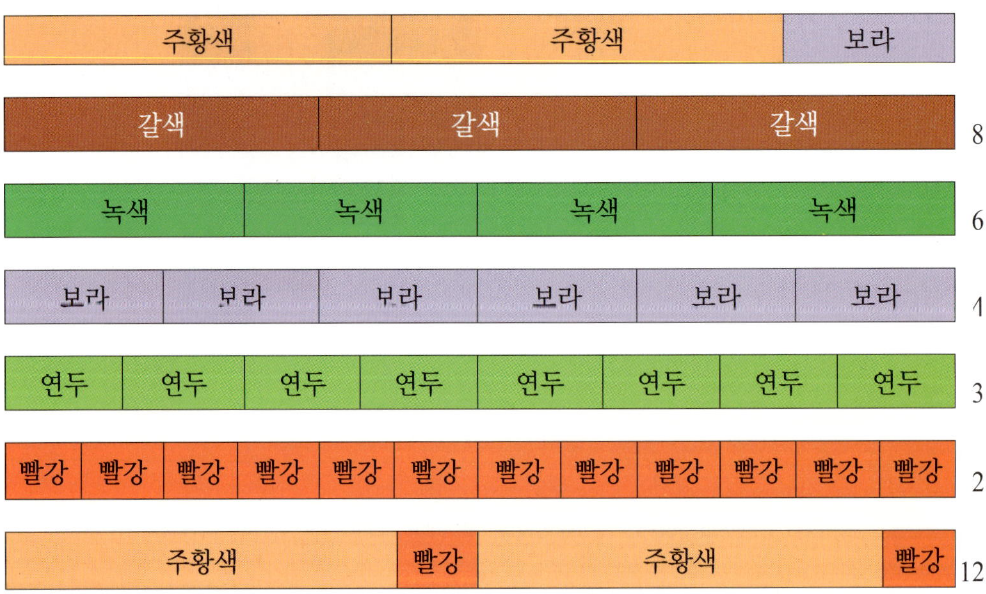

⑤ 최소공배수 구하기

■ 목표: 두 개의 색막대를 각각 몇 개씩 놓아 맞출 때, 처음으로 길이가 같아질 때 흰막대의 개수가 최소 공배수임을 알고 구할 수 있다.

■ 방법: 예를 들면 3과 4의 최소공배수는, 흰 막대를 1로 보고 연두색 막대와 보라색 막대를 각각 나란히 늘어놓아 맞추어 처음 길이가 같아질 때의 흰 막대의 개수를 센다.

<table>
<tr><td colspan="3">연두색</td><td colspan="3">연두색</td><td colspan="3">연두색</td><td colspan="3">연두색</td></tr>
<tr><td colspan="4">보라</td><td colspan="4">보라</td><td colspan="4">보라</td></tr>
<tr><td>흰</td><td>흰</td><td>흰</td><td>흰</td><td>흰</td><td>흰</td><td>흰</td><td>흰</td><td>흰</td><td>흰</td><td>흰</td><td>흰</td></tr>
</table>

(연두색) = 3 (흰색)

(보라색) = 4 (흰색)

3과 4의 최소공배수: 12

※ 분모가 서로 다른 분수의 덧셈과 뺄셈에서 기준을 정하는 방법으로 $\frac{1}{3}$과 $\frac{1}{4}$의 공통 분모는 12는 각각 $\frac{4}{12}$와 $\frac{3}{12}$과 같음을 알 수 있다.

3) 연산

가) 자연수의 덧셈과 뺄셈

■ 목표: 색막대를 이용하여 한자리수 덧셈과· 뺄셈을 할 수 있다.

■ 방법: 흰 색막대를 1이라고 생각하여 다음과 같이 한다.

① 덧셈: 2 + 4 = 6

<table>
<tr><td colspan="3">녹색</td></tr>
<tr><td>빨강</td><td colspan="2">보라</td></tr>
</table>

② 교환 법칙: 4 + 2 = 2 + 4

<table>
<tr><td colspan="2">보라</td><td>빨강</td></tr>
<tr><td>빨강</td><td colspan="2">보라</td></tr>
</table>

③ 뺄셈: 6 − 2 = 4

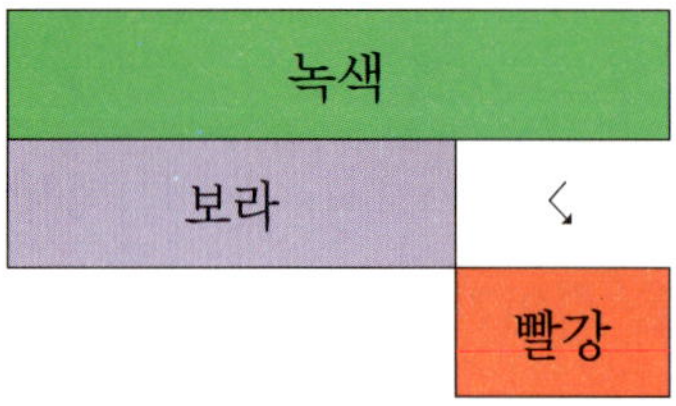

녹색 − 빨강 = 보라

④ 결합 법칙: (5 + 4) + 3 = 5 + (4 + 3)

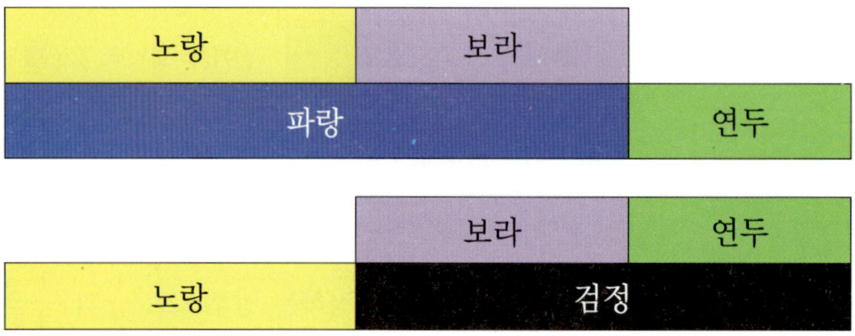

나) 자연수의 곱셈과 나눗셈

- 목표: (한자리 수) × (한자리 수)의 곱셈을 구체물을 통하여 이해하고 이의 역 관계로 나눗셈을 이해한다.
- 방법: 흰색 막대를 1로 생각한다.

① 곱셈: 6 × 5 = 30의 표현

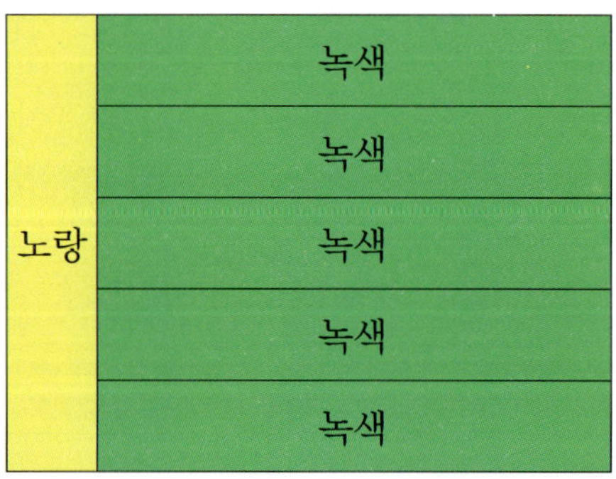

으로 녹색이 5개이다.

녹색	녹색	녹색	녹색	녹색
주황	주황	주황		

② 나눗셈: 곱셈의 역으로 생각한다. 따라서 위에서 30 ÷ 5 = 6이 된다.

③ 교환법칙: 3 × 7 = 7 × 3의 표현

검정	검정	검정				
연두	연두	연두	연두	연두	연두	연두

다) 분수의 사칙연산

■ 목표: 퀴즈네어 색막대로 공통분모를 구하고 이를 이용하여 분수의 사칙연산을 할 수 있다.

■ 방법: 먼저 단위가 되는 길이를 구한 다음 흰색 막대를 공통분모로 하고 각 막대 하나가 차지하는 흰색 막대의 수를 분자로 합이나 차, 곱, 몫을 구한다.

- 분수 $\frac{1}{3}+\frac{1}{4}$의 덧셈

주황(10)										빨강(2)	
연두(3)			연두			연두			연두		
보라(4)				보라				보라			
흰(1)	흰	흰	흰	흰	흰	흰	흰	흰	흰	흰	흰

연두 $\frac{1}{4}=\frac{3}{12}$, 보라 $\frac{1}{3}=\frac{4}{12}$, $\frac{1}{3}+\frac{1}{4}=\frac{4}{12}+\frac{3}{12}=\frac{7}{12}$

(보라=흰색 4개)+(연두=흰색 3개)=7개의 흰색이므로 $\frac{1}{3}+\frac{1}{4}=\frac{4}{12}+\frac{3}{12}=\frac{7}{12}$이다.

• 분수 $\frac{1}{3}-\frac{1}{4}$의 뺄셈

<table>
<tr><td colspan="10">주황(10)</td><td colspan="2">빨강(2)</td></tr>
<tr><td colspan="3">연두(3)</td><td colspan="3">연두</td><td colspan="3">연두</td><td colspan="3">연두</td></tr>
<tr><td colspan="4">보라(4)</td><td colspan="4">보라</td><td colspan="4">보라</td></tr>
<tr><td>흰(1)</td><td>흰</td><td>흰</td><td>흰</td><td>흰</td><td>흰</td><td>흰</td><td>흰</td><td>흰</td><td>흰</td><td>흰</td><td>흰</td></tr>
</table>

(보라 = 흰색 4개)−(연두 = 흰색 3개) = 1개의 흰색이므로 $\frac{1}{3}-\frac{1}{4}=\frac{4}{12}-\frac{3}{12}=\frac{1}{12}$이다.

• [실제 3] $\frac{2}{5}\times4$의 곱셈

<table>
<tr><td colspan="2">2 / 5</td><td>× 4</td><td></td></tr>
<tr><td colspan="2" rowspan="3"></td><td rowspan="2">빨강
(2)</td><td>흰(1)</td></tr>
<tr><td>흰(1)</td></tr>
<tr><td rowspan="2">빨강
(2)</td><td>흰(1)</td></tr>
<tr><td rowspan="3"></td><td rowspan="5">노랑
(5)</td><td>흰(1)</td></tr>
<tr><td rowspan="2">빨강
(2)</td><td>흰(1)</td></tr>
<tr><td>흰(1)</td></tr>
<tr><td rowspan="2">빨강
(2)</td><td rowspan="2">빨강
(2)</td><td>흰(1)</td></tr>
<tr><td>흰(1)</td></tr>
</table>

$$\frac{2}{5}\times4=\frac{2\times4}{5}=\frac{8}{5}$$

$\frac{2}{5}$를 4번 더한 것이 $\frac{2}{5}\times4$이다. 분자 5를 한 묶음으로 묶어 대분수의 개념도 설명된다. 그리고 분자는 3이 남는다.

⇒
<table>
<tr><td rowspan="5">노랑
(5)</td><td>흰(1)</td><td></td></tr>
<tr><td>흰(1)</td><td></td></tr>
<tr><td>흰(1)</td><td>흰(1)</td></tr>
<tr><td>흰(1)</td><td>흰(1)</td></tr>
<tr><td>흰(1)</td><td>흰(1)</td></tr>
</table>

⇒
<table>
<tr><td rowspan="5">노랑
(5)</td><td>흰(1)</td><td rowspan="5">노랑
(5)</td><td></td></tr>
<tr><td>흰(1)</td><td></td></tr>
<tr><td>흰(1)</td><td>흰(1)</td></tr>
<tr><td>흰(1)</td><td>흰(1)</td></tr>
<tr><td>흰(1)</td><td>흰(1)</td></tr>
</table>

$\frac{8}{5}=\frac{5}{5}+\frac{3}{5}=1\frac{3}{5}$

- 분수 $\frac{3}{4}\div\frac{2}{5}$의 나눗셈

나눗셈의 등분제는 분수의 측정에 해당되며, 포함제는 분수의 의미 중 몫의 의미에 해당된다. 그러나 비의 의미로 분수를 살펴보면 곱셈적 관점으로 앞의 수는 뒤의 수의 몇 배인지를 묻는 의미로 해석할 수 있다.

- $1\div\frac{1}{2}$의 곱셈 표현

먼저 기준 색막대를 정하고 기준막대의 $\frac{1}{2}$인 막대를 찾는다.

예: 기준막대는 빨강색 막대, $\frac{1}{2}$인 막대는 흰색 막대

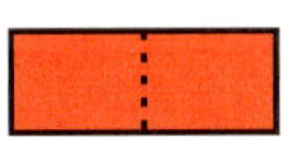
1

$\frac{1}{2}$

$1\div\frac{1}{2}$는 1속에 $\frac{1}{2}$이 2번 들어있다.

따라서 $1\div\frac{1}{2}=2$이다. 여기에서 $\frac{1}{2}\times2=1$인 관계가 있다.

$1 \div \frac{5}{8}$에서 분수는 항상 1에 대한 정보가 분모에 포함되어 있다. 즉 1과 비교하여 크기를 나타내는 것이 진분수이다. 나눗셈에서 1은 $\frac{5}{8}$의 몇 배인가? 로 바로 기준의 변환을 의미한다. 또한 분자의 역할이 1에 대한 크기를 나타내어 1과의 비교에서 분모의 역할은 1에 대한 정보 제공한다. 이것을 퀴즈네어 색막대로 $1 \div \frac{5}{8} = 5 \div 8$임을 알 수 있다. 이를 일반화하여 $1 \div \frac{a}{b} = b \div a = \frac{b}{a}$ 임을 활동을 통해서 발견하도록 한다.

- $\frac{5}{6} \div \frac{3}{4}$의 계산 원리 발견하기

  먼저 기준 색막대를 고른다. 6과 4의 최소공배수는 12이므로 기준 색막대는 다음과 같이 정한다.

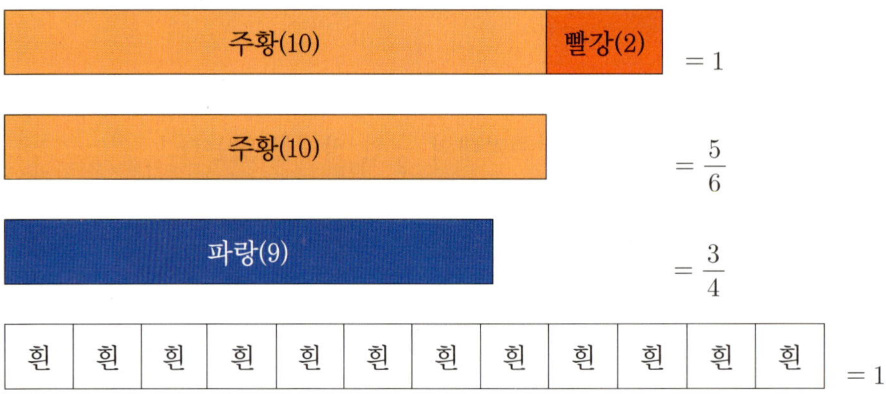

4) 도형

가) 도형 움직이기

위쪽, 아래쪽, 왼쪽, 오른쪽으로 뒤집어보기

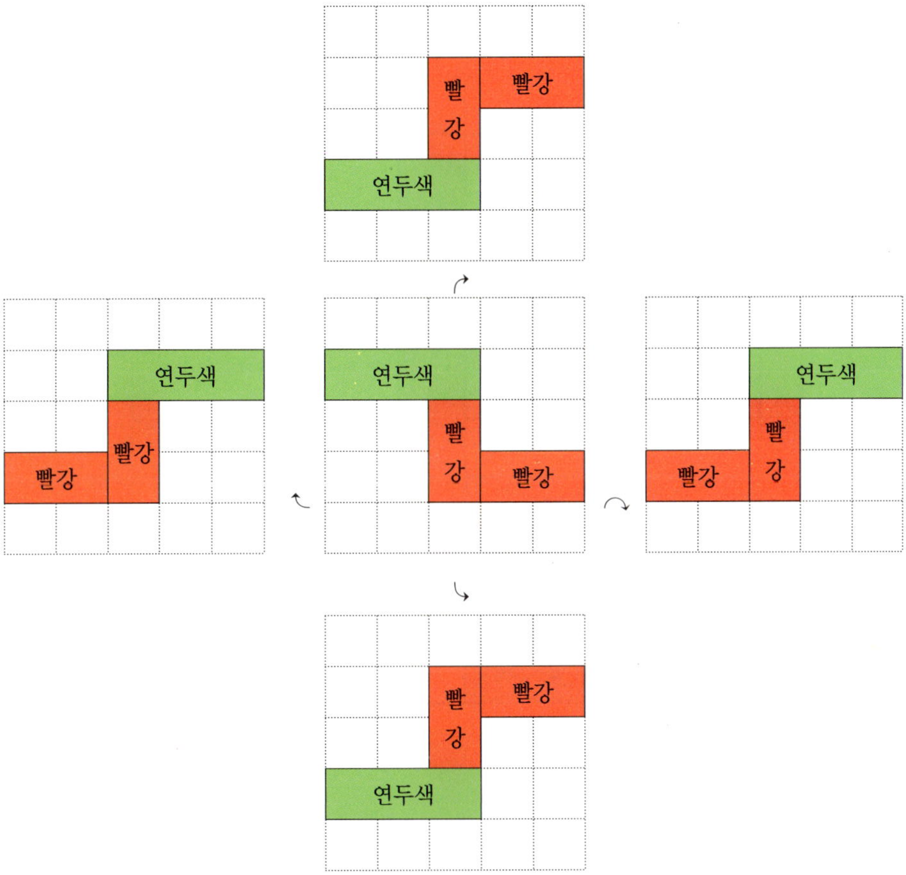

퀴즈네어 색막대로 도형을 위쪽, 아래쪽, 왼쪽, 오른쪽으로 각각 밀고, 뒤집거나 돌렸을 때의 모양을 만들 수 있다. 평면도형을 단순히 옮기는 활동보다 공간 감각을 기르는데 효율적일 수 있어 밀기, 돌리기, 뒤집기 등 다양한 활동을 시켜본다.

나) 선대칭

■ 목표: 퀴즈네어 색막대를 사용하여 선대칭의 개념을 이해하게 한다.

■ 방법: 예를 들면 아래 그림에서 왼쪽에 있는 막대들의 모양을 오른편에 거울로 반사하는 것과 같이 똑같게 만들어 본다.

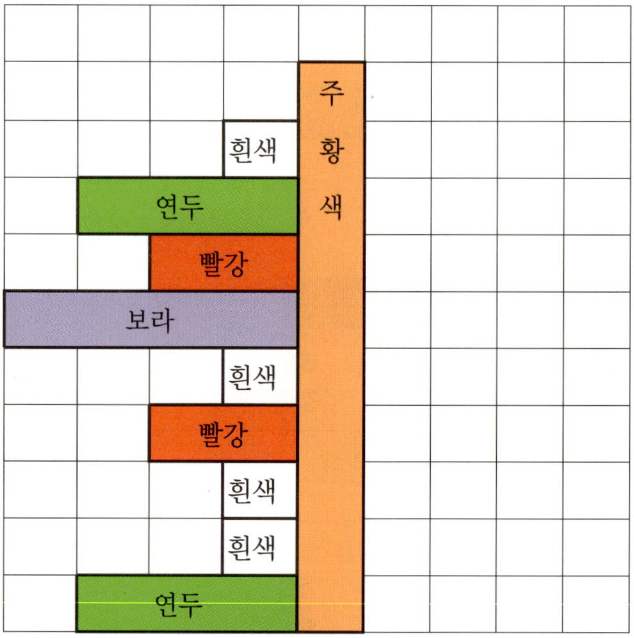

5) 관계

가) 비와 비율

■ 목표: 퀴즈네어 색막대로 비와 비례식을 표현하고 비례식의 성질을 탐색해 본다.

① 비의 표시: 분수와 같은 방법으로 표시한다.

예를 들어, $\frac{2}{3}$은 빨강색 막대와 연두색 막대를 나란히 세워 놓은 모양인데, 이것은 2 : 3과 같이 비로 표시할 수 있다.

② 비례식

■ 방법: 십자로 구분선을 긋고 위쪽에 비교량, 아래쪽에 기준량을 적으면, 좌대각선의 막대는 비례식의 외항이 되고 우대각선의 막대들은 내항이 된다.

$\frac{2}{3} = \frac{4}{6}$

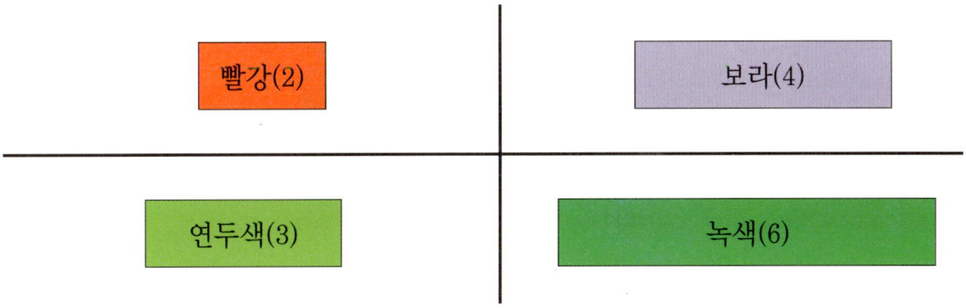

$$2 : 3 = 4 : 6$$

※ 막대를 사용하여 다음과 같은 성질을 알아낼 수 있다.

- 위 행과 아래 행을 바꾸어도 비례식은 성립한다.
- 대각선 방향(좌, 우대각선)의 막대를 바꾸어도 비례식은 성립한다.
- 대각선 방향의 곱은 서로 같다.

나) 평균

■ 목표: 퀴즈네어 색막대를 조작하여 평균의 산술평균을 구하고 검산해 본다.

■ 방법: 한 무더기의 색막대들을 나란히 한 다음 평균에 해당하는 색막대로의 개수만큼 늘어놓아 보아 두 길이가 같게 되면 그 막대가 평균이 된다.

예를 들면,

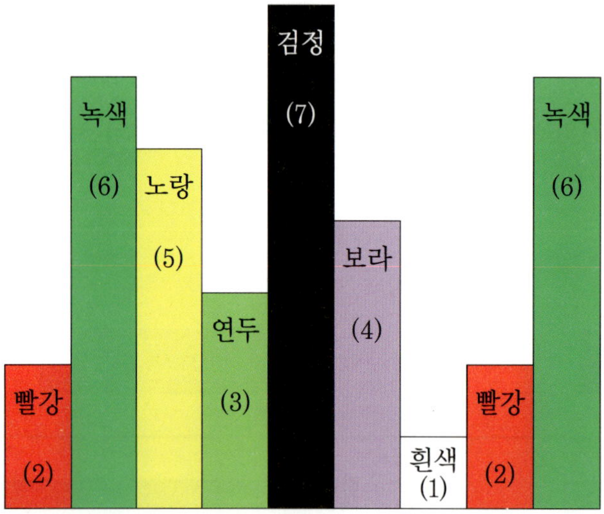

여기서 평균은 보라색 막대.

참고자료

- 김효정(1995), 구체적 조작물을 이용한 활동 지향적 수학 수업에 관한 연구, 이화여자대학교 교육학 석사 학위 논문
- 김남희(1999), 학교수학 학습에서의 퀴즈네어 막대활용, 대한수학교육학회지 <학교수학> 제 1권 제 2호
- http://www.ksed.or.kr/newhome/center_frame/data/middle/datam4/file/7

라. 활용상의 유의점

퀴즈네어 색막대의 기본적인 특징은 색막대와 수 사이의 대응과 길이가 색으로 구분되어 색채의 영향에 신중을 기한다. '3+4=7'을 막대로 나타내면 배열은 '연두색+분홍색=검정색'로 현실적으로 연두색과 분홍색을 섞으면 검정색은 아니다. 즉, 수의 등식과 실제 색 사이의 배합이 맞지 않아 지각과 이미지에 의한 사고의 표상적 측면이 우선적으로 받아들일 수 있는 위험성이 있다. 또한 교구를 다룰 때는 토파즈 효과, 죠르단 효과, 메타 인지적 이동과 같이 교구 활용의 가치를 떨어뜨리는 상황이 발생하지 않도록 사고실험을 충분히 한 후에 지도해야 한다.[5)]

구체적으로 살펴보면 다음과 같다.

첫째, 수업 내용과 아동 개개인의 특성과 사회적 관계를 고려하여 2인 1조로 퀴즈네어 색막대를 제공하는 것이 유용하다.

둘째, 각 막대는 길이에 따른 색에 의해 숫자를 구분해서 나타낼 수 있다. 예를 들어, 흰색 막대에 1의 값이 지정되면 나머지 막대들 사이의 관계에 의해서 나머지 9개의 막대에 해당하는 수가 결정된다.

셋째, 처음 다루는 경우에 퀴즈네어 색막대에 친밀감을 느낄 수 있도록 충분한 시간을 아동들에게 제공할 필요가 있다.

넷째, 눈금으로 분할하지 않은 색막대이기에 수학적 구조를 상징적 표현체계와 결부시키지 않고도 구체적으로 적절히 표현해 낼 수 있어 수나 상징 기호 표기에 대한 지식이 없어도 결합법칙, 교환법칙, 분배법칙이나 수의 연산과 개념에 친숙해질 수가 있다.

다섯째, 계산은 주입이 아니라 계산의 기초가 되는 수학적 관계를 이해가 더 중요하다. 예를 들어 색막대의 크기를 맞추는 놀이를 통해 수의 합성과 분해를 인식하며, 이러한 의식을 바탕으로 비로소 사칙연산을 의미 있게 학습할 수 있다.

여섯째, 수학 학습에 대한 흥미와 공간 지각력을 향상에 많은 도움을 줄 수 있으며 능동적인 참여와 유도 그리고 학습내용에 대한 구체적인 경험을 제공하여 보다 의미 있게 학습하려는 내용을 학습할 수 있도록 도와주는 교구이다.

---

5) 류성림. 초등 수학 수업에서 퀴즈네어 막대의 활용에 관한 연구, 대구교육대학교

3.3 십진블록(Base ten blocks)

가. 십진블록의 유래와 배경

영국의 수학교육학자인 딘즈(Z. P. Dienes)는 헝가리에서 태어나 오스트레일리아의 아드레이드 대학에서 심리학을 가르치면서 위치적 기수법의 원리의 이해를 돕기 위해 십진블록을 고안했다. Dienes는 아동들이 분석적이기보다는 기본적으로 구성적 경향이 있다고 믿고 세상의 사물에 대한 경험으로부터 어떤 실체의 모양을 구성하게 된다. 이러한 과정은 피아제가 강조했던 것처럼 다분히 행동적 탐구 활동에 의존한다. 수학적 패턴과 관계는 아동들의 일상생활에서 분명하지 않기 때문에 Dienes는 수학적 구조를 구체적이고 경험적으로 얻어낼 수 있는 십진블록과 속성블록을 고안했다. Dienes는 학습과정에서 학습자의 활동을 강조하고 구체적 조작물-딘즈블록(Dienes blocks)과 속성블록(attribute blocks)을 고안하였으며 구체적 조작물의 활용에 대한 기본 원리를 기술하였다. 딘즈블록은 基數(base; 밑)에 따라 서로 구분되는 여러 개의 세트가 포함되어 있다. 예를 들어 基數가 2인 2진 블록과 基數가 3인 3진 블록을 나타낸다. 물론 基數가 4, 5, 6, 10인 세트들도 있다. 각 세트 안의 블록들은 나무 또는 플라스틱으로 만들어지고 각 블록은 단위블록의 개수를 알아볼 수 있도록 선이 그어져 블록의 부피는 일정한 비율로 커진다.

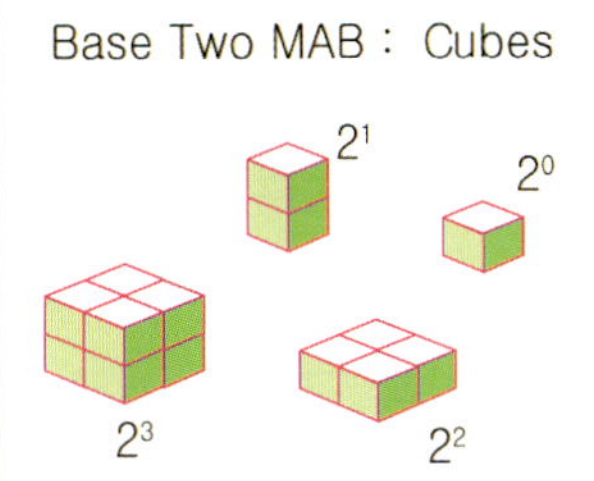	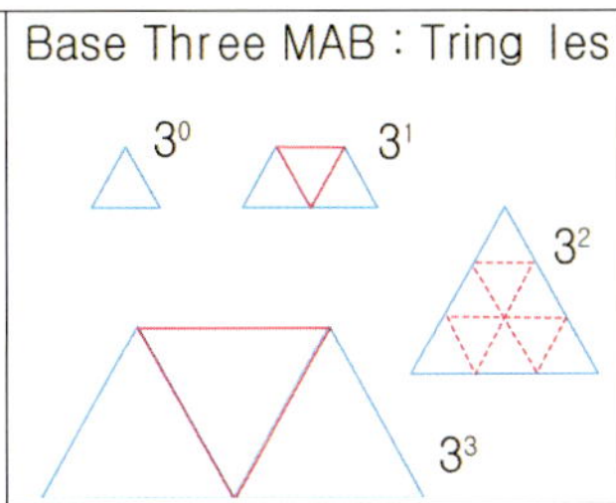	
2진블록	3진블록	십진블록

딘즈블록에는 초등학교의 자연수의 연산지도에서 10을 밑으로 하는 십진블록(base-10 blocks)이 있다. 딘즈블록은 일정한 개수의 블록들과 바로 상위 단계의 블록 1개를 서로 교환하는 것이다. 딘즈블록은 밑 n에 따라 한 변의 크기가 1인 정육면체 모양의 단위블록(unit, $1\times1\times1$), 정육면체 n개를 일렬로 연결한 막대블록(long, $1\times1\times n$), 막대블록 n개 연결한 정사각형 판형의 판블록(flat, $1\times n\times n$), 판블록 n개를 연결한 정육면체 블록(block, $n\times n\times n$)으로 구성된다. 우리나라 초등수학에는 밑을 10으로 하는 십진블록의 구성요소인 단위블록, 막대블록, 판블록, 정육면체 블록의 모양과 크기는 아래 그림과 같다.

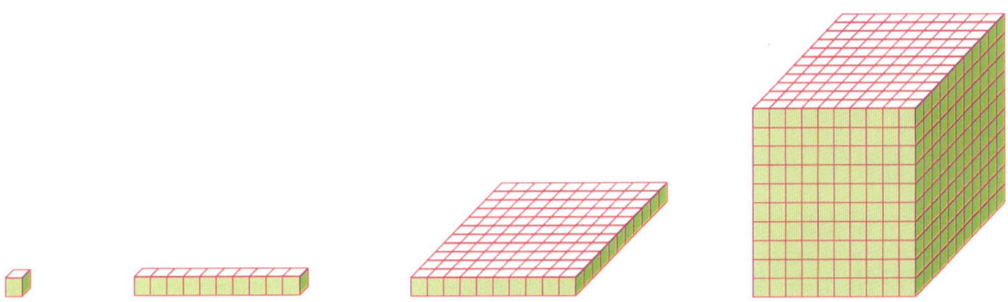

Unit (단위블럭) Long (막대블럭) Flat (판블럭) Block (큰 정육면체 블럭)

딘즈블록은 기수법의 자리값 개념이나 자연수, 소수의 사칙연산 지도에 효과적이다. 십진블록은 일상적으로 사용하는 십진수 체계의 계산 원리를 지도하기 위해 사용되고 있다. 그러나 基數를 10으로 하는 십진체계는 인간이 10개의 손가락을 가졌다는 이유로 임의적으로 선택된 것이다. 학교수학에서 딘즈블록을 이용하여 基數가 다른 여러 가지 진법 체계를 지도하는 것이 가능하다. 딘즈블록은 나무, 플라스틱, 합성수지, 아크릴, 고무, 색도화지를 사용하여 직육면체나 정육면체로 만들거나, 색도화지에 복사하여 제작할 수 있다. 딘즈블록은 수학의 기본 구조를 서로 다른 형태로 구체화 할 수 있도록 만들어진 교구이다. 특히 기수법의 원리나 수의 사칙연산과 같은 수학의 기초적인 사실의 이해는 십진블록의 조작활동이 경험된 후, 다른 기수법의 학습에 곧바로 전이된다. 초등학교 저학년에서 십진 블록의 활용은 수 체계의 구조를 基數가 10인 예로 구체화하여 제시한다.

나. 십진블록과 초등수학교육

1) 위치적 기수법(positional system)의 지도

수가 점점 커짐에 따라 자리값(place-value)의 표기에 딘즈블록이 효과적이고 수의 크기를 시각적으로 비교할 수 있다.

가) 기수법 체계의 주요한 특성

① 자리값: 숫자의 위치는 그 값을 나타낸다. 예컨대, 23에서 2는 '이십'을 나타내며, '이'를 뜻하는 52에서의 2와는 다른 수학적 의미를 갖는다.

② 밑: '밑'의 용어는 모임을 의미하는 것으로 수 체계에서 10이 새로운 모임을 결정한다. 0에서 9까지 10개의 숫자를 갖는다.

③ 0: 아무것도 없음을 상징적으로 나타내는 기호이다. 예컨대, 309는 백과 일은 있지만 십은 없음을 나타낸다.

④ 가법성: 수를 자리값에 대해 더할 수 있다. 예컨대, 123은 100+20+3이라는 수의 이름이다.

나) 자리값

사칙연산의 알고리즘 학습에서 자리값에 대한 이해는 필수적으로 수 감각과 어림셈을 증진시키고 계산에 대한 감각을 증진시킨다.

활동 1

1. 모두 얼마인지 세어 보시오.

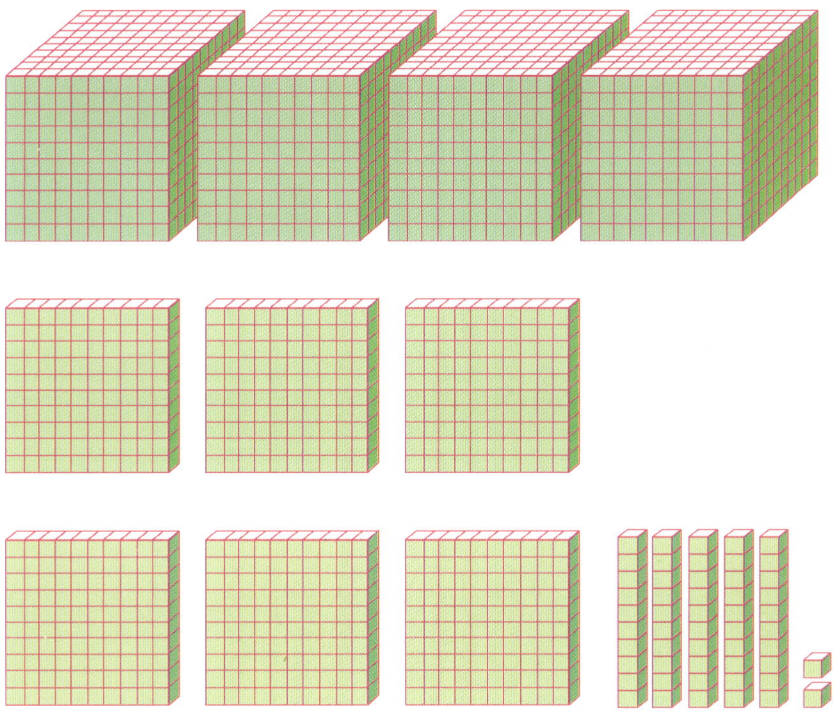

• 천 모형은 모두 몇 개입니까?

• 백 모형, 십 모형, 낱개 모형은 각각 몇 개입니까?

약속하기

1000이 4, 100이 6, 10이 5, 1이 2이면 4562입니다.

4652는 사천육백오십이라고 읽습니다.

활동 2

1. 수 모형 3700과 4300을 놓고, 어느 쪽이 더 큰지 비교하여 보시오.

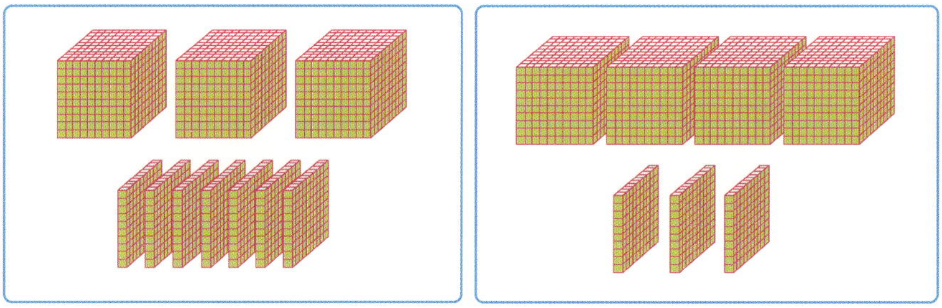

- 어느 수가 더 크다고 생각합니까?
- 왜 그렇게 생각했습니까?
- 4300은 3700보다 큽니다를 >, <를 써서 나타내시오.

4300		3700

[자리값 개념 지도의 예]

자리값은 모든 수가 0에서 9까지 10개의 숫자로 표현되고 자리값에 대한 혼동이나 오개념은 세기와 교환하기 경험 부족에서 그 원인을 찾을 수 있다. 초기의 실제적 세기 활동은 자리값 개념 확립에 필수적으로 취학 전에 접할 수도 있다. 예컨대, 많은 아동들이 텔레비전의 채널 번호, 요리 시간, 아파트의 201호와 102호가 다르다는 것을 일찍이 알게 된다.

자리값 개념을 지도할 때 고려해야 할 사항은 다음과 같다.[6)]

첫째, 위치적 기수법에서 어떤 수를 나타내기 위해 각 기호들의 위치는 기호가 나타내는 값을 결정한다. 예를 들어, 십진수에서 27302에서 처음의 2는 20000이고 마지막 2는 1이 2개인 2를 나타낸다.

둘째, 묶는 규칙과 절차가 명백하게 존재한다. 예를 들어 십진법에서 10은 1이 10개, 100은 10이 10개, 1000은 100이 10개, 0.1은 0.01이 10개이다.

2) 수의 사칙연산의 기본 원리 지도

수의 사칙연산의 도입은 계산 알고리즘의 기술습득보다 계산의 기본 원리에 대한 이해에 중점을 둔 지도가 우선되어야 한다. 계산 알고리즘의 지도에서 특히 구체적 조작물의 사용은 계산 원리에 대한 명확한 이해 및 보다 높은 수준의 기술을 습득에 효과적이다.

가. 기본 덧셈

덧셈 개념지도는 특별한 주의가 요구되지만, 구체물의 덧셈을 경험한 아동들이 10이하인 덧셈을 쉽게 할 수 있다. 그러나 합이 10인 덧셈은 특별히 강조되어야 하며, 합이 10이상인 덧셈은 '모아 세기'이외의 전략이 필요하다. 합이 10 이상인 덧셈에 유용한 2개의 전략은 '9에 더하기'와 '2배 더하기 1'이다.

① 9에 더하기

십단위 블록 1개와 일단위 블록 9개를 함께 놓는다. 이제 일단위 블록 9개에 4개를 더하라고 한다. "일단위 블록을 하나하나 세지 않고 몇 개인지 어떻게 알았지? 십단위 블록이 어떤 도움을 주었니?" 다른 수의 일 단위 블록을 더하는 활동을 반복하여 규칙을 발견하도록 한다.

6) 강완 외(1999). 초등수학 학습지도의 이해, 양서원.

② 2배에 1 더하기

이 전략은 아동들이 쉽게 2배를 알 수 있다는 점을 활용한다. 단위 블록들과 2개의 컵을 준다. 그리고 각각의 컵에 일단위 블록 5개씩 넣어 놓고 묻는다. “이건 5+5를 나타내는데, 5+6을 나타내려면 무엇이 필요하겠니? 5가 아닌 다른 수의 2개를 이용하여 이런 활동을 반복하여 익숙해지면, “7+8을 하는데 도움이 되는 덧셈은 무엇일까?”라고 묻는다.

③ 두 자리수 덧셈

칠판에 34+27과 같은 예를 적고 34를 가리키며 어떻게 나타낼까?” 다음에 27을 가리키며 같은 질문을 한다. +기호를 가리키며 이것은 무엇을 뜻하지? 어떻게 해야 할까? 합은 얼마지?” 칠판에 합을 적는다. 이런 절차에 익숙할 때까지 두 자리수 덧셈을 반복한다.

ex2) 34+27

$$
\begin{aligned}
34 &= 34 + 4 \\
+\ 27 &= 20 + 7 \\
\hline
& \quad 50 + 11 = 61
\end{aligned}
$$

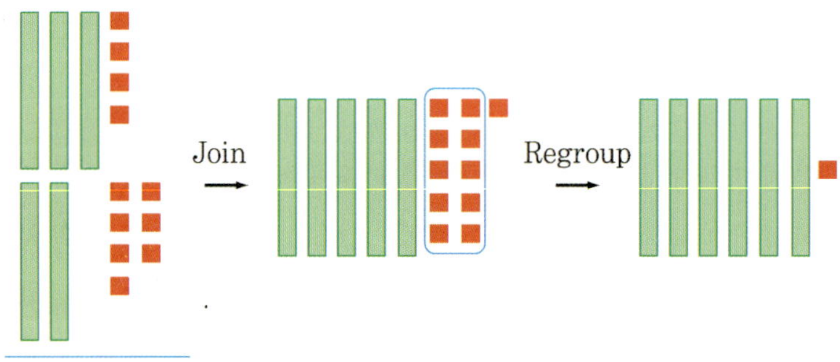

나. 뺄셈 지도

뺄셈은 B가 A보다 클 때 B에서 A를 뺄 수 있다. 그 결과를 X라 하면 (1) X=B−A이다. 이것은 (2) B=A+X, (3) A=B−X와 같다. 모두 수학적으로 같지만, 심리적으로 매우 다르다. (1)은 순수한 뺄셈, (2)는 보완적 덧셈, (3)을 보완적 뺄셈이라 하면 뺄셈을 배우는 나이에 대부분은 이 세 조작이 같다는 것을 인식할 수는 없다. 특히

이 시기의 학생들은 세 조작이 같다는 것을 포함한 문장제를 해결하지 못한다. 이때 뺄셈과 관련한 최소한 두 가지 유형인 (2)와 (3)은 구조화된 십진블록을 사용하여 도입할 수 있다. 이는 뺄셈의 학습을 위한 길을 닦기 위한 것이다. 아동에게 B에 해당하는 만큼의 십진블록으로 탑을 쌓게 한다. 그리고 A에 해당하는 만큼의 십진블록으로 탑을 쌓게 한다. 그리고 두 탑 사이의 차이가 무엇인지 질문한다. 그러면, 어떤 아동들은 작은 탑이 큰 것만큼 되도록 채워 갈 것이고, 다른 아동들은 작은 것만큼 될 때까지 큰 것에서 빼 나갈 것이다.

문제 : 562 − 147 = □

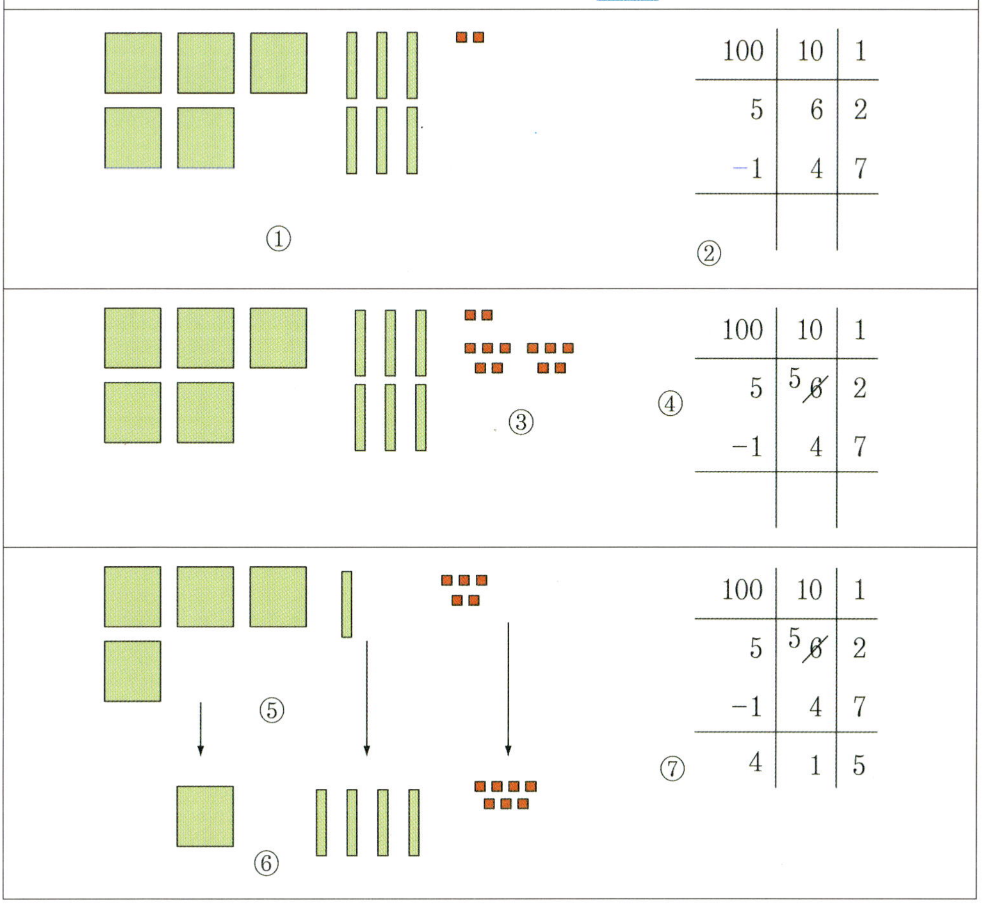

다. 기본 곱셈

① 9단위 곱셈에서 규칙찾기

10×4 정렬을 만든다. 9×4를 하려면 어떻게 바꾸어야 할까?

아래 9단위 곱셈을 보자.

9×1=9　　9×3=27　　9×6=54　　9×2=18

9×5=45　　9×4=36　　9×7=63　　9×9=81　　9×8=72

여기서 9는 무엇을 말하는가? 이런 규칙을 찾는 활동은 9단위 곱셈을 쉽게 배울 수 있다.

② 7×6=5×6+2×6 같은 곱셈

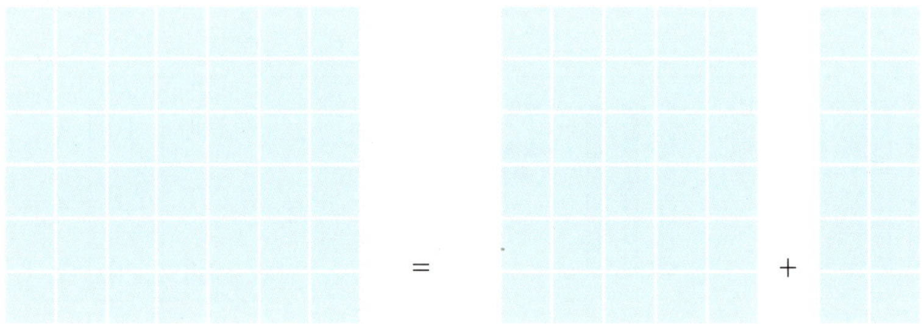

7×6 = 5×6 + 2×6

③ 십의 자리 곱셈

일, 십단위 블록과 종이 접시를 준다. 칠판에 4×3과 같은 구구를 적고 질문한다. "집합을 이용하면 어떻게 나타낼 수 있지? 4는 무엇인지? 3은 무엇인지? 답은 무엇인지?" 이번에 40×3을 적고 묻는다. "40은 무엇인지? 3은 무엇인지? 답은?" 칠판에 적는다. :

4×3=12　　40×3=120

④ 두 자리수 곱셈

칠판에 23×6을 쓰고 질문한다. “이 곱셈으로 어떤 정렬을 만들 수 있을까? 행은 몇 개일까? 열은 몇 개일까?” 짝을 이루거나 소집단으로 활동하게 한다.

⑤ 알고리즘 지도

34×4을 적고 십진블록을 이용하여 정렬하고 질문한다.
“여기에는 몇 개의 일 단위 블록이 있는가?”
“여기에는 몇 개의 십 단위 블록이 있는가?
120이라는 것을 나타내려면 어디에 적어야 할까?”

```
  34
× 4
 16 개의 일단위 블록
 12 개의 일단위 블록
136
```

라. 기본 나눗셈

일 단위 블록의 개수	접시의 개수	각 접시의 일 단위 블록의 개수	나눗셈 식
8	2	4	8÷2=4
15	3	5	15÷3=5

① 나머지가 있는 나눗셈

십진블록과 종이접시를 주고, 12÷4의 나눗셈을 적고 질문한다: “12는 무엇인가? 4는? 나눗셈은 무엇을 뜻하지? 답은?” 다음에는 ‘19÷4’을 적고 묻는다: “어떻게 풀까? 처음에 무엇을 해야 할까? 각 접시에 몇 개가 있나? 잘 안되지? 앞의 문제와 어떻게 다르지? 배분할 수 없는 일단위 블록을 무엇이라 부를까?” 몫과 나머지를 기록하고 나머지가 있는 것과 없는 나눗셈을 섞어 활동을 반복한다.

② 큰 수 나눗셈

십진블록과 종이접시를 조별로 주고 529÷4를 적고 질문한다: “529를 십진블록으로 어떻게 나타낼까? 4는 어떻게 나타내지? 나눗셈 기호는 무엇을 뜻하지? 백단위 블록을 나눌 수 있겠니? 남는 게 있니? 백단위 블록 한 개로 어떻게 하지? 교환하면 십단위 블록을 몇 개 얻지? 다음에 뭘 할까? 각 접시에 몇 개의 십단위 블록을 놓을 수 있지? 교환이 필요한가? 다음에는 뭘 할까? 답은? 어떻게 알았니? 나머지가 있니?” 기록한다.

③ 알고리즘 지도

$$\begin{array}{r} 134 \\ 5\overline{)\,671} \end{array}$$

5	← 백단위 블록 사용
17	← 남은 백단위 블록 교환
15	← 십단위 블록 사용
21	← 남은 십단위 블록 교환
20	← 일단위 블록 사용
1	← 나머지

※ 52÷4의 몫과 나머지를 알아보는 수업[7)]

7) 지도서

수모형으로 52÷4의 몫을 알아보려고 한다.

교 사 : 52의 수모형을 놓아 52÷4의 몫을 알아보세요. 어떤 방법으로 몫을 알아보면 좋을지 누가 발표해 볼까요?

학 생1 : 52개를 4명이 똑같이 나누어 가지는 것과 같으므로 52를 똑같이 네 부분으로 나누면 된다고 생각합니다.

교 사 : 좋은 생각입니다. 그러면 다 같이 앞에 놓인 수모형을 4등분 해 봅시다.

모 두 : (52를 4등분 과정에서 십 모형 5개를 4등분 하지 못해 곤란함을 느낀다.)

학 생2 : 선생님, 십 모형이 5개라서 4등분하기가 곤란해요. 십 모형 5개를 4등분 할 수는 없어요.

교 사 : 아하, 그런 문제가 있었군요. 누가 이 문제를 해결해 줄 수 없나요?

학 생3 : 십모형 5개 중 4개는 4묶음으로 나눌 수 있으니까, 4묶음으로 나누고 십 모형중 하나는 낱개 모형으로 바꾸어야 할 것 같습니다. 그래야만 낱개모형과 함께 4묶음으로 나눌 수 있을 것 같습니다.

교 사 : 좋은 생각입니다. 여러분도(학생3)의 생각이 좋다고 생각합니까?

모 두 : 예.

교 사 : 아, 십 모형을 똑같이 나눌 수 없을 때는 십 모형을 낱개로 바꾸어서 계속 나누어 나간다는 생각이군요. 정말 좋은 생각입니다. 그러면 십 모형 하나를 낱개 모형으로 바꾸어서 4묶음으로 나누어 보세요.

모 두 : (낱개 모형으로 바꾸어서 52÷4의 몫을 수모형으로 찾아낸다.)

마. 소수의 지도

소수(decimal)는 분수를 위치적 기수법인 십진 기수법 표기로 표현하기 위하여 사용된다.

÷10 ÷10 ÷10 ÷10 ÷10 ÷10

1000	100	10	1	$\frac{1}{10}$	$\frac{1}{100}$	$\frac{1}{1000}$
3 천	4 백	5 십	7 일	9 십분의 일	6 백분의 일	8 천분의 일

아래 그림과 같이 십진 블록과 자리표를 적절히 다루면 소수의 개념과 분수와 소수의 동치 관계를 쉽게 파악할 수 있다.[8)]

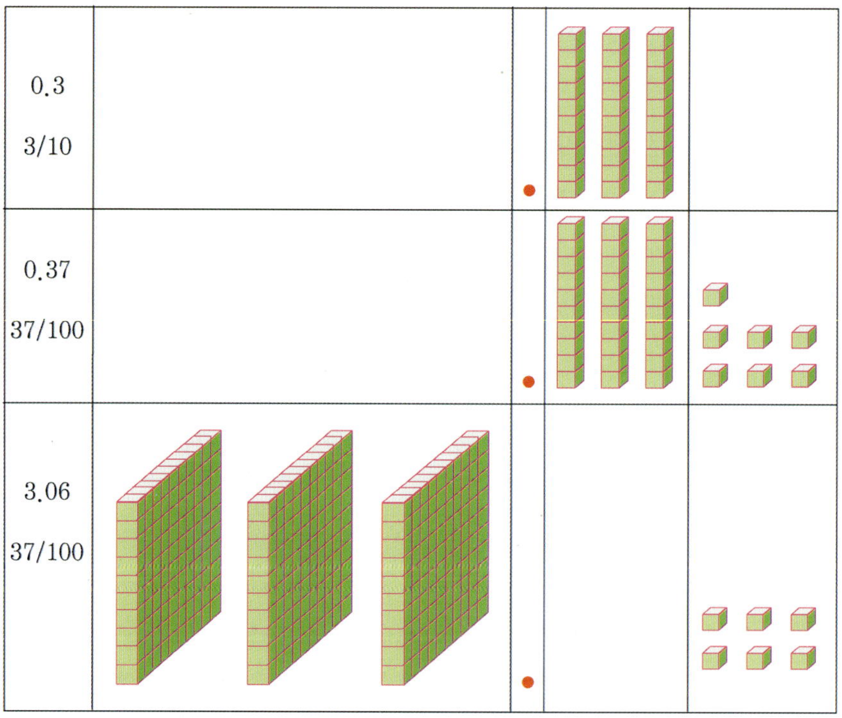

[딘즈블록(판블록을 1로 정의)을 이용한 소수의 자릿값 표]

8) 강완외(1999). 초등수학 학습 지도의 이해, 양서원.

소수의 대소 관계는 지도 방법에 따라 소수의 크기를 분수 개념과 관련지어 형식적 지도보다는 자연수의 대소 관계처럼 십진블록을 이용하여 수의 크기를 시각적으로 비교하여 지도하면 소수의 크기의 비교하는 과정을 쉽게 이해할 수 있다.

십진막대의 사용은 소수의 크기를 직관적으로 느낄 수 있는 방법이다. 다음은 정사각형 100개로 소수 첫째 자리 수와 소수 둘째 자리 수를 나타내는 데 이용할 수 있다. 예를 들어, 정사각형 100개에서 0.4를 나타낸 것이 0.07을 나타낸 것보다 많기 때문에 0.4 > 0.07이다.

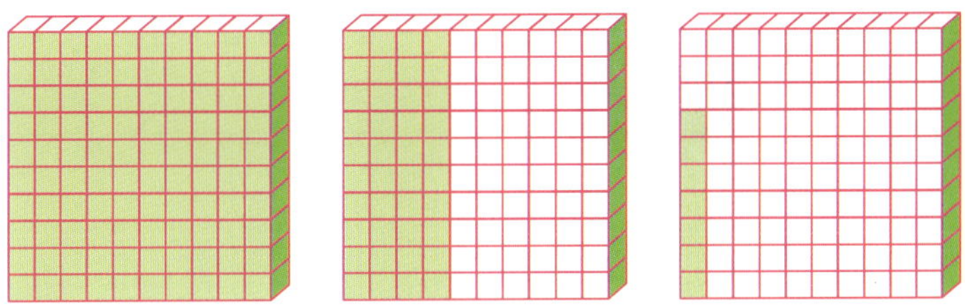

1 0.4 0.07

※ 소수 사칙연산 지도에 십진 블록의 사용 예[9)]

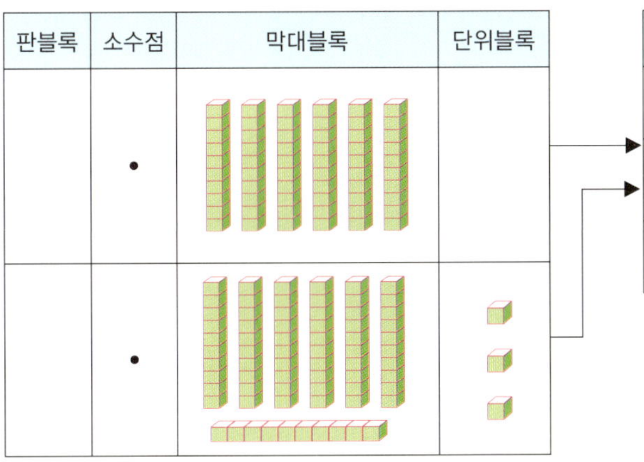

(a) Enactive manipulation(활동적 조작)

1의 수	소수점	0.1의 수	0.01의 수
	•	6	
	•	7	3
		13	3

(b) Symbolic mode(상징적 표현)

9) 김남희(1999). 수학의 기본 구조 지도와 딘즈블록. 대한수학교육학회지〈학교수학〉1(1).

교과서 4학년 2학기 십진 블록을 사용하여 소수를 학습하는 예이다.

약속하기

100으로 나눈 작은 모눈 한 칸은 전체의 $\frac{1}{100}$입니다. 분수 $\frac{1}{100}$을 소수로 0.01이라 쓰고, 영점 영일이라고 읽습니다.

$$\frac{1}{100}=0.01$$

아래 그림은 전체를 1을 보고 100칸으로 나눈 그림입니다.

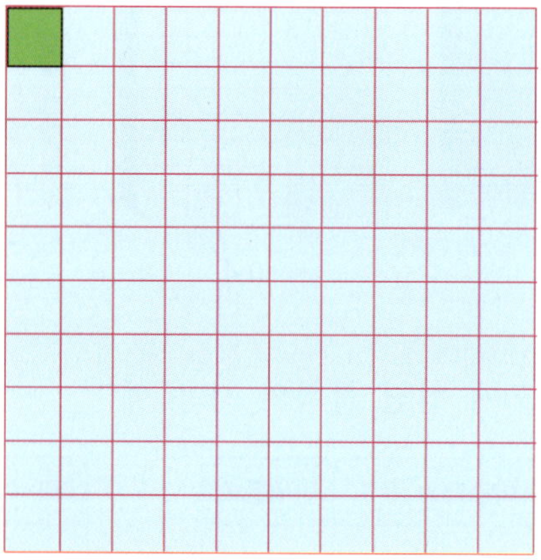

활동 1

1. 100칸짜리 모눈종이로 다음을 알아보시오.
   - 35칸을 색칠하여 보시오.
   - 이것은 전체의 얼마인지 분수로 나타내어 보시오.
   - 분수 $\frac{35}{100}$는 $\frac{1}{100}$이 몇입니까?
   - 분수 $\frac{35}{100}$를 소수로 어떻게 나타내어야 한다고 생각합니까?

활동 2

1. 소수 사이의 관계를 알아봅시다.

• 1, 0.1, 0.01, 0.001 사이의 관계를 알아보시오.

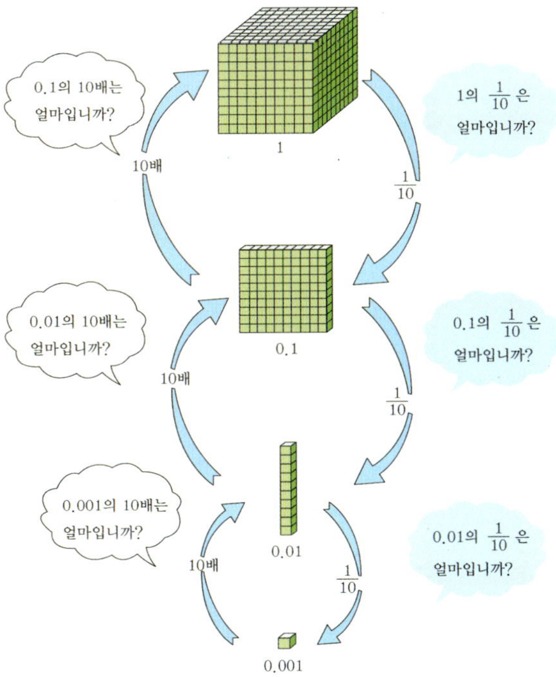

다. 교과서에서 활용

초등학교에서 십진기수법 개념, 자연수와 소수의 사칙연산, 자연수의 크기 비교, 입체도형의 겉넓이와 부피 지도에서 활용 할 수 있다.

학년	내용	활용내용
1-1	9까지의 수	쌓기 나무를 통한 수 세기
	50까지의 수	십 모형(막대블록)의 도입과 두 자리수 읽기
1-2	100까지의 수	모형(단위, 막대, 판블록)을 이용한 크기 비교
	10이 되는 더하기와 10에서 빼기	낱개 모형(단위블록)으로 십 모형(막대블록) 만들기
	더하기와 빼기(1)	수모형으로 가르기와 모으기를 통하여 덧셈, 뺄셈의 개념 도입
	더하기와 빼기(2)	
2-1	세 자리 수	백 모형(판블록)으로 100의 개념을 도입하고 모형의 크기와 개수를 보고 자리값표에 세 자리의 수를 표현
	두 자리 수의 덧셈과 뺄셈(1)	수모형을 이용한 두 자리 수의 덧셈과 뺄셈하기
	두 자리 수의 덧셈과 뺄셈(2)	
2-2	세 자리 수의 덧셈과 뺄셈(1)	
	세 자리 수의 덧셈과 뺄셈(2)	
3-1	10000까지의 수	천 모형(큰 정육면체 블록)으로 1000의 개념 도입 블록의 크기와 개수를 보고 자리값 표에 네 자리 수의 표현
	곱셈	수보형을 동한 곱셈, 나눗셈시도
3-2	곱셈	
	나눗셈	
4-2	소수	블록을 이용한 소수의 개념 도입
6-1	겉넓이와 부피	단위블록을 이용하여 부피의 단위를 설명하고 개수로 입체도형의 부피 구하기

1) 십진블록의 활용방안

십진블록 조작을 통하여 연산 개념의 이해와 다양한 문제 해결이나 게임 등에 활용할 수 있다. 연산의 알고리즘은 연산의 기초가 충분히 이루어진 후에 지도하는 것이 효과적이다.

알고리즘을 찾기 위한 십진블록의 활용 방안은 아래와 같다.

가) 십진 블록이 의미하는 수를 명확히 인지하도록 한다. 십진블록의 각 모형들이 의미하는 수를 인지하도록 각 모형에 숫자로 표현하거나 이와 반대 방향의 표현활동을 수행하는 것이 필요하다. 십진 블록의 낱개 모형, 십 모형, 백 모형은 모두 판의 형태를 형성하며 만들어진다.

나) 비표현 모델을 통한 조작활동에서의 수세기나 연산 과정의 불편함을 인식하고 십진블록의 편리함을 인식하도록 한다. 비표현 모델은 조작시 낱개 단위로 개수를 세는 것이 일반적으로 구조화에 번거로움이 있다. 이는 수 단위 사이의 관계 이해, 작은 수 다루기, 다양한 진법의 학습에 장점이 될 수 있다.

다) 십진 블록들은 십 묶음에 근거하여 형성되어 있다. 십진 블록이 가지고 있는 가장 큰 장점은 각 모형들이 자리 값을 표현하고 있다. 이 과정에서 자리 값 개념과 연산 활동 중에 받아 내림, 받아 올림이 발생할 경우, 이에 대한 기초 이해 형성 차원에서 매우 중요하다.

라) 연산과정에서 필요한 교환(받아 올림, 받아 내림)을 충분히 경험할 수 있다. 비표현 모델은 연산과정에서 교환이 필요하지 않다. 그러나 표현 모델인 십진 블록은 십진수를 구조화해 놓은 교구로 연산과정에서 교환이 불가피하다. 학생들이 학습 초기에 받아 올림, 받아 내림을 이해하고 수행에 어려움을 나타내는 경우가 많다. 이 때 교환의 필요성, 개념 등에 대한 충분한 이해가 형성되고 이를 수행하는데 어려움이 없도록 충분한 기회와 시간을 제공해야 한다.

마) 십진블록 활용의 사전활동에서 조작활동 과정, 결과를 기록하는 경험이 충분히 이루어져야 한다. 또한 생각을 말로 표현하는 것보다 글로 나타내는 것에 더욱 그러하다. 이러한 입장에서 수학적 사고를 그림과 글로 기록하는 것의 어려움은 당연하다.

바) 큰 수를 다룰 경우에는 비비례 모델도 함께 활용한다. 십진 블록은 비례모델로 큰 수를 나타내는 부피도 크다. 일반적으로 천까지의 모형만이 제작되어 활용되고 있다. 그 이상의 단위는 부피가 매우 크고 보관, 활용에 어려움이 있다. 그러므로 수의 십진 개념 이해가 충분히 형성되었을 경우 큰 수를 다루어야 할 때는 비비례 모델을 활용이 효과적이다.

사) 연산의 성질을 발견하고 알고리즘을 발명할 수 있게 한다. 연산에 대한 유일한 알고리즘이 존재하는 것이 아니라는 사실을 바탕으로 십진블록 조작 활동을 반성하고, 스스로 알고리즘을 발명하며, 이때 충분한 허용과 지원이 제공되어야 한다.

아) 연산 알고리즘을 찾은 후 연산 알고리즘을 동료들에게 설명하여 이해 정도를 확고히 하고 서로의 의견을 공유함으로써 다양한 알고리즘을 경험하도록 한다.

2) 십진분수의 지도

교육과정에서 소수는 분수를 통하여 도입하기에 십진블록을 이용한 분수지도는 매우 중요하다. 즉, 3학년에서 '분수와 소수'는 분수를 지도하고 $\frac{1}{10}$=0.1라고 약속하여 소수의 도입은 분수를 통하여 지도하는 전이학습을 위해서 십진분수의 충분한 지도가 필요하다. 십진블록을 사용할 때는 소수아래 자리값에 따라 기준이 서로 다르게 활용되도록 한다. 예컨대 10개가 모인 십진막대는 기준이 1일 때 단위막대가 $\frac{1}{10}$, 100판 블록은 단위막대가 $\frac{1}{100}$, 1000을 나타내는 입체는 단위막대가 $\frac{1}{1000}$임을 알고 지도한다.

♣ 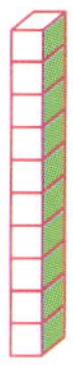 1입니다. 색칠한 부분을 분수로 나타내시오. 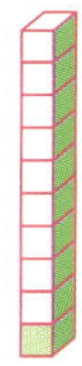 ($\frac{1}{10}$)

♣ 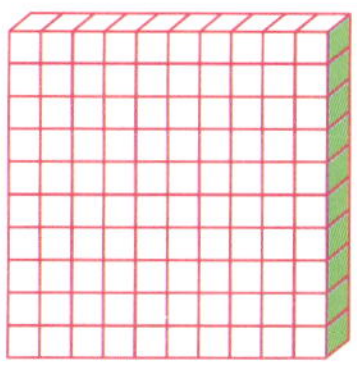 (판)에 막대 한 개를 색칠하고 그것을 분수로 나타내 보시오.($\frac{1}{10}$)

일의 개수를 세어 분수로 나타내 보시오 ($\frac{10}{100}$)

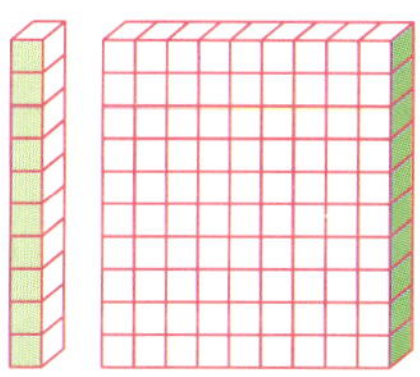

$\frac{1}{10}=\frac{10}{100}$

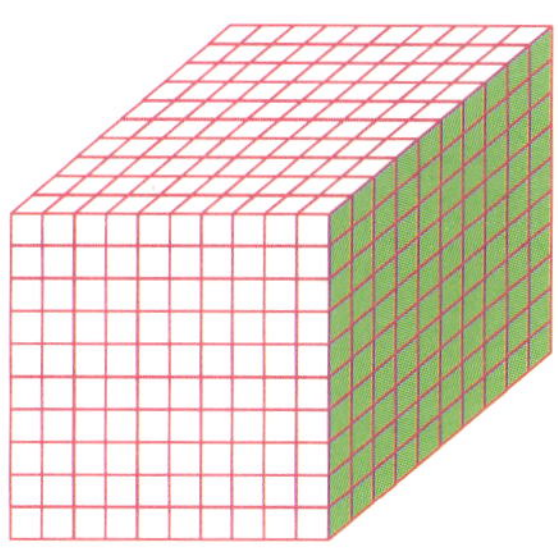 (입체)에 판 1개를 색칠하고 분수로 나타내시오.($\frac{1}{10}$)

• 막대의 개수를 세어 분수로 나타내시오. ($\frac{10}{100}$)

• 낱개의 개수를 세어 분수로 나타내시오 ($\frac{100}{1000}$)

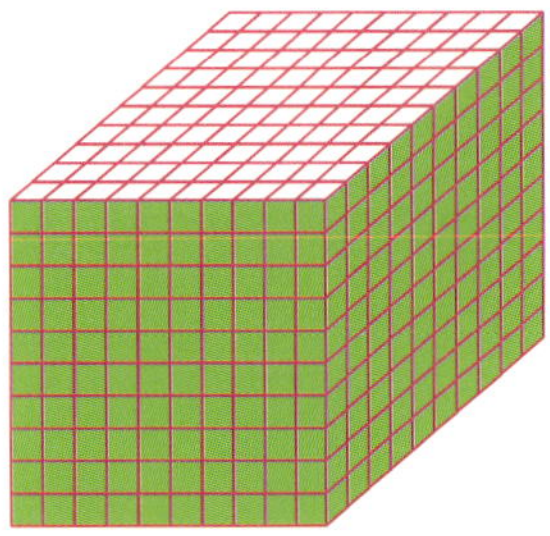

$(\frac{1}{10}=\frac{10}{100}=\frac{100}{1000})$

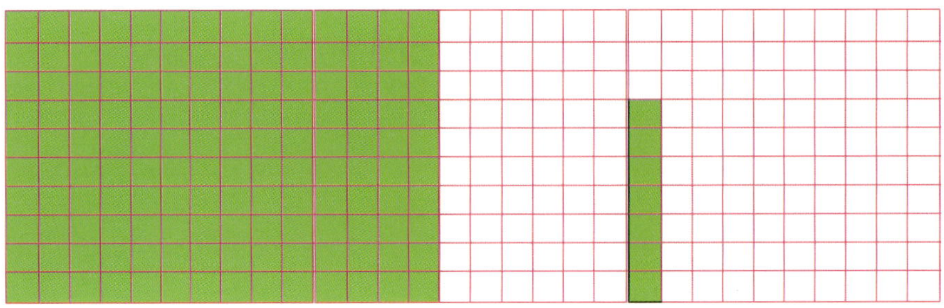

1 0.4 0.07

소수의 크기는 십진블록을 통해서 나타낼 수 있다. 그림처럼 십진블록 100개로 소수 첫째 자리 수와 소수 둘째 자리 수를 나타내기에 이용한다. 예를 들어, 십진블록 100개에서 0.4를 나타낸 것이 0.07을 나타낸 것보다 많기 때문에 0.4>0.07의 사실을 직관적으로 확인할 수 있다.

바. 활용 web site

- http://nlvm.usu.edu/

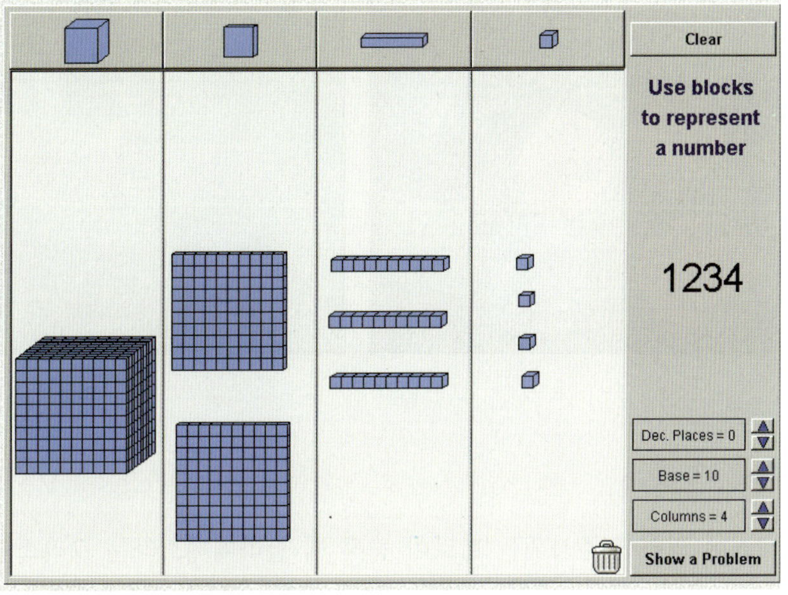

3.4 주사위 (Dice)

가. 유래와 배경

소포클레스에 의하면 주사위는 트로이 공격 때 팔라메데스라는 그리스인에 의해 만들어졌거나 헤로도토스는 아티스 왕 시대의 리디아인이 만들었다고 주장하였다. 그러나 2가지 주장은 오래 전부터 주사위가 사용되었다는 많은 고고학적인 증거들에 의해 믿을 수 없는 것으로 판명되었다. 주사위는 원래 원시인들이 미래를 점치는 데 사용한 신비한 도구로 처음에는 각 면에 표시한 4면체의 너클본(양의 발목뼈)이었을 것으로 추측하고 있다. 북아메리카 인디언, 아스텍과 마야, 남태평양 섬주민들, 에스키모, 아프리카인들과 같은 초기 문명인들은 여러 가지 재료로 만든 괴상한 문양의 주사위로 내기를 했다. 자두나 복숭아씨와 같은 열매의 씨나 물소와 순록, 큰사슴의 뼈, 사슴뿔, 조약놀, 도기, 호두껍질, 해리와 마모트의 이빨 등이 주사위의 재료로 사용되기도 하였다. 그리스·로마 시대의 후반기에는 대부분의 주사위가 뼈와 상아로 만들어졌지만 청동, 마노, 수정, 얼룩마노, 흑옥, 설화석고, 대리석, 호박, 자기 등의 재료를 사용하기도 하였다.

현대의 주사위와 비슷한 모양은 B.C. 600년경 중국에서 발견되었고, B.C. 2000년경의 이집트 무덤에서도 발굴되었다. 주사위에 대한 인도의 최초 기록은 2000년 전

보다도 훨씬 이전이다. 고대 산스크리트로 된 서사시 <마하바라타 Mahbhrata>에 의하면 다양한 도안이 새겨진 피라미드 모양의 4·5·8면체 주사위가 사용되었다고 한다. 이는 인류가 사용한 가장 오래된 놀이도구로 수없이 많은 주사위 놀이가 과거부터 사용되어 온 것으로 보여 진다. 수백 가지에 이르는 주사위를 이용한 서양의 말판 놀이에서 2개 또는 그 이상의 주사위로 행마를 결정하기도 했다. 현대의 주사위는 거의 모두가 셀룰로오스나 그 밖의 플라스틱 재료로 만들어지고 있다. 주사위에는 완전한 것과 불완전한 것의 2종류가 있다. 완전한 주사위는 '카지노 주사위'라 하여 손으로 만들며 0.0013㎝의 오차만 허용되는 것으로 대부분 카지노 도박판에서 크랩스를 하는 데 사용되며 모서리가 둥글다. 보통 주사위는 미국에서 '약방 주사위' (drugstore dice)라고 하여 기계로 대량생산되며 일반적인 주사위 놀이나 말판놀이에 사용된다.

속임수를 위해 특별히 고안된 주사위가 고대 이집트, 동양의 무덤, 남아메리카 및 북아메리카 선사시대 무덤 등에서 발견되었다. 완전한 정육면체가 아닌 이들 주사위는 정확한 수학적 확률이 적용되지 않으며 주사위의 형태만을 갖추었을 뿐이다. 이런 모양은 주로 정육면체에서 하나 이상의 면을 약간 더 깎아내 직육면체를 만들면 조금 더 넓은 면이 바닥에 닿을 때 주사위가 멈추는 확률이 높아진다는 원리를 이용한 것이다. 이런 형태들이 주사위 속임수의 가장 보편적인 것이다. 캘리퍼스로 측정된 납을 박아 넣은 주사위는 완전한 주사위로 증명되지만, 한쪽 표면의 바로 밑에 붙어 있는 여분의 납 무게는 그 반대 면을 위로 오게 만드는 작용을 한다. 하나 이상의 면이 각각 그 반대 면과 숫자가 중복되어 특정 숫자들이 빠져 있는 주사위는, 특정 숫자들은 불규칙한 빈도로 나오는 반면 또 다른 특정 숫자들은 결코 나오지 않는다. 예를 들면 3-4-5, 1-5-6의 점들이 각기 반대 면에서 중복을 이룬 2개의 주사위를 던졌을 때 그 합은 결코 2, 3, 7이나 12가 될 수 없는데, 이들 숫자들은 크랩스 게임에서 질 수밖에 없는 수들이다. '탑스 앤드 바텀스'(tops and bottoms)로 불리는 이런 주사위는 대개 능란한 도박꾼만이 이용하는데, 그들은 간단한 손놀림으로 실제도박에서 사용한다. 한 번에 입방체의 삼면 이상을 볼 수 없기

때문에 경험이 없는 초심자들이 탑스 앤드 바텀스를 간파하기는 쉽지 않다.[10]

이집트 왕조시대(B.C. 3400 ~ B.C. 1150)에 현재의 것과 똑같은 것이 있었고 이것이 그리스, 로마, 지중해 연안지방으로 전래되었다. B.C 49년에 J.카이사르가 "주사위는 던져졌다"고 선언하고서 루비콘강을 건너 로마로 진격했다는 고사는 널리 알려진 이야기이다. 후일 유럽에서는 17세기경부터 매우 복잡한 주사위게임이 보급되었으며, 이어 미국을 비롯한 세계 각국으로 퍼졌다. 동양에서 주사위가 역사 시대 이전부터 쓰였다는 사실은 고대 묘의 발굴을 통해 증명되었고, 따라서 주사위의 기원은 아시아인 것으로 추정된다. 베다[11]의 일종인 리그베다에서 주사위 놀이는 인도의 놀이 가운데 하나로 언급되었다.

인도의 인더스 문명기의 것으로 추정되는 주사위가 발견되었는데, 1의 대면 2, 3의 대면이 4, 5의 대면이 6으로 되어 있다. 중국에서는 일찍이 육각기둥 모양의 나무조각의 각면에 문자를 새겨 이것을 굴려 신의를 점쳤다. 수·당 나라 때에는 현재의 것과 같은 주사위를 사용한 "쌍륙"이라는 놀이가 있었고, 현종이 양귀비와 둘이서 주사위를 써서 쌍륙을 즐겼다는 기록이 있다. 한편 다이스는 한국의 주사위와 비슷하다. 그 기원은 여러 설이 있으나 정설은 없는데, B.C 2000년의 이집트 묘석에서도 다이스에 관한 글을 볼 수 있고, B.C 1000년경 인도 최고의 종교문학 '리그베다'에도 다이스의 내용이 있는 것으로 보아 세계 각국에서 옛날부터 사용되었던 것만은 확실하다.

유럽에서는 17세기경부터 주사위 게임이 성행했을 당시 활약했던 문호 셰익스피어도 7개의 희곡에서 13곳에 주사위 장면을 쓰고 있는 점을 보아서도 알 수 있다. 주사위 게임은 세계 각국에서 수많은 종류가 고안되었는데, 이와 같이 널리 애호되

10) http://enc.daum.net/dic100/viewContents.do?&m=all&articleID=b19j3519b#T1

11) 베다(veda : 아리아 인들이 가장 소중한 재산을 인도로 가져온 것. 베다는 '알다'(vida j āne), '존재하다'(vida sattāyaṃ), '숙고하다'(vida vicārane), '얻다'(vidḷ lābhe), '의식하다, 천명하다, 거주하다'(vida cetanākhyānanivāseṣu) 등의 의미를 담은 성전. 인류 최초의 문학적 성전. 라그베다: 신을 제단으로 청하는 권청승(勸請僧)의 찬가를 모은 것이다. 찬가는 그들이 새로운 땅에서 다른 신들을 섬기는 수 많은 사람들을 대면했을 때 자기의 것을 잘 간직하기 위해 베다를 집설

고 있는 원인은 그 우연성과 즉결성이 도박이라는 것과 직결되어 있기 때문이다.

수학학습에서 주사위는 첫째, 쉽게 구할 수 있는 자료로 친숙하여 활용이 쉽다. 둘째, 게임 등 활동 자료로 수 카드와 함께 많이 쓰이는 자료이다. 사용 가능한 주사위는 정육면체 주사위이나 고학년은 정십이면체 주사위도 좋으며, 주사위의 각 면을 자연수가 아닌 다른 것(그림카드, 도형, 소수, 분수, 사칙연산 등)을 붙여 다양한 활동에 적용할 수도 있다.[12)]

중국에서는 샤이쯔[色子]라 하고, 유럽에서는 다이스라 한다. 정육면체로서 각 면에는 1~6까지의 구멍점이 있으며 한 면의 가로·세로는 각 1cm가 보통이나, 여러 가지의 크기가 있다. 우리나라에서는 고려시대에 이런 놀이가 있었다고 하나, 놀이방식은 알 수가 없고, 조선 전기에 부녀자들이 주사위를 던져 숫자 맞히기 등 놀이를 하였다고 한다. 1525년(중종 20) 형조판서를 지낸 조계상이 승지를 지낸 이세정과 자주 만났는데, 그들은 이따금 쌍륙을 즐겼다고 하며, 한번 시작하면 밤늦게까지 놀았다고 전해지고 있다.

〈木製酒令具〉

1975년 경주 안압지 바닥에는 신라인의 풍류를 엿보게 해주는 흥미로운 생활유물이 한 점 출토됐다. 참나무로 만든 14면체 주사위. 사각형 육면, 육각형 팔면에 음각된 글귀는 그 용도를 나타내고 있다. 사각형면(해설: 아래 참고)에는 飮盡大笑, 三盞一去, 自唱自飮, 禁聲作舞, 衆人打鼻, 有犯空過라는 글이 새겨져 있다. 육각형면(해설: 아래 참고)도 醜物莫放, 兩盞則放, 任意請歌, 曲臂則盡, 弄面孔過, 自唱怪來晩, 月鏡一曲, 空詠詩過 등이 적혀 있다. 이를 보면 주사위는 술자리에서 여흥을 돋우기 위해 나오는 면의 글자대로 따라하는 음주풍류를 위한 놀이도구였음을 보여주고 있다. 안압지는 통일신라 왕실의 대표적인 정원이다. 임해전 등 왕자가 거처하던 동궁 관련 시설이 있었던 곳이기도 하다. 연

12) http://100.naver.com/100.nhn?docid=236286
http://enc.daum.net/dic100/viewContents.do?&m=all&articleID=b19j3519b

못 주변의 정자에서는 왕이 외국사신이나 신하들과 더불어 연회를 베풀었음을 쉽게 짐작할 수 있다. 술에 취하면 왕도 주사위 놀이에 따라 지목한 노래 한가락, 춤 한가락을 청했을 것이기 때문이다. 안압지 주사위는 신라의 풍류문화, 공동체 문화를 엿볼 수 있는 매우 귀중한 역사적 유물임에 틀림없다. 안압지는 경상북도 경주시 인왕동 소재 동궁에 속한 연못이다. <삼국사기> 문무왕 14년 2월조에 의하면 "궁 안에 연못을 파고 산을 만들어 화초를 심고 진기한 새와 짐승을 길렀다."고 하여 나진 남북국시대를 전후로 조성하기 시작하여 674년(문무왕14)에 완성하였다. 1975년 3월부터 1986년 12월까지 연못과 주변 건물지를 발굴조사 하였다. 이때 석축호 안으로 둘러싸인 연못과 3개의 섬, 그리고 연못 서쪽의 호안변에서 5개의 건물지와 서쪽, 남쪽으로 연결되는 건물지들이 밝혀졌다. 그리고 연못 안팎에서 출토된 완형 유물만도 1만 5023점에 달한다. 가장 많이 출토된 와전류는 지금까지 알려지지 않았던 형태의 특수기와와 기년명이 있는 보상화문전이 발견되어 문헌의 기록과 일치함을 확인하였고 신라 와전류 문양편년에 결정적인 자료를 제공해 주었다. 토기류도 신라시대의 실제 생활에 사용되었던 생활용구들이 출토되었으며, 금동 불상을 비롯한 금동 제품과 목조건물의 부재 및 장신구·주사위·목간 등이 출토되었다. 출토 유물의 시대를 미루어보아 10세기경까지는 왕실의 비호를 받으면서 존속되었던 것으로 추정하고 있다.

참고

<목제주령구(木製酒令具)>

안압지에서 출토된 것으로 kbs 역사스페셜에 소개되었다. 1975년 경주 안압지 연못 바닥에서 발견되어 높이 4.8 cm로 사진(133쪽)과 같은 물체로 정사각형이 6면, 삼각형에 가까운 육각형 면이 6개 총 14면체로 굴릴 수 있도록 나무로 제조되었다. 각 면에는 술을 흥미롭게 마실 수 있도록 벌칙이 한문 해서체로 분명하게 기록되어 있어 여럿이 술 마실 때 유흥의 기구로 사용하던 술을 마시게 하는

놀이기구로 추측된다.(안압지발굴조사보고서 1978, pp.407~409) 이것은 영구 보존을 위해 처리하던 중 화재로 인해 안타깝게도 소실되었고, 그 사진을 토대로 모조품을 만들어 현재 경주 박물관에 소장되어 있다.

※ 4각형에 기록된 여섯 면의 의미

- 금성작무(禁聲作舞) 소리 내지 않고 춤추기
- 중인타비(衆人打鼻) 여러 사람 코 잡고 퉁기기
- 음진대소(飮盡大笑) 술을 다 마시고 바로 크게 웃기
- 삼잔일거(三盞一去) 한 번에 술 석 잔 마시기
- 유범공과(有犯空過) 괴롭혀도 가만히 있기
- 자창자음(自唱自飮) 스스로 부르고, 스스로 마시기

※ 6각형에 기록된 여덟 면의 의미

- 곡비즉진(曲臂則盡) 팔을 뒤로 구부리고 술 다 마시기.
- 농면공과(弄面孔過) 얼굴 간질러도 꼼짝 안기
- 임의청가(任意請歌) 누구에게나 마음대로 노래시키기
- 월경일곡(月鏡一曲) 월경 한 곡조 부르기
- 공영시과(空詠詩過) 시를 읊으면 그냥 지나가기
- 양잔즉방(兩盞則放) 술 두잔 마시고 해방되기
- 추물막방(醜物莫放) 더러운 물건을 버리지 않기
- 자창괴래만(自唱怪來晩) 스스로 괴래만을 부르기

〈윤목(輪木)[13]〉

윤목은 승경놀이에 사용하여서 승경도(陞卿圖)알 이라고도 하는데 박달나무로 깎아서 승경도놀이를 할 때에 쓰는 기구로 길이 16cm 정도로 다섯개의 면(面)마다 끗수를 표시하였다. 이 윷은 종경도놀이에 사용하는 윷 또는 주사위라고 할 수 있다. 이것은 윤목, 종경도알이라고 하고 종경도는 벼슬살이하는 도표라는 뜻이다. 승경도(陞卿圖)·승정도(陞政圖)·종정도(從政圖)라고도 한다. 이 유물은 나무를 오각형으로 깎고 모서리마다 눈금으로 1, 2, 3, 4, 5를 표시하였다. 윤목은 대체로 손아귀에 찰 정도의 굵기로 만들었다. 길이는 한 뼘, 굵기는 3㎝정도이다. 종경도놀이는 윤목과 함께 종경도판과 각 색의 말이 있다. 이 놀이는 주로 양반집의 아이들이 즐겼으며 이는 자녀들에게 어릴 때부터 관직에 대한 체계적인 관념을 가르쳐 주기 위한 것이었다. 이 놀이는 4~8명이 적당하며, 두 패로 갈라서 논다. 이들은 순서에 따라 종경도알, 즉 윤목을 두 번씩 땅이나 자리에 던져서 출신을 정한다. 첫 번째 굴린 것은 출신을 크게 구별하데, 문과출신, 무과출신, 은일(隱逸)출신, 남행(南行)출신, 군졸(軍卒)출신으로 나눈다. 두 번째 굴린 것은 문·무과 과거 중에서 증광과(增廣科), 식년과(式年科) 등으로, 군졸도 갑사(甲士), 정병(正兵)으로 나눈다. 다음으로 두 번째부터는 윗면에 나타난 수에 따라 말을 움직이는데 자기 출신의 칸에서 벼슬자리를 시작하여 누가 가장 빨리 높은 자리에 올라가느냐에 따라 승패가 결정된다.

13) • 유사·관련 용어: 윤목, 윷, 주사위, 종경도알, 승경도, 종정도, 종경도, 승정도, 종경도놀이·한국의 민속놀이(김광언, 인하대학교출판부, 1982), 전통놀이모음집(문화체육부, 1991), 한국의 풍속(문화재관리국,1970), 조선의 민속놀이(문화출판사, 1964), 우리나라 민속놀이(심우성, 동문선, 1996), 한국민속놀이의 연구(최상수, 성문각, 1985), 한국민족대백과사전-승경도놀이-(한국정신문화연구원, 1991)
• 사진자료: 온양민속박물관도록(온양민속박물관, 1983), 전통놀이모음집(문화체육부, 1991)

이 윤목은 은진송씨(恩津宋氏) 늑천(동춘당 송준길의 현손)가 집안에 전해 내려오는 것으로 육면체에 각각 덕(德)·문(文)·무(武)·훈(勳)·연(軟)·탐(貪)이라고 쓰여 있다. 대개 덕과 문은 올라가고, 연과 탐은 내려가는 것이라고 볼 수 있다. 이 중 재와 덕은 올라가고, 연과 탐이 나오면 파직되어 그만두어야 한다고 한다.

나. 주사위와 초등 수학교육

표준주사위의 각 면은 1~6개의 작은 점이 표시되어 각 면의 점들은 반대편 면의 점과 합하여 1-6, 2-5, 3-4와 같이 항상 7이 된다. 주사위의 6개 점들의 조합이 게임에서 수학적 확률을 결정한다. 수학학습에서 주사위는 덧셈과 뺄셈, 자리 값과 순서, 확률의 개념 등의 지도에 도움을 줄 수 있다. 이것은 주사위가 기호를 직접적으로 사용하여 수학적 개념 표현보다는 단지 시각적으로 표현된 점의 개수로 표현된다는 점에서 효과적이다. 다음은 초등수학에서 학생들과 함께 할 수 있는 주사위 게임이다.

1) 큰 합을 만드는 (세 자리 수)+(세 자리 수) 만들기 게임

[준비물] 0~9적힌 10면체 주사위 1개

게임 방법

① 두 사람이 함께 하는 게임이다.
② 10면체 주사위를 굴려서 나온 수를 게임판에 적는다.
③ 한 칸에 하나의 수만을 적을 수 있고, 그것을 옮길 수 없다.
④ 빈 칸이 모두 채워질 때까지 교대로 10면체 주사위를 던진다.
⑤ 두 수의 합이 가장 큰 사람이 이긴다.

□□□　　　□□□
+ □□□　　+ □□□

2) 공정함 게임 만들기

게임 방법

① 2명이 함께 하는 게임이다.
② 가위바위보로 짝수 경기자와 홀수 경기자를 결정한다.
③ 8면체 주사위 2개를 던져 나온 두 수의 곱을 게임판에 ○표 한다.
④ 게임판 하나에 ○표가 채울 때 까지 게임을 계속한다.
⑤ 짝수 경기자는 게임판의 짝수에 있는 ○의 개수가 점수가 되고 홀수경기자는 홀수에 있는 ○의 개수가 점수가 된다.
⑥ 점수가 높은 사람이 이긴다.

(1) 이 게임은 공정합니까? 공정한 게임이 아니라면 왜 아닌지 설명해 보시오.

(2) 여러분들이 공정한 게임을 만든다면 어떻게 만들겠습니까? 친구들과 토의하여 공정한 게임을 만들고 만든 방법대로 게임을 해 보시오.

게 임 판

1			
64			

1			
64			

3) 수 지우기 게임

[준비물] 1~8이 적힌 8면체주사위 1개, 1~6이 적힌 주사위 1개

게임 방법

① 2명이 함께 하는 게임이다.
② 순서를 정한 후 8면체 주사위와 6면체 주사위를 던져 나온 눈의 수의 합을 구한다.
③ 합이나 더해서 그 합이 되는 다른 수를 게임판에서 X로 지워간다.
④ 어떤 수를 X로 지울 수 없을 때까지 주사위를 번갈아가며 던진다. 어떤 수를 지울 수 없는 합이 나오면 더 이상 주사위를 던질 수 없다. 상대방도 던질 수 없을 때까지 계속한다.
⑤ X로 지운 수의 합이 얻은 점수이다.
⑥ 이 게임을 여러 번 하여 점수의 합이 큰 사람이 이긴다.

예) 주사위 눈이 2, 4가 나왔을 경우 다음 중에 하나를 선택하여 지울 수 있다.

①	1	2	3	4	5	~~6~~	7	8	9
②	~~1~~	2	3	4	~~5~~	6	7	8	9
③	1	~~2~~	3	4	5	~~6~~	7	8	9
④	~~1~~	~~2~~	~~3~~	4	5	6	7	8	9

지우기 게임판

1	2	3	4	5	6	7	8	9	10	11	12	13	14

1	2	3	4	5	6	7	8	9	10	11	12	13	14

(1) 이 게임에서 이길 수 있는 전략이 있다면 설명해 보시오.

(2) 14개의 모든 숫자들을 지우기 위해서는 최소한 주사위를 몇 번 던져야 합니까? 그 이유는 무엇입니까?

(3) 하은이는 이 게임에서 가장 낮은 점수를 얻었다고 합니다. 하은이가 얻은 점수는 몇 점이고 어떤 경우에 이 점수가 가능하지 설명해 보시오.

4) 숫자 볼링 게임

[준비물] 0~9가 적힌 10면체 주사위 3개

게임 방법

① 두 팀 또는 세 팀으로 나누고 순서를 정한다.

② 10면체 주사위 3개를 던져서 나온 수와 덧셈, 뺄셈, 곱셈, 나눗셈을 이용하여 1에서 10까지의 수가 적힌 볼링핀을 쓰러뜨리는 게임이다.

③ 모두 쓰러뜨린 스트라이크가 되면 20점을 얻고 다음 팀으로 차례가 간다.

④ 스트라이크가 아니면 주사위 3개를 한 번 더 던진다. 남은 핀을 모두 쓰러뜨리면 스페어 처리를 하였으므로 첫째 번 쓰러뜨린 핀의 개수의 2배에 스페어 처리한 핀의 개수를 더한 것이 점수가 된다.

[예] 첫 번째 던졌을 때 7개의 핀을 쓰러뜨리고 둘째번에 남은 3개를 쓰러뜨리면 7+7+3=17(점)

⑤ 모두 쓰러뜨리지 못하면 쓰러뜨린 핀의 개수가 점수가 된다.

⑥ 점수가 높은 사람이 이기는 놀이이다.

회 / 팀	1	2	3	4	5	6	합계

5) 목표수 만들기 게임

게임 방법

① 2-3명이 한 모둠을 이루고 개인/모둠 게임을 한다.

② 5개의 정다면체 주사위(4, 6, 8, 12, 20면체)와 10면체 주사위, 그리고 2개의 연산 주사위(+/- 주사위, ×/÷ 주사위)를 함께 던진다.

③ 정20면체 주사위에 나온 수들을 목표수로 정한다.

④ 5개의 수와 2개의 연산 부호만 모두 사용하여 목표 수에 가장 가까운 값을 만든 사람이 그 판의 승자이다.

⑤ 각 회에서 자신이 만든 점수와 목표수와의 차를 그 회에서 개인 점수로 정한다.

⑥ 정해진 횟수의 경기를 마친 후 가장 낮은 점수를 얻은 사람이 이긴다.

⑦ 모둠별 개인 점수를 합산하여 모둠별 점수로 비교하여 가장 낮은 점수를 얻은 모둠이 팀이 이긴다.

[예]

정20면체 주사위(목표 수)	다른 주사위들의 눈	연산 주사위	등식	차
10	2, 3, 4, 4, 8	+, ÷	(32+8)÷4 + 4 = 14	4
7	1, 3, 9, 10, 12	−, ×	(12−9)×(13−10)−3=6	1

목표하는 수를 만들자!

게임 회수	정20면체 주사위 (목표 수)	다른 주사위들의 눈	연산 주사위	등식	차
1					
2					
3					
			총점		

(1) 주사위를 던져 가장 자주 나온 수는 어떤 수입니까? 왜 그런 수들이 자주 나오는지 이유를 설명해 보시오.

(2) 주사위를 던져 가장 적게 나올 가능성이 있는 수들은 어떤 수들입니까?

(3) 어떤 수가 나오면 가장 유리합니까? 왜 그렇게 생각합니까?

6) 수 사다리 게임

게임 방법

① 두 사람이 함께 하는 게임이다.
② 사면체 주사위 1개와 육면체 주사위 1개를 동시에 던져 나온 수로 두 개의 소수(□.□)를 만든다.
③ 수 사다리칸 안에 만든 두 소수를 적는다. 한 번 적은 수는 다른 칸으로 옮길 수 없다.
④ 수 사다리의 꼭대기에서 아래쪽으로 가장 큰 수부터 가장 작은 수를 써 넣은 사람이 이긴다.
⑤ 순서를 정해서 교대로 한다.
⑥ 만든 두 수를 순서에 맞게 쓸 곳이 없으면 이 게임에서 지게 된다.

[예] 첫 번째 3, 4	두 번째 2, 5	세 번째 3, 2
	5.2	5.2
4.3	4.3	4.3
3.4	3.4	3.4
	2.5	2.5
		2.3

※ 세 번째 3과 2가 나왔을 때 3.2를 쓸 곳이 없어 더 이상 게임을 할 수 없다.

게 임 판

7) 경우의 수 게임

게임 방법

① 빙고 게임판에 1부터 36까지의 숫자 중에 적당한 수를 찾아서 서 넣는다. 단 하나의 숫자는 2개까지 쓸 수 있다.
② 돌아가면서 6면체 주사위 2개를 던져 나온 두 주사위의 눈의 수를 곱해서 그 수가 적힌 칸에 색칠한다. 단 한 번에 한 개의 칸만 색칠할 수 있다.
③ 가로, 세로, 대각선으로 다섯 칸에 모두 색칠이 되면 "빙고!"를 외친다. 먼저 외친 사람이 이긴다.

빙고 게임판

※ 빙고게임에서 이길 가능성을 높이려면 어떤 수를 어디에 적어야 하는지 적어 보시오.

※ 주사위 생성기

- 주사위를 실물을 사용하지 않고, 플래쉬를 이용하여 결과를 도출할 수 있는 프로그램이다.
- http://doum.kenay.go.kr/bbs/files/an_e3_bbs/수학_2.swf
- http://www.educakorea.co.kr/shop/lvDisplay.phtml?pcode=940&chkNum=064&vpage=12

다. 활용 web site

- 강문봉 외(1999). 「초등 수학 학습지도의 이해」. 양서원
- 김상룡(2001).구체적 조작을 통한 의사소통의 실제, 대구교육대학교 논문집 제 36집, pp.63-81.
- 배종수(1999). 「제 7차 교육과정을 중심으로 초등수학교육 내용지도법」. 경문사
- http://down.edunet4u.net/KEDLAA/08/A5/1/KERIS_BIZ_1A5108NB41A.swf
- http://down.edunet4u.net/KEDLAA/08/A5/1/KERIS_BIZ_1A5108NB42A.swf
- http://down.edunet4u.net/KEDLAA/08/A5/1/KERIS_BIZ_1A5108NB59A.swf
- http://down.edunet4u.net/KEDLAA/08/A3/1/KERIS03_A31089m05M.swf
- http://ipcp.edunet4u.net/~stu1/math/m11_51.htm
- http://100.naver.com/100.nhn?docid=236286
- http://enc.daum.net/dic100/viewContents.do?&m=all&articleID=b19j3519b
- http://www.jobong.es.kr/technote/read.cgi?board=c1111&y_number=33
- http://blog.naver.com/choix/80022063901
- http://www.tgedu.net/qna/content.asp?gu=qna0168&pid=9949&gotopage=1&block=&mfield=&find= (대구 에듀넷)
- http://science.dnue.ac.kr/02pds_6.php?mode=read&number=37&start=0&word=&type=&gg=0
- http://blog.naver.com/surya74/80003449632 (주령구에 관한 사항들)
- http://ict.donggwang-j.es.kr/view.asp?boardNo=193&categoryNo=0301050501 (형성평가지)
- http://www.lunedejournee.info/tag/%EC%A3%BC%EC%82%AC%EC%9C%84(낮달)
- http://krdic.naver.com/search.nhn?query_euckr=%BD%C2%B0%E6%B5%B5%BE%CB
- http://ko.wikipedia.org/wiki/%EC%8A%B9%EA%B2%BD%EB%8F%84_%EB%86%80%EC%9D%B4(위키 백과)
- http://ko.wikipedia.org/wiki/%EC%A0%95%EB%8B%A4%EB%A9%B4%EC%B2%B4

3.5 소마큐브(Soma cube)

가. 유래와 배경

1) 소마큐브(Soma cube)

소마큐브의 창시자는 덴마크 출신의 작가인 피에트 하인(Piet Hein)이다. 그는 1936년 어느 날 양자 물리학 강의를 듣던 중에 이 퍼즐을 고안하였다고 한다. 이 강의는 공간이 어떻게 정육면체들로 잘게 잘려질 수 있는가에 관한 것이었는데, 그 때 피에트의 간단한 이론은 "크기가 서로 같고 면이 서로 접하는 큐브 4개 이하로 조합된 불규칙한 모양들로 조금 더 커다란 정육면체를 만들 수 있다."는 것이다. 그는 소마큐브를 이루는 7개의 조각을 만들었고 이로부터 여러 가지 다양한 모양의 구조물을 만들기 시작했다. 이에 피에트와 그의 동료들은 몇 개의 조각들로 모양을 만드는 행동들이 매우 재미있고 심지어는 중독되기까지 한다는 것을 알게 되었다. 수년 후에 소마큐브는 대량으로 생산되었다. 그것은 대단한 명성을 얻었고 사람들은 좀 더 다양한 형태의 모양을 창안해 줄 것을 원했고 그들이 만든 것들을 내보이고 싶어 했다. 또한 창작 입체물이 있는 54페이지 분량의 매뉴얼을 만들었다. 얼마 후에 파커 브라더즈 회사에서 "소마 중독(The Soma addict)"이라는 간행물을 발간하여 무료로 배포하였다. 이 간행물은 새로운 모양의 퍼즐을 제시함으로써 사람들에게 생각할 것들을 제공했을 뿐 아니라 어떤 퍼즐은 해결이 가능하고 어떤 것은 불가능한지를 보여 주는 증거 자료를 제시하였다. 매뉴얼과 간행물에 있는 몇 개의 퍼즐들은 생각할 기회를 주기 위해 공란으로 비워 두는 기법을 쓰기도 하였다.

2) 소마라는 이름의 유래

"소마"라는 이름은 미래사회를 묘사한 Aldous Huxly의 소설 "용감한 신세계(Brave New World)"에서 인용한 것이다. 소마는 그 세계의 정착민들이 한가할 때나 기분이 좋지 않을 때 사용했던 중독적인 마약이었다. 현실에서의 소마는 바쁘거나 일상생활에 얽매여 있을 때도 우리들의 시간을 할애하게 하는 중독적인 퍼즐이 되었다. 단순한 7가지의 조각으로 많은 형태를 만들어 낼 수 있고, 좀 더 많은 큐브들로는 백만 가지 이상의 조합이 가능하다는 것에 매력이 있다.[14)]

소마큐브를 구성하는 7개의 작은 정육면체들의 개수는 모두 27개인데, 그 수는 3×3×3 입체를 나타낸다. 소마큐브는 평면적 모형 4개와 입체적 모형 3개로 이루어진 7개의 입체조각이다. 다음은 4개의 정육면체로 이루어진 6조각의 입체 도형과 3개의 정육면체로 이루어진 1개의 입체 도형으로 모두 7개의 소마조각이다.

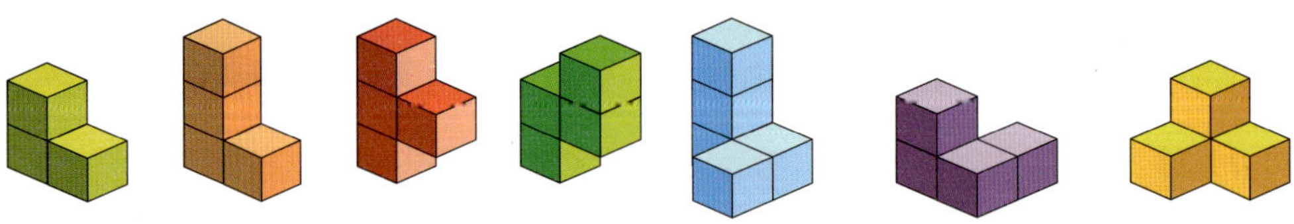

1 2 3 4 5 6 7

---

14) http://www.mathlove.co.kr/shop2/product_detail.php?pid=F0010
2-나 교사용 지도서, 6-가 교사용 지도서, 「개념잡는 초등수학사전」 저자 강미선의 신문기고 글

① 1번 조각은 가장 간단한 형태의 조각으로 정육면체 3개가 모여서 이루어졌다.
② 2번 조각은 4개의 정육면체로 이루어진 조각으로 1번 조각과 같은 형태의 조각이다.
③ 3번 조각은 4개의 정육면체로 이루어져 있다.
④ 4번 조각 4개의 정육면체로 좌 – 아래로 우 – 위로 두 블록을 차지하는 형태이다.
⑤ 5번과 6번 조각은 형태는 같으나 방향이 반대인 입체조각이다. 4번까지의 조각들이 평면적인 구조물이라면 5번부터는 입체적인 구조물이라고 할 수 있다.
⑥ 7번 조각은 나무 쌓기를 해놓은 형태이나 평면적으로 6번 조각과 유사하다

나. 소마큐브 만들기

1) 만드는 순서

소마큐브는 27개의 정육면체가 필요하다. 예컨데 우유팩으로 만들어 보자.
준비물 : 빈 우유팩, 칼, 자, 볼펜, 본드.

〈제작순서〉
1) 정육면체 27개가 필요하므로, 우유팩 54개를 깨끗이 씻어 말린다.
2) 가로, 세로, 높이가 모두 같은 정육면체로 만든다.
3) 윗부분이 뚫린 우유팩 두 개를 맞붙여 정육면체 한 개를 만든다.
4) 종이접기용 색종이(5cm 용)를 각 면에 붙이고 테두리를 종이테이프로 마무리한다.
5) 같은 방법으로 27개의 정육면체를 만들고 난 후, 아래와 같이 7조각을 만든다.
6) 7개 조각에 각각 번호를 붙인다.

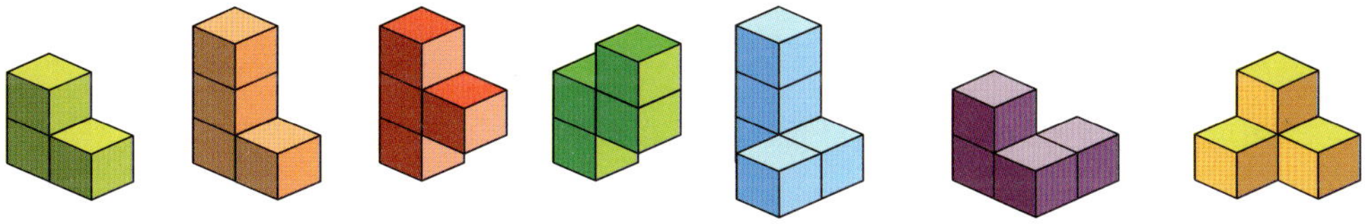

① ② ③ ④ ⑤ ⑥ ⑦

2) 주의사항

① 밑면은 너무 두꺼우므로, 풀로 붙이는 것은 가급적 피하도록 한다.

② 뚜껑이 열린 정육면체이므로 열린 부분이 서로 같은 곳을 향하게 한다. 그것이 맞추기도 편하고 단단하게 만들 수 있다.[15]

다. 활용의 실제

소마큐브를 통하여 공간 지각력과 문제해결능력, 창의적 사고력, 기하학 도형의 이해, 논리적 사고력, 융통성, 수학적 사고력 등을 기를 수 있다. 실제로 소마큐브는 소마큐브의 겉넓이와 부피 구하기, 소마큐브의 전개도 그리기, 전개도를 그려봄으로써 공간감각 기르기, 소마큐브를 이용하여 수와 도형이 갖는 일정한 규칙 찾기 등 매우 다양하게 활용될 수 있다. 초등학교에서는 쌓기 나무의 학습 후 심화보충학습으로 이어갈 수 있도록 구성되어 있다. 즉, 쌓기 나무로 모양 만들기, 만들어진 모양에 사용된 쌓기 나무 개수 및 규칙성 찾기, 겉넓이 구하기, 단위부피의 개념이나 성질, 3차원적인 공간 감각 익히기, 구체적인 표현활동 등에 활용된다.

1) 여러 가지 모양 만들기

도형과 공간 사고는 수학교육에서 중요하다. 공간감각은 주위의 상황과 그 물체에 대한 직감의 일부로 공간감각을 기르기 위해서 물체의 위치와 모양을 이루는 물체의 개수 등에 초점을 둔 많은 경험을 해야 한다. 처음에는 3, 4, 5, 6개로 기본적인 모형들을 익히고 같은 모양을 똑같이 쌓아본다. 다음에 규칙성과 개수, 위·앞·옆에서 본 모양을 고려하며 여러 가지 모양을 만드는 활동을 한다.

① 7개의 소마큐브 중에서 2개를 골라 다음과 같은 입체 도형을 만들어 보시오. 어떤 조각들을 사용하여 만들 수 있습니까?

---

15) http://user.chollian.net/~badang25/soma/soma.htm

② 어떤 조각을 사용한 것인지 예상해 보고 실제로 만들어 확인해 봅시다.

③ 7개의 소마큐브 중에서 3개를 골라 다음과 같은 입체 도형을 만들어 보시오. 어떤 조각들을 사용하여 만들 수 있습니까?

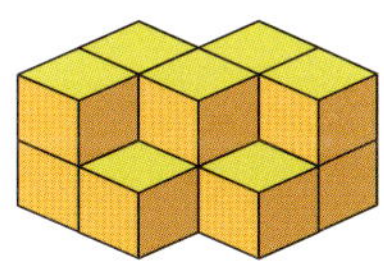

2) 겉넓이와 부피

- 직육면체와 정육면체의 모양을 자연스럽게 접할 수 있고 직육면체는 여섯 면이 합동인 세 쌍의 면으로 이루어져 겉넓이를 구할 때 서로 다른 직사각형의 넓이를 구하여 더하고, 더한 것을 2배하여 겉넓이를 구할 수 있음을 알게 할 수 있다.
- 정육면체는 모든 면이 합동이기에, 겉넓이는 한 면의 넓이를 6배하여 구할 수 있다.
- 소마큐브 조각을 이용하면 앞의 겉넓이뿐만 아니라 부피 또한 학습할 수 있다.

① 소마큐브의 각 조각들의 겉넓이와 부피를 구하시오.
(단, 소마큐브의 각 조각은 한 변의 길이가 1cm인 정육면체로 구성되어 있다.)

겉넓이 – (　　　)cm^2
부　피 – (　　　)cm^3

겉넓이 – (　　　)cm^2
부　피 – (　　　)cm^3

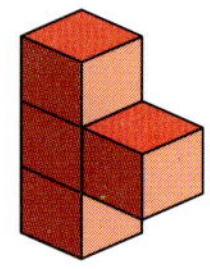

겉넓이 – (　　　)cm^2
부　피 – (　　　)cm^3

겉넓이 – (　　　)cm^2
부　피 – (　　　)cm^3

겉넓이 – (　　　)cm^2
부　피 – (　　　)cm^3

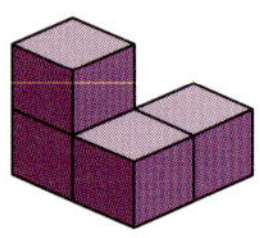

겉넓이 – (　　　)cm^2
부　피 – (　　　)cm^3

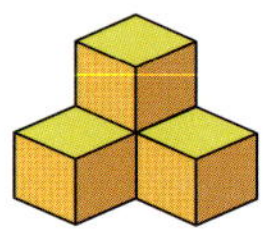

겉넓이 – (　　　)cm^2
부　피 – (　　　)cm^3

② 2번 소마조각과 4번 소마조각으로 여러 가지 입체도형을 만들어 보고, 다음 물음에 답해 봅시다.

• 한 면이 닿게 입체도형을 만들어 보고, 만든 입체도형의 부피와 겉넓이를 구하시오.

- 두 면이 닿게 입체도형을 만들어 보고, 만든 입체도형의 부피와 겉넓이를 구하시오.

- 세 면이 닿게 입체도형을 만들어 보고, 만든 입체도형의 부피와 겉넓이를 구하시오.

- 네 면이 닿게 입체도형을 만들어 보고, 만든 입체도형의 부피와 겉넓이를 구하시오. 실제

③ 1번 소마조각과 6번 소마조각으로 여러 가지 입체도형을 만들어 보고, 다음 물음에 답해 봅시다.

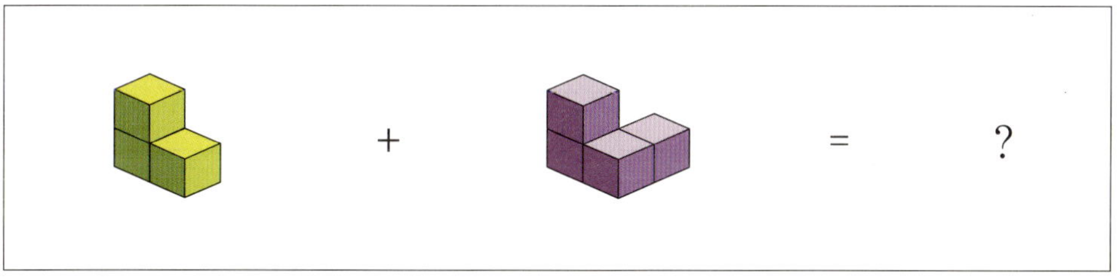

- 입체도형의 부피가 얼마인지 구하시오.

- 입체도형의 겉넓이가 가장 작을 때의 겉넓이는 얼마인지 구하시오.

- 입체도형의 겉넓이가 가장 클 때의 겉넓이는 얼마인지 구하시오.

④ 2개의 소마조각을 이용하여 부피가 8㎤이고, 겉넓이가 28㎠인 입체도형을 만들어 봅시다.

- 사용된 소마 조각은 무엇과 무엇인지 쓰시오.

• 만들어진 입체도형의 겨냥도를 그려 보시오.

3) 정육면체 만들기

① 소마큐브 조각을 모두 이용하여 3×3×3의 정육면체를 다양한 방법으로 만들어 봅시다.

• 조각 수에 관계없이 다양한 방법으로 육면체를 만들어 봅시다.

• 다음 그림과 같은 방법으로 정육면체를 만들어 보고, 빈칸에 소마큐브 조각의 번호를 적어 보시오.

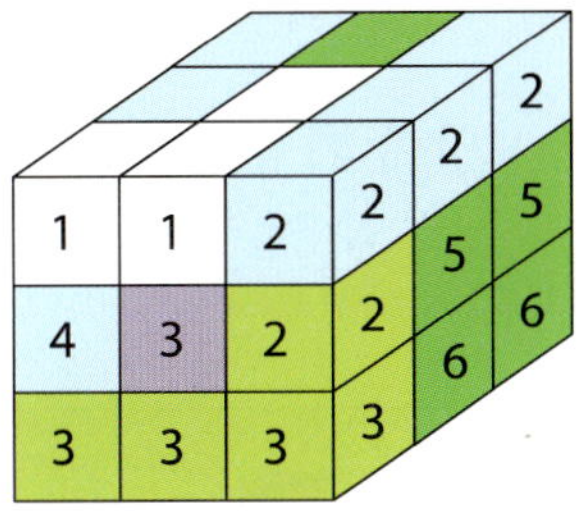

윗면

		2
		2
1	1	2

중앙

7		5
4		5
4	3	2

바닥

		6
	6	6
3	3	3

◦ 새로운 방법으로 정육면체를 만들어 보고, 빈칸에 소마큐브 조각의 번호를 적어 보시오.

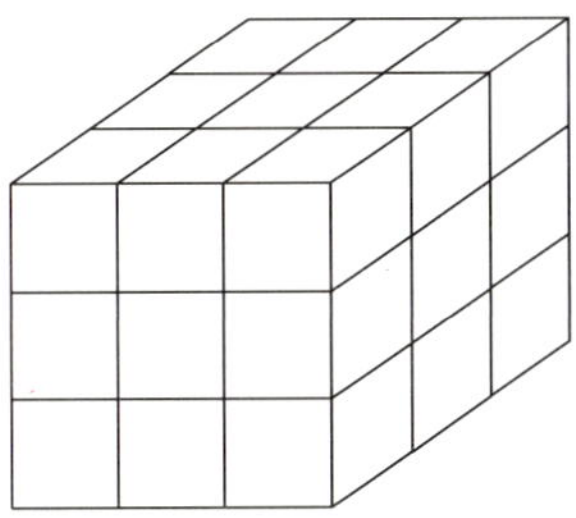

윗면

중앙

바닥

4) 원하는 모양 만들기

아래의 그림과 같이 다양한 모양이 가능하다. 학생들의 창의성 계발에도 응용될 수 있다.

정육면체	교회	십자가 1

십자가 2	빌딩	침대

의자	쇼파	긴 의자 1

긴 의자 2	계단 1	계단 2

성 1	성 2	아치

우물 1	우물 2	목욕탕

비행기	스콜피온	알파벳 C

크리스탈	하트	벽 1

벽 2	빌딩	아파트

묘비 1	묘비 2	벽 3

긴 의자 2	강아지	라마

뱀	벽 4	아치

공장	터널	피라미드

소마 7조각		

5) 소마큐브의 위, 앞, 옆에서 본 모양 알아보기

아래 그림은 5개의 정육면체를 여러 각도에서 바라본 모양이다. 즉, 모형을 앞에서 바라보았을 때의 모양을 '앞모습', 바로 위에서 모형을 바라본 모양을 '윗모습', 옆에서 보았을 때의 모양을 '옆모습'의 표에 색칠한 것이다.

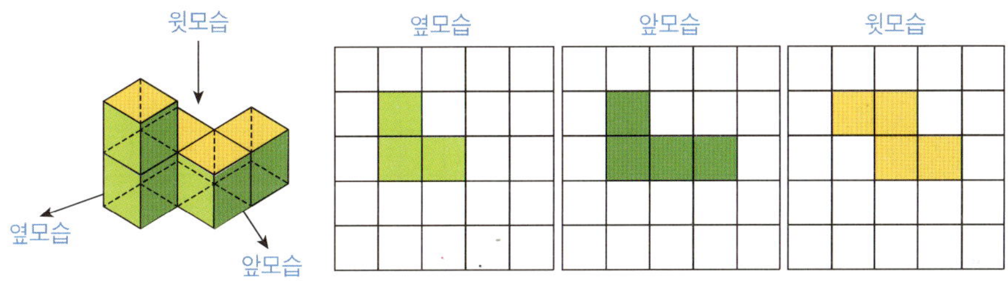

옆모습 앞모습 윗모습

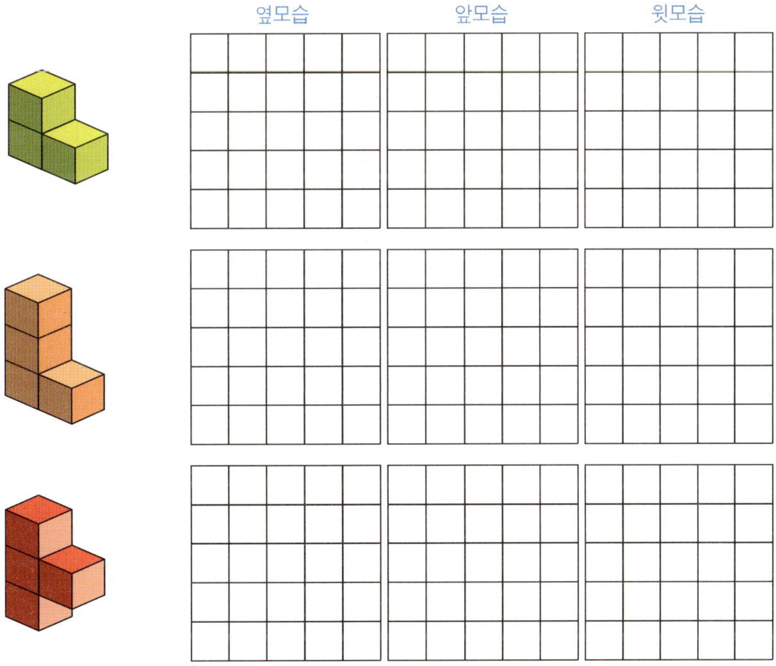

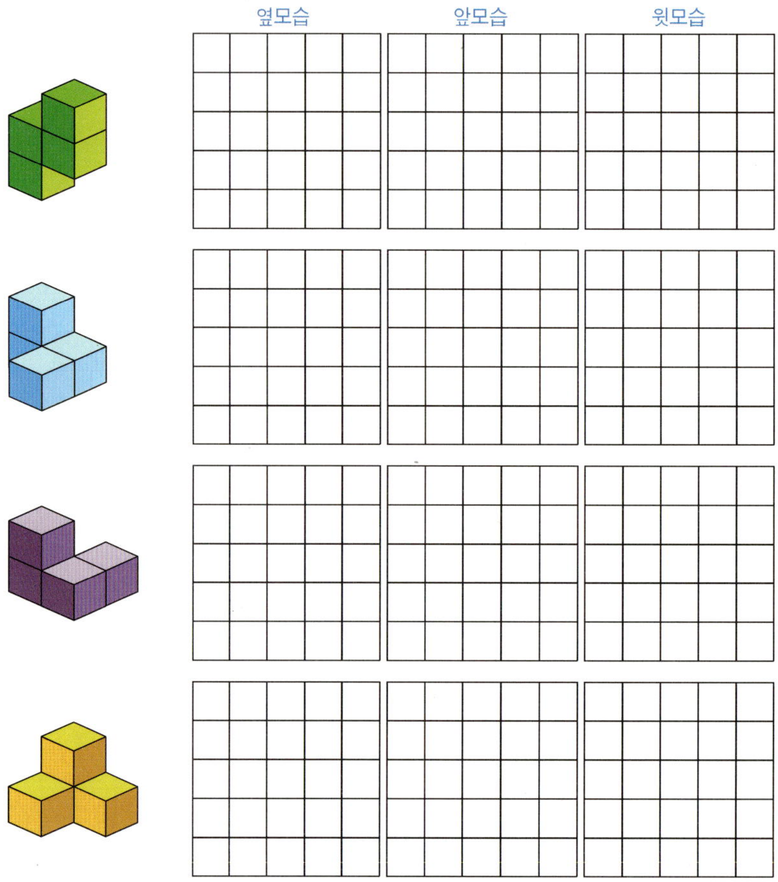

라. 활용상의 유의점

소마큐브는 수업의 보조도구로 사용할 수 있다. 6학년 이상이나 다른 아이들보다 지적 수준이 뛰어난 아이들에게 사용하도록 한다. 그리고 소마큐브의 유래에서 보듯이 중독성이 강하여 수업시간에 너무 과도한 관심을 가지게 한다면 다음 수업시간에 영향을 끼치게 된다.

마. web site

- http://www.mathlove.org/pds/materials/soma.html
- http://cont112.edunet4u.net/~emil05/nmath/soma.htm
- http://www.highland.madison.k12.il.us/jbasden/somacube/construction.html
- http://www.fi.uu.nl/rekenweb/en/welcome.xml
- http://plaza.ginue.ac.kr (송상헌 교수자료실)
- http://blog.naver.com/doremi9981/20022381366
- http://user.chollian.net/~badang25/soma/soma.htm
- http://user.chollian.net/~badang25/bdf03.htm
- http://user.chollian.net/~badang25/soma/soma1.htm
- http://www.cmathclub.com
- http://www.ctaz.com/~dmn1/gallery.htm
- http://www.highland.madison.k12.il.us/jbasden/somacube/
- http://www.highland.madison.k12.il.us/jbasden/somacube/puzzles.html
- http://www.geocities.com/dnehen/soma/soma.htm
- http://www.johnrausch.com/PuzzlingWorld
- http://www.mathlove.co.kr/shop2/product_detail.php?pid=F0010
- http://user.chollian.net/~kimig01/search/tools/study_tools.htm
- http://www.fam-bundgaard.dk/SOMA/SOMA.HTM
- http://mathworld.wolfram.com/SomaCube.html
- http://www.mathematik.uni-bielefeld.de/~sillke/POLYCUBE/SOMA/cube-secrets
- http://www.mathematische-basteleien.de/somacube.htm
- http://web.inter.nl.net/users/C.Eggermont/Puzzels/Soma/overzicht.html
- http://users.ids.net/~salberg/soma/Soma.html

3.6 탱그램(Tangram)

가. 유래 및 구성

유래에 의하면 탱그램은 기원전 600년경에 중국에서 만들어 지능을 발달시키는 지혜판이라 하였으며, 1805년에 서양에 알려져 탱그램이라는 이름을 갖게 되었다. 이것은 명확한 것은 아니나 시오니 파파스(Theoni Pappas)는 어원적인 배경에 'Tang'는 과거 당나라를 말하는 어원으로 중국에서 기원했고, 'gram'은 그림, 기록, 문서 등을 의미하는 것으로 고대 중국에서 비롯되어 당나라때 유럽으로 전파되었다는 주장이 있다. 일본에서 지혜의 판이라고 불렸는데, 여기서도 중국에서 왔다는 것이 대부분이다.

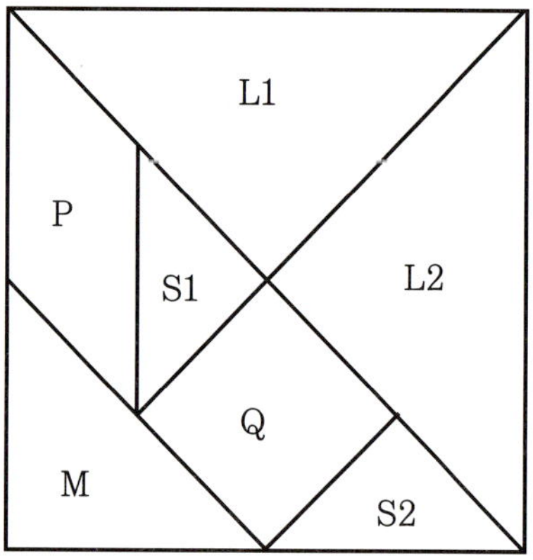

가로, 세로가 각각 10cm인 정사각형으로 탱그램을 만들면, 큰 직각이등변삼각형 2개(L1, L2), 작은 직각이등변삼각형 2개(S1, S2), 중간 크기의 직각이등변삼각형 1개(M), 정사각형 1개(Q), 평행

사변형 1개(P) 모두 7개의 조각들이 얻어진다.

학생들에게 만들어진 탱그램 조각을 주기 전에 정사각형 모양의 색종이를 접어 오리면서 탱그램 조각을 만들어 보게 하는 것이 좋다. 학생들이 직접 색종이를 접어 오리는 활동을 하면서 탱그램의 구성을 쉽게 이해하고 도형의 이름을 익힐 수 있다. 다음과 같은 과정에 의해 탱그램을 만들 수 있다.

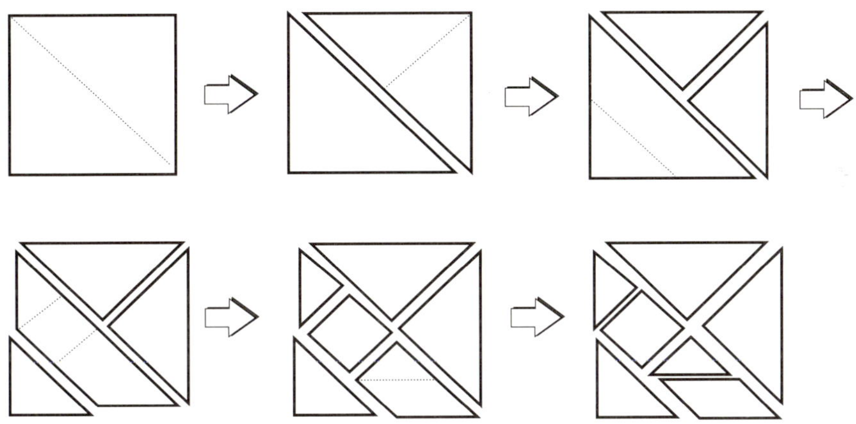

① 정사각형의 종이를 대각선에 따라 접고 잘라서 두 개의 직각삼각형을 만든다.

② 만든 직각삼각형 중 하나를 합동이 되게 반으로 잘라 L1, L2를 만든다.

③ 또 다른 직각삼각형의 직각인 꼭짓점을 밑변의 중점에 맞추어 접고 잘라서 직각삼각형 M을 만든다.

④ 등변사다리꼴을 합동이 되게 반으로 잘라 두 개의 작은 사다리꼴을 만든다.

⑤ 작은 사다리꼴의 아랫변(긴 변)을 이등분이 되게 아랫변의 꼭짓점끼리 맞추어 접고 잘라서 작은 직각삼각형 S1과 정사각형 Q를 만든다.

⑥ 또 다른 작은 사다리꼴의 아랫변의 직각인 꼭짓점을 마주보는 꼭짓점과 맞추어 접고 잘라서 직각삼각형 S2와 평행사변형 P를 만든다.

나. 탱그램과 초등수학교육

탱그램은 조각을 이용해서 맞추어 재미있는 여러 가지의 모양을 만드는 놀이로 무한한 상상력, 판단력과 창조적 예술 감각을 발달시키고, 공간 구상화 능력의 개발뿐만 아니라 합동, 닮음, 대칭과 같은 기하학 개념의 소개와 확장에도 도움이 되는 퍼즐이다. 탱그램 조각 7개가 정사각형, 이등변삼각형, 평행사변형 등으로 이루어져 초등학교 저학년에서 도형에 대한 기초적인 개념을 배울 수 있고 창의성을 높이는 효과도 있다. 또한 고학년에서 탱그램 조각 사이의 관계를 넓이에 활용할 수 있고, 비의 개념까지 확장시킬 수 있다. 탱그램을 수학교육에 잘 활용하면 초등학교 학생들에게 손으로 조작하는 활동에서 인지적, 내적 공간감각의 발달에 이르는 단계로 이끄는 훌륭한 학습 교재로 활용할 수 있다.

■ 초등수학교과서와 탱그램

탱그램이 우리나라 교과서에 처음 소개된 것은 1980년대 초에 발행된 제 4차 교육과정부터이다. 4학년 수학교과서에서 탱그램은 여러 가지 문제단원에서 정사각형이나 여러 가지 삼각형을 맞추어 보는 모양판 놀이로서 소개되었다. 제 5차 교육과정에서는 4학년 교과서와 익힘책, 5학년 교과서와 6학년 교과서와 익힘책에서 여러 가지 다각형이나 사물의 모양을 맞추어 보는 모양판 놀이로서 전체 넓이에 대한 각 부분의 넓이를 알아보는 활동으로 제시되었다. 제 6차 교육과정에서는 4학년 수학 익힘책과 5학년 교과서에서 여러 가지 다각형이나 사물의 모양을 맞추어 보는 모양판 놀이로서 제시되었다.(이인환 외, 1999, p.139, 재인용) 제 7차 교육과정에서는 3학년 수학교과서(p.41)에서 여러 가지 다각형이나 사물의 모양을 맞추어 보는 모양판 놀이로서 제시되었다. 칠교놀이는 예전에는 수학학습과는 관계가 적은 퍼즐놀이 형태로 사용되었으나 최근에는 공간감각을 증진시킬 수 있는 다양한 방법이 연구되고 있다.

다. 탱그램의 교육 효과

탱그램의 교육적 효과는 퍼즐 놀이를 통하여 도형의 크기와 모양을 익히고, 도형의 합동과 닮음, 대칭을 경험하며, 도형 학습에서의 여러 가지 기본 개념과 성질의 발견이나 논의에 매우 유용하다. 또한 탱그램은 도형의 넓이 측정, 다각형의 둘레의 길이, 내각의 크기 등의 활동에 관한 학습 지도 등에서 다양하게 활용할 수 있다. 놀이를 하면서 공간에서의 위치 지각과 공간 관계의 지각 능력을 향상시키고, 문제 해결 능력을 기를 수 있다.

del Grande는 교차된 선 찾기, 교차된 도형에서 특정한 도형 찾기, 숨겨진 도형 찾기, 도형(여러 개의 블록 조각, tangrams) 조립하기, 유사성과 차이점 찾기 등의 활동으로 도형-바탕 지각능력(Figure-ground perception)이 향상될 수 있다고 하였다(정주자, 1996).

Yackel은 초등학생들의 시각적 심상의 발달을 목적으로 tangrams 활동과 제시된 그림을 본대로 그리는 활동을 학습하게 하였다. 그 결과 아동들의 기하개념, 기하어휘력, 공간조작의 발달을 촉진에 매우 효과적이었다. 이런 활동에서 얻은 공간지각력은 아동들의 읽기, 쓰기, 산술과 기하, 그림 그리기, 스포츠, 지도 그리기, 악보 읽기 등에 도움을 준다.

탱그램은 공간감각 요인 발달에도 효과가 있다. 탱그램을 활용한 수업에서 회전과 대칭이동에 따른 사물의 위치 변화의 인식, 셋 이상의 물체의 위치, 크기, 모양 등을 관련시키는 능력 등의 공간감각 발달에 효과적이었다. 또 대부분의 아동이 흥미를 가지고 평상시보다 적극적인 자세로 수업에 임하였으며 자신이 활동을 수행할 수 있는 능력이 있다고 판단하였다.

탱그램의 교육적 효과는 다음과 같다.

- 두뇌를 발달시키고 공간적 추론 능력과 창의적 사고력 등 고차원적인 사고력을 신장시킨다.
- 공간적 추론에 대한 검증, 활동주의, 구성주의적 관점에서 학습이 가능하다.

- 여러 가지 모양에 대한 조형 능력을 기른다.
- 여가 시간을 건전한 오락으로 보낼 수 있다.
- 수학에 대한 자신감을 갖게 되고 계속 탐구하려는 태도를 갖게 되며 흥미가 높아진다.
- 지능계발 놀이감으로 효과적이다.
- 집중력 향상에 도움이 된다.
- 논리적인 사고를 할 수 있다.
- 도형 구성력이 발달한다.

라. 탱그램의 활용 실제

1) 여러 가지 모양 구성하기

처음에는 점선이 주어진 것을 활용한다. 점선이 그어져 있으므로 유치원이나 초등학교 저학년 학생들도 어떤 조각으로 어떻게 구성하였는지 쉽게 알 수 있다. 이 단계에서는 탱그램 조각들을 늘어놓고 꼭 들어맞는 곳을 찾아 맞추어 보는 활동을 하게 된다. 이러한 활동을 통하여 도형의 크기와 모양을 비교하게 되고, 겹쳐보고 꼭 들어맞는 곳을 찾으면서 도형의 합동을 경험하게 된다.

다음에는 점선이 없고 전체의 윤곽만 주어진 것을 활용한다. 모양판을 이리저리 돌려 맞추어 보면서 공간에서의 위치 지각 능력과 공간 추론 능력을 기르게 된다.

여러 가지 재미있는 모양을 완성하였을 때 성취감을 느끼고, 새로운 모양을 창조하고자 하는 의욕을 가질 수 있다.

그림을 완성한 후에는 그림과 관련된 이야기를 꾸며 발표하게 하는 것도 좋다.

■ 백설 공주와 마녀 왕비

• 7개의 탱그램 조각을 모두 이용하여 다음 모양을 만들어 보시오.

• 도전 문제 : 7개의 탱그램 조각을 이용하여 또 다른 사람 모양을 만들어 보시오.

2) 여러 가지 다각형 만들기

탱그램을 이용하여 직각삼각형, 직사각형, 정사각형, 평행사변형, 사다리꼴, 오각형, 육각형 등 여러 가지 다각형을 만들어 보고 다각형의 성질을 조사하게 한다.

똑같은 다각형을 여러 가지 방법으로 만들어 보고, 각 변의 길이, 각의 크기, 평행 관계, 대칭 관계 등을 알아보게 한다. 탱그램 모양 조각을 돌려 맞추어 보면서 합동인 변을 찾아보고, 합동인 각을 확인하게 한다.

※ 다음 정사각형을 2개의 탱그램 조각으로 만들어 보시오.
또, 탱그램 조각 4개를 이용하여 만들어 보시오.
5개의 탱그램 조각을 이용하여 만들 수 있을까요? 어떻게 만들면 됩니까?

• 탱그램 조각을 돌려 맞추어 보면서 정사각형의 네 변의 길이를 비교해 보시오. 네 변의 길이는 어떠합니까?

• 또 탱그램 조각을 돌려 맞추어 보면서 정사각형의 네 각의 크기를 비교해 보시오. 네 각의 크기는 어떠합니까?

3) 선대칭도형과 대칭축

양쪽이 꼭 들어맞게 접을 수 있는 도형은 선대칭도형입니다. 이 때 접은 선을 대칭축이라고 합니다. 탱그램 조각으로 다음과 같은 도형들을 그리고 오립니다. 점선에 따라 접어보고 점선이 대칭축인지 알아보시오.

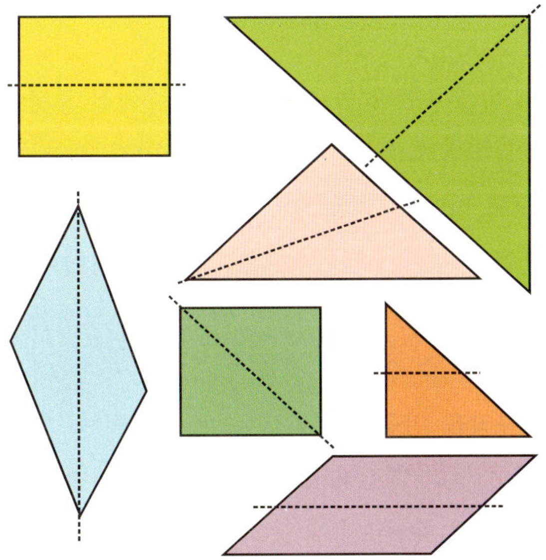

• 도전 문제 : 4개 이상의 탱그램 조각으로 대칭축을 하나 이상 갖는 선대칭도형을 만들어 보시오. 만든 도형을 그리고 대칭축을 표시하시오.

4) 도형의 닮음

크기는 같지 않더라도 모양이 똑같은 도형은 서로 닮았다고 합니다.

- 탱그램의 삼각형들은 서로 닮았는지 알아보시오.
- 다음의 탱그램 조각들을 이용하여 위의 삼각형들과 닮은 삼각형을 만들어 보시오.

① 두 개의 큰 삼각형(L1, L2)

② 두 개의 작은 삼각형(S1, S2)

③ 두 개의 작은 삼각형, 중간 삼각형 (S1, S2, M)

④ 두 개의 작은 삼각형, 정사각형 (S1, S2, Q)

⑤ 두 개의 작은 삼각형, 평행사변형 (S1, S2, P)

⑥ 두 개의 작은 삼각형, 중간삼각형, 평행사변형, 정사각형 (S1, S2, M, P, Q)

5) 도형의 넓이

넓이의 측정 지도에서 중요한 활동 중의 하나는 주어진 도형을 측정의 단위가 되는 도형으로 빈틈없이 채워보고 단위넓이의 몇 배인지 알아보는 활동이다.

탱그램 조각들은 모두 작은 삼각형 2개 또는 4개를 조립하여 만들 수 있는 것들이다. 따라서 탱그램 조각들로 구성된 여러 가지 다각형이나 모양들은 모두 작은 삼각형을 빈틈없이 덮어서 채울 수 있다. 이 때 주어진 도형을 빈틈없이 덮어서 채워봄으로써 넓이를 비교할 수 있다는 것을 인식하는 것은 매우 중요하다.

또한 넓이 구하는 공식을 만들어낼 때에는 '등적변형'의 개념이 매우 중요하다. 탱그램 조각을 이리저리 돌려 맞추어 보고 모양은 다르지만 넓이가 같은 것들을 찾아보는 활동을 하는 동안에 자연스럽게 등적변형을 하게 된다. 이러한 활동은 삼각형, 평행사변형, 사다리꼴의 넓이를 구하는 방법을 찾아내는 학습 활동에서 매우 유용한 학습 경험이 될 수 있다.

※ 다음 색칠한 조각의 넓이가 1일 때 나머지 도형의 넓이를 구하시오

6) 다각형의 각 재기

◦ 탱그램 조각들의 내각을 재어 조사하여 보시오.

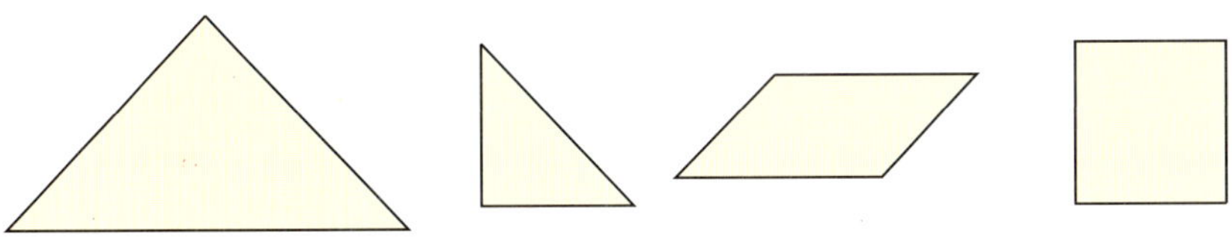

◦ 탱그램 조각들로 크기가 다른 삼각형을 만들어 보시오. 만들어진 삼각형들의 내각을 각각 재어 보시오. 내각의 합은 얼마입니까?

◦ 탱그램 조각들로 그림과 같은 평행사변형을 만들어 보시오. 만들어진 평행사변형의 각들을 재어 보시오. 네 개의 각의 크기를 모두 합하면 얼마입니까?

◦ 직사각형을 몇 개 만들고 직사각형의 각들을 조사하여 보시오. 각 직사각형의 네 각들은 모두 어떤 종류의 각입니까?

◦ 어떠한 사각형의 경우라도 사각형의 네 각의 합은 모두 같습니까?

◦ 탱그램으로 오각형, 육각형들을 만들어 보시오. 각 도형에 들어있는 각들을 재어보고, 그 각들을 합하여 아래 표의 빈 칸을 채우시오.

다각형	내각들의 합
오각형	
육각형	

학생들은 이러한 활동을 통하여 각도를 재는 측정 기능을 익히고, 각도에 대한 양감을 기르게 된다. 다각형의 각도를 재면서 크기가 같은 각들을 알게 되고 대칭을 이해하게 된다. 내각의 합을 구하는 활동을 통하여 다각형의 내각의 합에 대한 패턴을 알게 되고 내각의 합의 구하는 공식을 발견할 수 있게 된다.

마. 활용 web site

- 공간감각발달을 위한 탱그램자료 개발 연구. 서울: 서울교육대학교교육대학원, 2003.
- 탱그램 다시보기/ 박교식 지음/ 수학사랑 수학게임방

- 탱그램을 이용한 평면도형의 개념 및 성질지도에 관한연구/공주: 공주교육대학교, 2004.
- 제 10회 소프트웨어 공모전 작품 – 우리의 전통
- http://blog.naver.com/maginger?Redirect=Log&logNo=80024455867
- http://web.cnei.or.kr/jries/web/cho/do/we/play/124.htm#1
- http://my.dreamwiz.com/ybosco/
- http://blog.naver.com/yahmi52?Redirect=Log&logNo=120023909798
- http://www.animani.com/
- http://cafe.naver.com/ArticleRead.nhn?clubid=10896695&menuid=99&listtype=M&boardtype=L&page=&articleid=2870
- http://cafe.naver.com/ArticleRead.nhn?clubid=10896695&menuid=99&listtype=M&boardtype=L&page=&articleid=2991
- http://cafe.naver.com/ArticleRead.nhn?clubid=10896695&menuid=99&listtype=M&boardtype=L&page=&articleid=2871
- http://claralee.com.ne.kr/
- http://www.puzzleland.co.kr/space_puzz/tangram/tangram.asp
- http://blog.naver.com/najsjung?Redirect=Log&logNo=40008958282
- http://user.chollian.net/%7Ebadang25/tangram/tangram.htm
- http://www.mathin.net/example/exam_php/see.php?id=2#
- http://www.edumadang.com/exec/htmlview?kind=game/tangram/tangram_001.htm
- http://kr.kids.yahoo.com/study/math/shock/mathe_tang_010.html
- http://www.mathlove.co.kr/board1/show.php?category=zzam1&seq=16553&listno=15&page=2&search_value=&mode=&scategory=1
- http://user.chollian.net/~badang25/tangram/tangram.htm

★ 탱그램 판매 사이트

- http://www.puzzleria.co.kr/FrontStore/iGoodsView.phtml?iCategoryId=113&iGoodsId=962

★ 플래쉬 탱그램 게임 사이트

- http://www2.edunet4u.net/~edubig/life_math/mathlab/tangram.html
- http://www2.edunet4u.net/~edubig/life_math/mathlab/tangram.html
- http://cafe.naver.com/readspeak.cafe?iframe_url=/ArticleRead.nhn%3Farticleid=17178
- http://www.krzone.net/exec/game.tangramview?id=1
- http://www.nol2i.com/jujae/jujae2/sp.html
- http://kids.joins.com/01_study/index.asp?subC=s_math
- http://morningplus.chosun.com/education/kid/game_iq/index,1,list01,4.jsp

3.7 논리블록(Attribute blocks)

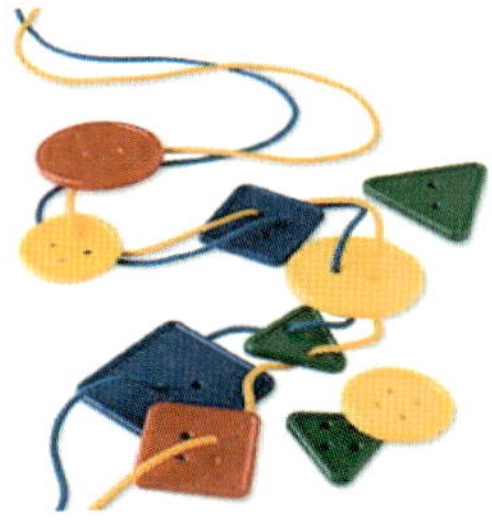

가. 논리블록의 유래와 배경

논리블록은 나무와 플라스틱으로 만들어진 사각형, 정삼각형, 원, 육각형 등의 모양, 크기, 두께, 색깔이 다양하다. 예를 들어 48개로 이루어진 한 세트에 24개는 두껍고 24개는 얇으며, 24개는 크고 24개는 작다. 그러면서 12개는 크고 두꺼우며, 12개는 작고 두껍다. 이러한 논리블록은 놀이나 게임으로 집합의 개념, 분류의 원리와 논리에 대한 원리를 보여줄 수 있다. 집합의 특성이나 분류의 원리 발견을 위하여, 아동들에게 활용할 수 있다. 한 세트에 있는 각각의 블록들은 크기, 두께, 색깔 등에서 서로 다르지만 모양에서는 공통적인 속성을 갖는다. 간단한 논리게임을 활용해서 논리곱(disjunction), 논리합(conjunction), 부정(negation)의 논리적 원리의 학습을 지도할 수 있다.

예) 집합

① 논리적 접속사 '또는'은 둘 이상의 집합에서 합집합의 탐구에 사용될 수 있다.

예시) 나는 노랗거나 파랗다. → 노란색과 파란색의 도형의 합집합

나는 변이 세 개이거나 빨갛다. → 삼각형과 빨간색 도형의 합집합

나는 노랗거나 파랗거나 빨갛다. → 노란색, 파란색, 빨간색 도형의 합집합

② 논리적 접속사 '그리고'는 둘 이상의 집합에서 교집합의 탐구에 사용될 수 있다.

예시) 나는 파랗고 크다. → 파랗다와 크다의 교집합

나는 변이 없고 노랗고 작다. → 변이 없다와 노랗다 그리고 작다의 교집합

③ '~이 아니다'는 여집합을 탐구하는데 사용될 수 있다.

예시) 나는 파랗지 않다. → 파랗다의 여집합

④ '~이고, ~는 아니다'는 차집합을 탐구하는데 사용될 수 있다.

예시) 나는 변이 세 개이고 크지 않다.

→ 변이 세 개인 도형(삼각형)에서 크기가 큰 도형을 뺀 차집합

[규칙 찾기]

- 패턴이 포함된 활동을 통하여 학생들에게 재미와 흥미를 유발할 수 있다.
- 패턴 사이의 관계를 이해하고, 활동을 통하여 대수적 사고가 가능하다.

나. 논리블록과 초등수학

1989년 NCTM에서 발표한 수학 교육과정과 평가의 규준에 수학수업은 교사 중심의 설명식 수업에서 학생 중심의 활동적 수업으로 바꾸어야 하고, 활동 지향적 수업에서 구체적 조작물의 적절한 사용을 요구하고 있다. 아직도 학교 수학교육은 학생들의 흥미와 수학적 활동은 무시된 채, 교사 중심의 '설명-시범-연습'의 수업 형태가 진행되고 있다. 수학의 중요성과 필연성에만 초점을 맞춘 수학 교육은 효과

적인 수학 교육이 아니다. 학생들이 흥미를 갖고 자발적으로 학습할 수 있도록 이끌어주는 수학 교육이 절실하다. 이러한 현실에서 효과적인 수학 교육에서 핵심은 구체적 조작물을 활용하여 다양한 활동을 통해 배우는 것이다.

1) 논리블록의 활용방법

가) 분류 활동

설명을 듣고 논리 블록 찾기, 분류된 블록을 보고 공통적인 속성 찾기, 분류된 블록 중에서 잘못 분류된 것 찾기, 한두 가지 속성을 정하여 분류하기 등의 활동을 경험할 수 있다. 분류 활동은 논리적 사고와 집합개념 발달의 기초가 된다. 크기와 색, 모양, 두께의 네 가지 속성을 가진 총 48개의 블록으로 구성 되어 있다.

- 크기 : 대, 소
- 색 : 빨간색, 파란색, 노란색
- 모양 : 정사각형, 직사각형, 삼각형, 육각형, 원
- 두께 : 두꺼운 것, 얇은 것

분류의 활동은 논리적 사고의 발달에도 기여한다. 활동내용은 같은 블록의 속성끼리 나열하기, 같은 모양, 색, 두께끼리 가르기, 모으기, 합집합, 교집합 만들어 보기를 한다. 몇 가지 속성을 가진 대상을 고르면서 논리합과 논리곱, 부정과 같은 분류의 경험 할 수 있고, 논리적으로 사고하는 것을 배운다. 논리적 접속사 '또는'은 둘 이상의 집합의 합집합을 탐구에 사용될 수 있다. 예를 들어, '나는 노랗거나 파랗다'에서 노란색과 파란색의 도형의 합집합은 노란색 또는 파란색인 모든 속성 블록을 포함하는 집합을 만든다. 그리고 교집합은 논리적 접속사 '그리고'를 탐구하는데 사용될 수 있다. 예를 들어 '나는 파랗다. 나는 크다'에서 '파랗다와 크다'의 교집합은 파란색이면서 큰 속성을 가지는 모든 속성블록의 집합으로 만들어진다. 그리고 '~이 아니다'는 부정을 탐구하는데 사용될 수 있다.

예) 다음 설명을 듣고, 논리블록 가운데 나는 누구인지 알아보자.

1) 나는 변이 3개다.(또는 꼭짓점이 3개다) 나는 파랗다. 나는 크다. 나는 날카롭게 생겼다. 나는 얇다. 나는 누구일까요 ?	
2) 나는 크지 않다. 나는 변이 네 개보다 많다. (나는 꼭짓점이 다른 도형보다 많다) 나는 빨간 색이다. 나는 두껍다. 나는 벌집 모양이다. 나는 누구일까요?	
3) 나는 노랗거나 파랗다. 나는 변이 없다. 나는 크지 않다. 나는 얇다. 나는 누구일까요?	

나) 논리적 사고력 발달

① 패턴 인식하기

- 같은 패턴을 서로 다르게 표현
- 똑같은 패턴을 지닌 여러 개의 예시에서 닮은 점과 차이점 찾기
- 주어진 패턴에서 생략된 부분 찾기

예)

– AB 패턴 : 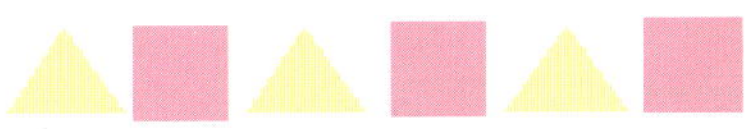

– ABB 패턴 : 

– ABCCAA 패턴 :

– ABBAAA 패턴 :

② 함수

생활 주변 현상의 모든 것을 수학적으로 설명하는 법칙이나 규칙을 연구 표현하게 되는 매우 중요한 수단이 된다.

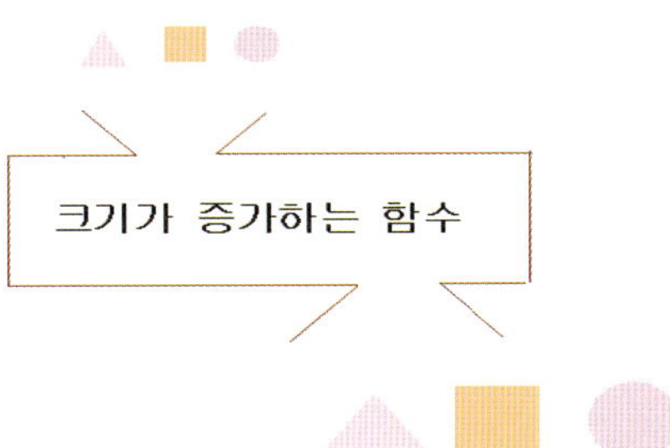

③ 집합에 대한 사고력 발달

서로 같은 성질끼리 분류해보면서 포함관계를 알 수 있고 더 나아가 교집합과 합집합 등의 개념도 생성될 수 있다.

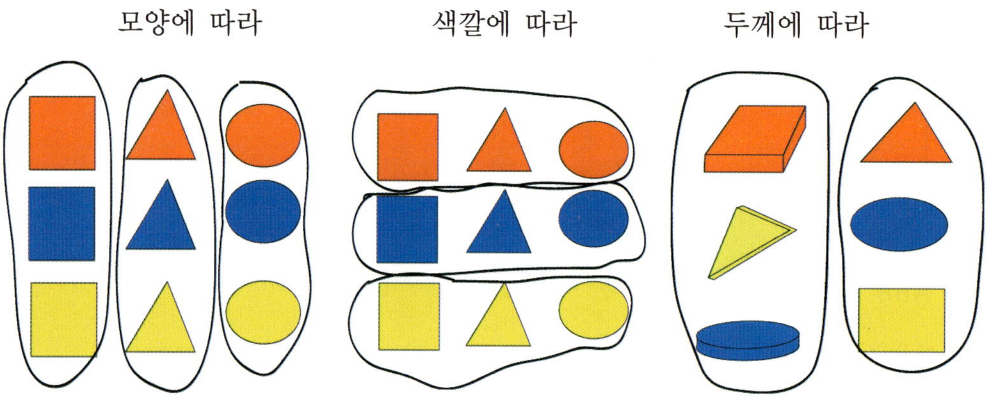

④ 속성블록과 밴다이어그램

- 사물의 속성을 분류하고 집합으로 만들어 보면서 집합의 개념을 익힐 수 있다.
- 60개의 속성블록으로 속성의 분류, 집합의 개념을 알기 쉽게 익힐 수 있다.
- 수학의 기본 과정인 모으기 가르기, 분류와 집합을 알기 쉽게 익힐 수 있다.

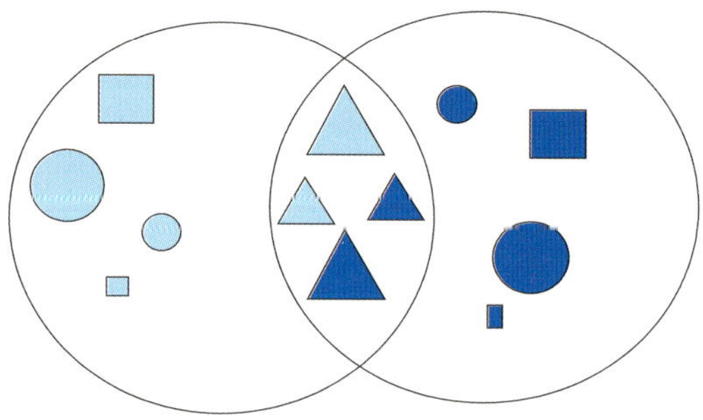

※ 집합 용어를 사용하지 않더라도 모으기, 가르기 등의 활동을 할 수 있다.

2) 교과서에서 논리블록의 활용 단원

단계	단원	활용내용
1-1	여러 가지 모양	여러 가지 모양을 알아보고, 찾아보고, 만들어 보는 활동과 놓은 모양을 보고, 규칙을 찾아보는 활동을 한다. 모양에 익숙하지 않은 초등학교 1학년에게 쉽게 모양을 접할 수 있도록 논리블록을 제시하여 구체적으로 보고, 만질 수 있는 기회를 줄 수 있다.
	분류하여 세어보기	한 가지 기준에 따라 조사하고 분류하고 분류한 것을 세어 보는 활동을 하며 심화단계에서는 두 가지 기준에 따라 물체나 사물을 분류하고 개수를 세어 보는 활동을 한다. 모양, 크기, 두께로 나누어진 논리블록을 이용하여 다양한 분류활동을 할 수 있다.
1-2	여러 가지 모양	여러 가지 물체에서 네모, 세모, 동그라미 모양을 알아보고 주변에서 찾아보는 활동, 만들어 보는 활동, 그려보는 활동, 네모, 세모, 동그라미 모양으로 늘어놓은 그림을 보고 규칙을 찾아보는 활동에서 논리블록을 이용할 수 있다.
2-1	도형과 도형 움직이기	사각형, 삼각형, 원의 모양과 뜻, 특징을 아이들에게 논리블록을 보여주는 것은 이 단원에서 필수적이다.
2-2	표와 그래프	좋아하는 음식과 학생수를 분류하는 활동에서 음식의 종류에 따라 각각 색깔이나 모양이 다른 블록을 사용하여 학생수를 헤아려 표 작성에 사용할 수 있다. '그래프를 그려봅시다.'에서는 전체적으로 논리블록의 원래 기능보다는 수량을 쉽게 헤아리거나 한 눈에 표와 그래프를 알아보고, 표현하기 용이하게 만드는 역할로 사용할 수 있으리라고 생각한다.
3-1	평면도형	정삼각형블록으로 꼭지 점, 변, 각을 그리고 나타내는 활동을 할 수 있고, 정사각형과 직사각형으로 직각을 본떠서 그려 나타낼 수도 있다.
	분수	큰 정사각형 속성블록을 1로 하고 이를 사등분하였을 때 작은 블록 조각을 1/4라고 표현할 수 있다. 직사각형 블록 역시 1/2를 나타낼 때 사용할 수 있을 것이다.

단계	단원	활용내용
3-2	도형	논리블록은 무늬를 꾸미는 활동과 문제 해결 부분에서 사용할 수 있다. '규칙에 따라 무늬 꾸미기'에서는 색종이로 무늬를 꾸미는 활동은 각기 색깔이 다른 속성블록으로 대체할 수 있다.
4-1	각도	논리블록의 여러 가지 도형들의 각을 각도기를 이용해 직접 측정해 보는 활동을 할 수도 있고, 크기, 모양이 같은 삼각형 혹은 사각형의 각을 각도기를 이용하여 측정해봄으로써 삼각형 각의 합이 180°, 사각형 각의 합이 360°라는 것을 알 수 있도록 한다.
	삼각형	논리블록을 이용하여 예각, 직각, 둔각 삼각형의 특징을 알고 그려보게 하여 삼각형에 대한 학습을 완성한다.
	분수	같은 크기의 작은 도형과 큰 도형을 사용하여 분수의 개념을 이해시킬 수 있다.
4-2	수직과 평행	논리블록을 사용할 수 있는데 각 도형에서 평행하는 두 변을 연장시켜 평행하는 두 선을 만나지 않는다는 평행선의 개념을 이해시킬 수 있다. 또, 논리블록의 각을 이용해 여러 가지 각의 성질을 가르칠 수 있다.
5-1	무늬 만들기	다양한 도형을 밀고, 뒤집고, 돌리는 활동을 자유자재로 할 수 있기 때문에 일정한 패턴을 가진 무늬를 만드는데 좋을 것이다.
5-2	도형의 합동	다양한 종류의 논리블록을 제시하여 그 중에서 같은 모양과 같은 크기의 도형들을 찾아낼 수 있도록 한다.
	도형의 대칭	논리블록을 제시하고, 각각이 선대칭도형인지 점대칭도형인지를 아이들 스스로 구분하게 하고, 나아가 대칭이 되는 선과 점을 찾아볼 수 있게끔 한다. 종이를 통한 활동과는 다르게, 블록은 접을 수가 없기 때문에 머릿속으로 도형을 접거나, 180도 돌려보게 되어 자연스럽게 공간 지각력이 발달할 수 있다.

☞ 논리블록은 도형의 속성을 뚜렷하기 때문에 저학년에서 유용하고 고학년으로 갈수록 사용빈도가 줄어든다. 따라서 논리블록의 모양 이외에 다른 모양을 더 추가하여 보완하면 더 널리 사용할 수 있다.

다. 교과서에서 활용의 예

[1 학년] 분류하여 세어보기

속성블록을 만지고 놀 수 있는 시간을 제공 한 후, 기준에 따라 속성블록을 나누어 보게 한다. 이때 교사는 분류 기준을 세어 분류하는지 살펴보고, 독특한 방법이나 다른 아동과는 다른 분류 기준으로 분류를 하는 경우에 그 기준을 발표하게 한다. 분류활동을 후에는 왜 그렇게 나누었는지에 대한 이야기를 나누도록 한다.

〈색깔별로 분류한 예〉

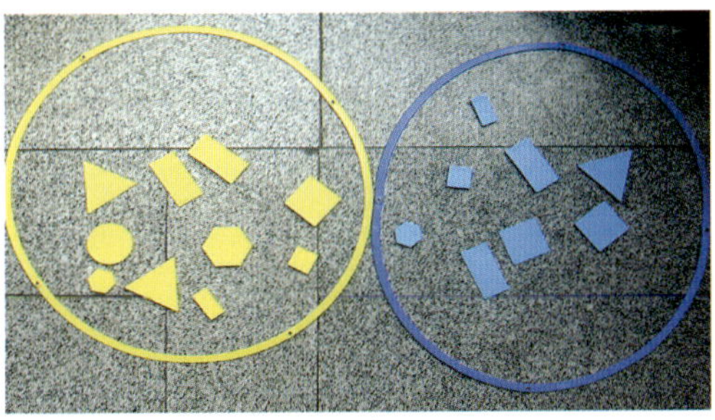

한가지 분류 기준에 의한 활동을 하면, 분류기준대로 나눈 속성블록들에서 공통점을 찾아보는 심화활동을 할 수 있다. 예를 들면 첫번째로 색깔별로 분류해 본 뒤 모양이 같은 도형들을 찾아보는 것이다.

〈색깔별로 구분 뒤 공통적으로 원모양인 블록을 찾은 예〉

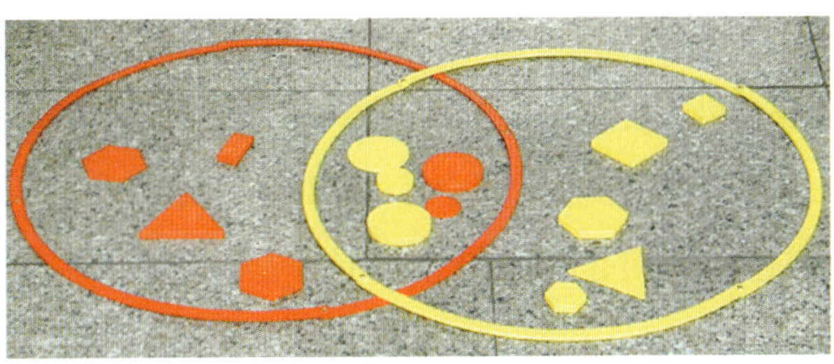

• 분류하여 세어보기

• 영희네 반 어린이들이 달고 싶어하는 단추를 조사하였습니다.

• 색깔에 따라 개수를 세어 보시오.

색깔	파란색	노란색	갈색
개수			

• 구멍의 수에 따라 개수를 세어 보시오.

구멍의 수	구멍이 2개인 단추	구멍이 4개인 단추
개수		

분류하여 세어보기는 통계학의 가장 기본이다. 통계학의 목적은 자료를 수집하여 정리하고 해석하여 생활에 활용하는 것이다. 한 가지 기준에 따라 조사고 조사한 것을 분류하고 분류한 것을 세어 보는 활동을 하며 심화단계에서는 두 가지 기준에 따라 물체나 사물을 분류하고 개수를 세어 보는 활동을 한다. 모양, 크기, 두께로 나누어진 논리블록을 이용하여 다양한 분류활동을 할 수 있기 때문이다.

[1학년] 여러 가지 모양

다양한 공간감각을 익히기 위하여, 속성블록 모양을 찾아보고 어떤 순서로 놓여 있는지 알아보도록 한다. 다양한 크기와 모양과 색깔의 속성블록을 여러 개 겹쳐두고, 어떤 모양이 어떤 순서대로 겹쳐져 있는지 알아보고, 활동지에 그려본다. 이 활동을 통해 도형에 대한 이해와 공간감각, 순서 짓는 능력을 키울 수 있다. 이 활동은 게임으로도 활용 할 수 있다. 도형에 관한 수업 내용이 끝난 후, 친구들이나 서로의 짝이 다양한 모양으로 쌓아둔 도형을 보고 똑같이 쌓기 시합할 수도 있다. 또, 쌓여진 도형은 순서대로 어떤 모양이 먼저 쌓여 졌는지 그림을 그리거나, 순서대로 각각의 블록을 놓게 하여 정확하게 이해하고 있는지를 살펴 볼 수 있다.

활동 1

1. 규칙을 찾아봅시다.
   - 네모, 세모, 동그라미 모양을 그림과 같이 놓아 보시오.
   - □안에는 어떤 모양을 놓아야 한다고 생각합니까?
   - 왜 그렇게 생각했습니까?

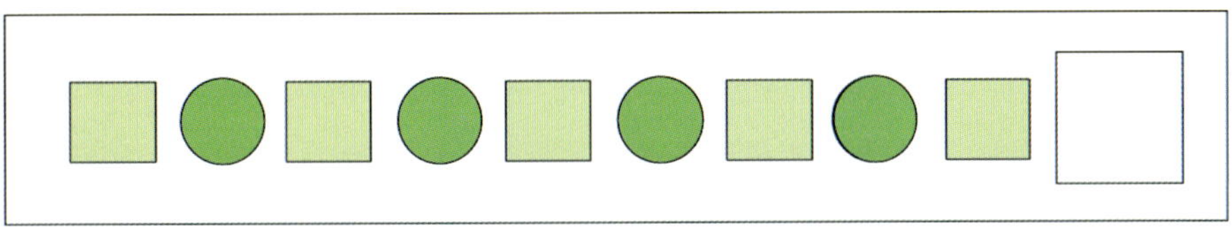

   - □안에는 어떤 모양을 놓아야 한다고 생각합니까?
   - 왜 그렇게 생각했습니까?

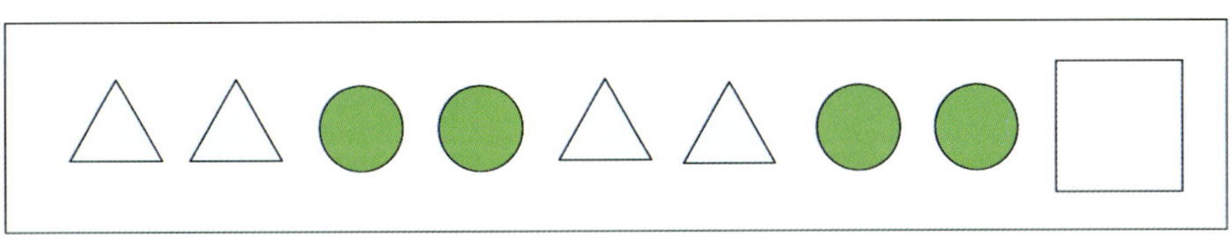

• □안에는 어떤 모양을 놓아야 한다고 생각합니까?

• 왜 그렇게 생각했습니까?

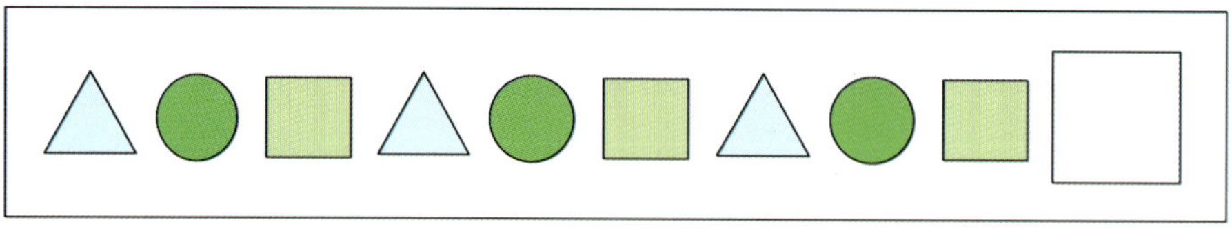

2. 색종이를 오려서 삼각형을 만드시오.

• 삼각형을 돌려 보시오.

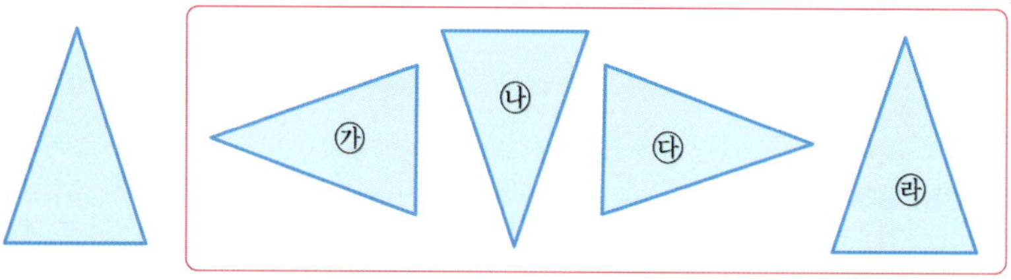

• ㉮, ㉯, ㉰, ㉱는 각각 어떻게 틀린 것입니까?

3. 종이 카드에 사각형을 그리시오.

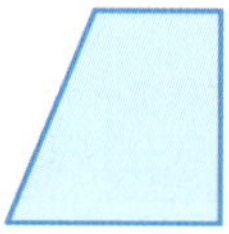

• 종이 카드를 반 바퀴 돌려 보시오.
  사각형이 어떻게 달라졌는지 그려 보시오.

• 종이 카드를 한 바퀴 돌려 보시오.
  사각형이 어떻게 달라졌는지 그려 보시오.

• 종이 카드를 마음대로 돌려 보고, 사각형이 어떻게 달라졌는지 알아보시오.

[3학년] 평면도형

각과 직각의 이해와 직각삼각형, 직사각형, 정사각형의 내용이 있다. 정삼각형블록으로 꼭짓점, 변, 각을 나타내는 활동과 정사각형과 직사각형으로 직각을 본떠서 나타낼 수 있다. 논리블록으로 정사각형 블록을 조작하여 직사각형을 만들거나, 정사각형인 색종이 등을 이용하여 반을 접으면 직사각형이 된다는 것을 보여주는 활동도 유용하다. 정사각형 블록을 놓아 큰 정사각형을 만든 후에 사각형을 이루고 있는 블록의 개수를 세면 큰 사각형이 몇 개의 작은 사각형으로 이루어져 있는지 알 수 있다.

활동 1

1. 직사각형을 알아봅시다.

■ 생활에서 알아보기

• 교실에 있는 물건 중에서 직각이 있는 사각형 모양을 찾아보시오.

• 직각이 있는 사각형 모양을 찾아 본을 떠 보시오.

• 직각을 찾아보시오. 네 각이 모두 직각인 사각형은 어느 것입니까?

2. 문제를 해결하여 봅시다.

• 그림에서 직사각형은 모두 몇 개인지 알아보시오.

위 그림에는 아래 그림과 같은 정사각형이 각각 몇 개 있습니까?

(　　)개　　(　　)개　　(　　)개

• 그림에서 직사각형은 모두 몇 개인지 알아보시오.

위 그림에는 아래 그림과 같은 직사각형이 각각 몇 개 있습니까?

(　　　)개　(　　　)개

(　　　)개　　　　　(　　　)개

라. 활용상의 유의점

수학 교과 수업에서 구체적인 조작물 사용은 학습효과를 높이는 데 매우 유용하다. 직접 손으로 만져보고, 눈으로 보게 함으로써 수업이 요구하는 목표에 보다 쉽게 도달할 수 있다. 그러나 논리블록을 사용에 가장 중요한 것은 수업을 이끌어 나가는 교사의 역할이다. 교사는 수업의 시작에 앞서 논리블록에 대한 연구가 있어야 한다. 어떻게 논리블록을 사용할 것인가', '어떤 부분에서 써야 되며, 조작에 불편한 부분은 없는지? 등 미리 검토해 보아야 한다. 그리고 수업에 적용할 때에 적절한 발문과 학습에 대한 방향 제시로 통해 논리블록의 효율성을 높이고 촉진시키는데 초점을 맞춰야 한다.

마. 활용 Web site

- http://www.educakorea.co.kr
- http://cafe216.daum.net/_c21_
- http://www.gujoung.es.kr/data_bank/data

3.8 패턴블록(Pattern blocks)

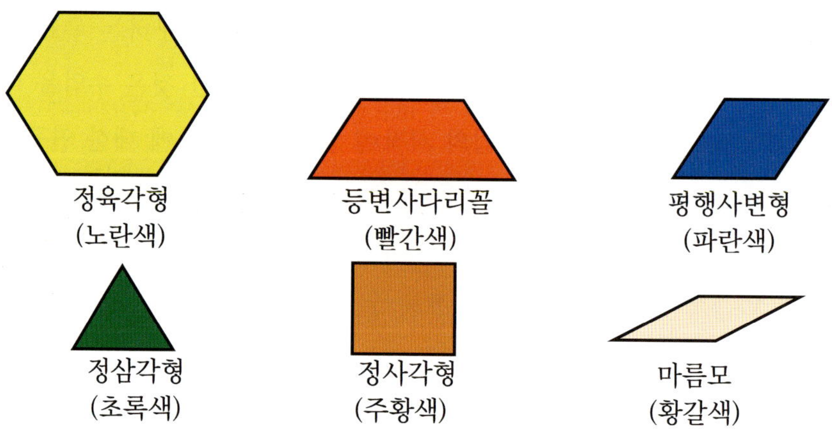

가. 유래와 배경

패턴블록은 1960년대초 미국의 초등과학연구회(Elementary science study)에서 평면에서 패턴 탐구를 위해 개발한 학습 자료이다. 1970년대에 발행된 'Mathematics their way'는 패턴블록을 미국에 널리 소개한 책이며, 최근에는 NCTM에서 패턴블록을 활용한 예를 책으로 엮어 소개하기도 했다.

1) 패턴블록[16)]

- Manipulation(조작)과 Hands on(실제로 해보는 것)은 창조적인 놀이이다.
- 도형에 대한 관심이나 태도를 향상시켜 수학적인 사고를 유도한다.
- 현재 미국과 일본의 유치원, 초등학교에서 수학 학습재료로 사용하고 있다.
- 초등학교 수학과정 2학년, 3학년, 5학년과정에 소개되고 있다.
- 디자인, 색의 조화 등 아동들의 정서발달은 물론, 집중력과 지구력 배양 및 조직적이고 체계적인 두뇌발달에 도움이 된다. 개인이나 그룹을 지어 재미있게 놀며 공부할 수 있다.

2) 패턴블록과 도형학습[17)]

실제로 패턴블록은 6가지의 모양과 색깔로 구성되어 안전하게 조작할 수 있어 학생들의 흥미를 유발시킬 수 있다. 패턴블록 조작활동이 의미 있는 수학학습으로 연결되기 위해서는 패턴블록을 다양하게 조작할 수 있는 과제가 제공되어야 한다. 학생들은 패턴블록을 활용하여 도형의 합성과 분할, 대칭이동, 회전이동, 도형의 변환(밀기, 뒤집기, 돌리기), 선대칭과 점대칭 모양 만들기 등의 공간감각을 증진시킬 수 있는 활동, 도형의 넓이와 둘레의 길이, 무게, 들이 구하기 등의 측정활동도 할 수 있다. 따라서 조작할 수 있는 흥미 있는 과제가 중요한 역할을 하게 된다. 패턴블록의 조작활동과 관련하여 블록의 수를 세고 어림하고 측정하는 과정에서 시각과 촉각 등의 오감을 통하여 도형 감각 및 눈-운동 조정 능력, 도형 지각력, 공간에

16) 이명희(2003), 패턴블록 조작활동이 공간감각 발달에 미치는 영향, 대구교육대학교 석사학위논문
17) 현동희(2000), 초등학교 수학수업에서 패턴블록의 활용방안 연구, 인천교육대학교 석사학위논문

서의 위치 지각력, 공간 관계 인지 능력, 시각적 기억력, 시각적 변별력 등의 공간 감각 그리고 수 감각도 증진할 수 있다.

3) 패턴블록의 특성

패턴블록 기본도형들의 변의 길이가 같거나 두 배라는 점은 블록을 서로 맞추어 배열한 도형들 간의 관계의 탐구에 유리하다. 이러한 특성은 패턴블록 활동을 공간 추론, 도형관계, 패턴 등의 영역 지도에 훌륭히 사용할 수 있다. 패턴블록을 만들기 위해서 우드락을 이용하는 방법이 있으며, 이것은 오래 보관하여 사용하거나 패턴 블록의 모든 용법들을 구현할 수 있다. 패턴블록을 조합해서 문양을 만들거나 사물의 모양을 표현할 수 있다. 다른 여러 활동들은 패턴블록의 특성과 공간관계를 탐구하고 어림해보며 수, 측정, 도형, 함수, 패턴, 그래프로 나타내기 등 다양한 수학적 내용과 개념들을 탐구할 기회를 제공한다(Zorfass, 1996). 일반적으로 패턴블록을 활용하는 수업은 4~6명의 소집단 활동의 형태로 운영한다. 패턴블록을 컴퓨터에서 활용 가능한 컴퓨터용 소프트웨어도 있다. 이 소프트웨어에는 패턴블록을 컴퓨터 화면에서 조작할 수 있도록 기본의 6조각 이외에 정사각형 두 개를 이어놓은 하늘색의 직사각형이 있거나, 분홍색의 원이 함께 있는 것도 있다(Alejandre, 1995).

① 모양

패턴블록은 기하학의 기본도형인 정삼각형, 사각형(정사각형, 평행사변형, 마름모꼴, 사다리꼴), 정육각형의 6종류를 각각 6종류의 색깔로 구성된 교구이다. 각각의 도형에는 고유의 색을 칠해 이들 각각의 모양은 같은 치수와 같은 색으로 만들었다. 한 세트는 초록색 정삼각형 50개, 주황색 정사각형 25개, 파란색 평행사변형 50개, 황갈색 마름모 50개, 빨간 등변사다리꼴 50개, 그리고 노란색 정육각형 25개의 총250개로 구성되어 있다. 모든 블록은 1cm 두께에 각 변의 길이가 1인치(2.54cm)로 모두 동일한데 다만 등변사다리꼴의 밑변은 다른 변 길이의 두 배, 즉 2인치(5.08cm)이다. 즉 패턴블록은 기하학적 기본 도형 6가지로, 여섯 가지 모양 블록 중 정삼각형, 평행사변형, 등변사다리꼴, 그리고 정육각형은 모두 정삼각형의 합성 또는 정육각형의 분해에 의해 생성된 것들이다. 또, 마름모에서 두 각의 크기가 150°인 것을 제외하고 모두 360°의 약수인 120°, 90°, 60°, 30°로 모두 구성되어 있다. 그래서 이 도형들 간의 변의 길이와 각의 크기 사이에는 평면을 완전히 채울 수 있는 관계가 있다.[18] 평행사변형 사다리꼴 정육각형의 넓이는 정삼각형 넓이의 각각 2배, 3배, 6배이다. 또한 아래 그림에서 확인할 수 있듯이 각각의 블록들의 내각의 크기는 모두 30°나 그 배수로 이루어져 있다.

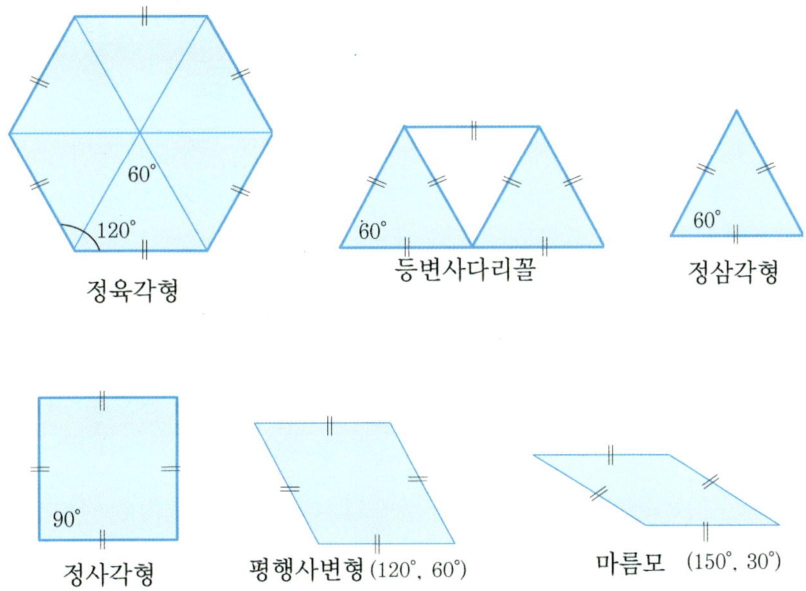

18) http://www.puzzleria.co.kr/FrontStore/dvProduct.phtml?pid=005&iCategoryCode=21

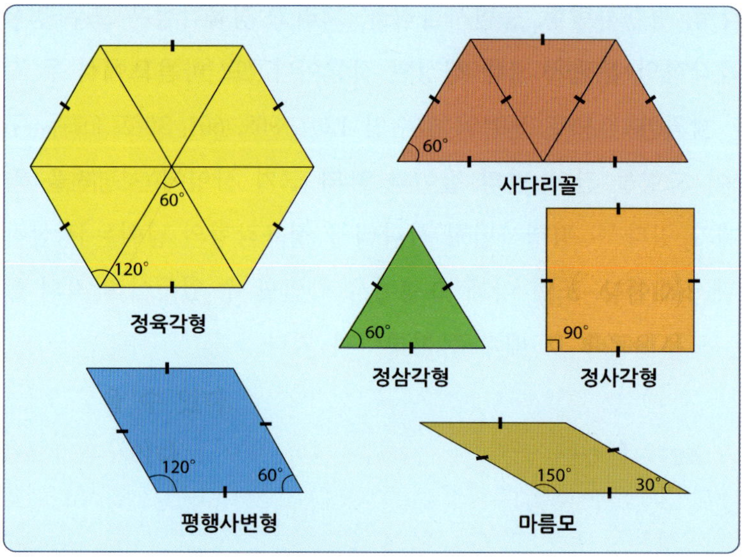

패턴블록의 모양

② 색

패턴블록 6종류의 도형에서 정육각형은 노란색, 등변사다리꼴은 빨간색, 평행사변형은 파란색, 마름모는 황갈색, 정사각형은 주황색, 정삼각형은 초록색이다. 패턴블록은 각각의 모양마다 다른 색을 띠고 있어 도형의 이름을 모르는 저학년들과 자연스럽게 이름을 색의 이름으로 바꾸어 부를 수 있다.

③ 재료

소재에 따라 플라스틱, 목재, OHP로 나누어진다.

	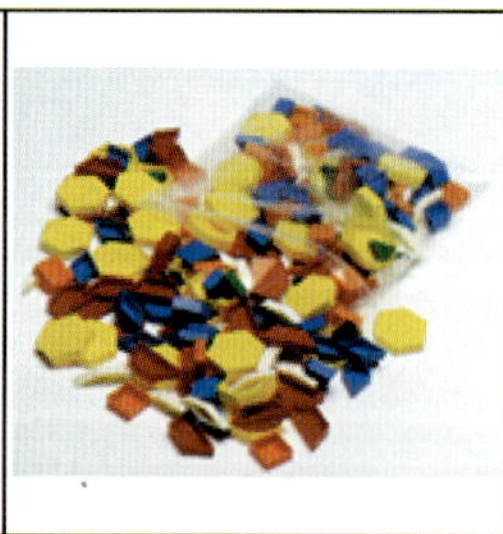	
목재	플라스틱	OHP

나무로 만들어진 것은 촉감이 좋고 모양이나 무게가 변하지 않는다. 따라서 정확도가 요구되는 활동에도 충분히 활용할 수 있다. 또 색깔이 있는 플라스틱으로 만들어진 것은 실물화상기 위에서 실제로 조작하여 모양을 모두가 볼 수 있다. 그 외에도 교사가 직접 만들기 위해서 두꺼운 종이, 판지, 우드락 등을 이용할 수 있다.

④ 크기

패턴블록은 빨간 블록의 긴 변을 제외하고는 각 변의 길이는 1인치(inch)이고 두께는 1cm이다. 어떤 블록도 블록의 크기, 변과 변의 길이, 두께가 초등학생들이 다루기 쉽고 복잡한 모양을 만들 수 있다. 일정한 두께가 있어 평면이나 입체적으로 쌓아 올릴 수도 있고 모양을 만들 수 있으며, 도미노와 같은 활동을 할 수 있다.

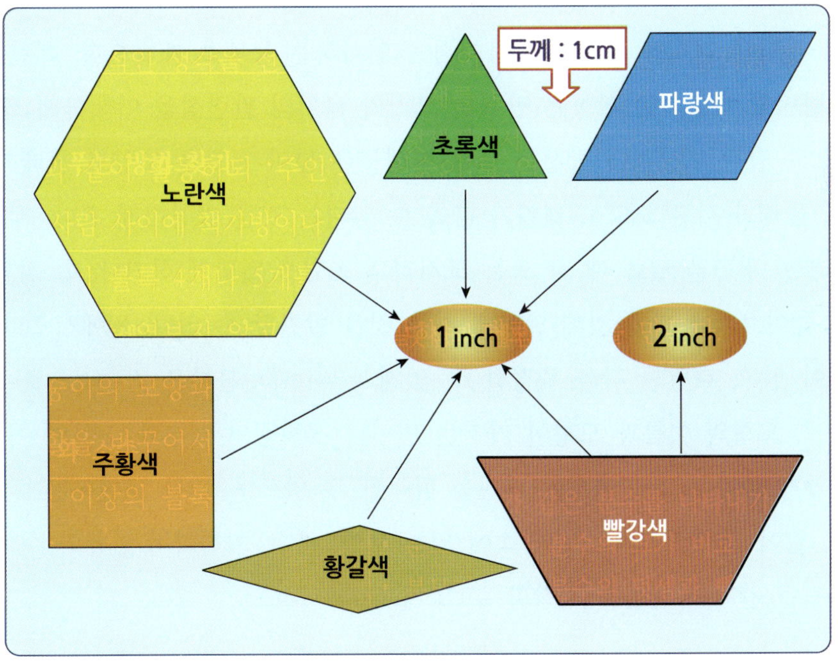

〈그림 3〉 패턴블록의 색과 크기

나. 패턴블록과 초등수학교육

미국에서는 1960년대부터 패턴블록이 연구되어 학습교구로 널리 활용되고 있지만 우리나라에는 최근에 알려져 있다. 패턴블록은 학생 스스로 구체적 조작 활동을 바탕으로 규칙성을 발견하고, 여러 가지 수학적 개념을 자연스럽게 이해할 수 있으며, 적극적인 의사소통 등 많은 장점이 있어 수학학습에서 의미 있는 활동이다.

패턴블록을 수학교육에서 활용하는 의의는 다음과 같다.

1) 공간 감각을 기르고, 평면도형과 입체도형의 여러 가지 개념, 측정과 관련된 성질 지도에 사용할 수 있다.(Miller & Lee, 1996)

패턴블록은 변의 길이가 같거나 두 배라는 점을 이용하여 블록을 서로 맞추어 배열하고, 도형들의 관계를 탐구해 볼 수 있다. 패턴블록은 합동, 대칭, 닮음, 넓이, 둘레의 길이, 연속성, 함수, 분수, 그래프 그리기와 같은 수학적 주제를 학습할 수 있고, 공간 감각을 익히고 유사성과 차이점을 인식하는 능력을 개발한다. 패턴블록을 단위로 넓이를 측정하는 활동은 단위의 크기와 넓이의 관련성을 이해하게 한다. 패턴블록으로 만든 모양의 외곽선을 보고 학생들은 넓이가 같은 모양도 둘레가 다를 수 있고, 둘레가 같은 모양도 넓이가 다를 수 있다는 것을 발견하게 된다. 패턴블록을 사용하여 평면을 덮을 때 각 또는 모서리의 조합을 알맞게 하거나, 한 점의 둘레에 같이 놓아보거나 다른 것에 알맞게 하는 것을 발견할 수 있다. 원에서 360° 측정에 대하여 알고, 다양한 각을 측정할 수 있게 된다. 패턴블록은 직관적으로 도형을 알게 하고, 도형의 이름과 도형이 가지는 면이나 꼭짓점의 개수와 도형의 이름과의 관계를 알게 한다. 고학년에서는 대칭을 탐구할 수 있으며, 비를 표현하는데 사용될 수 있다. 넓이, 둘레의 길이, 모양 속에 있는 모양, 분수, 기하학적 관계와 수에 대하여 직관적인 감각의 개발을 시작할 수 있게 된다.

2) 규칙을 인식하고, 규칙성을 찾는데 효과적으로 사용할 수 있다 (Miller & Lee, 1996)

패턴블록들을 조합해서 문양을 만들거나 사물의 모양을 표현할 수 있다. 학생들은 블록들이 놓여진 모양에서 기하학적인 특별한 관계를 이해하게 된다. 학생들은 두개 또는 더 많은 모양을 조합하여 새로운 모양으로 확장하면서 관계를 찾는 방법을 알게 된다.

3) 다양한 수학적 문제 해결 전략을 개발할 수 있다(DeVries, 1998)

문제 해결에서 추측하기, 패턴 찾기, 논리적 사고 사용하기, 그림 그리기, 목록 만들기, 일람표 만들기, 모델링하기 등의 전략들을 개발할 수 있다. 또 패턴블록은 유사성과 차이점을 인식하는 능력을 개발한다. 패턴블록의 겉모양과 똑같이 그려진 외곽선을 보고 특별한 추론하도록 도울 수 있다. 학생들은 패턴블록을 사용하여 도형에 대한 감각과 기하학적인 문제 해결을 위한 전략들을 개발하게 된다.

4) 수학을 재미있고, 쉽게 하며, 수학의 필요성을 느끼게 할 수 있다(DeVries, 1998)

패턴블록으로 재미있고 의미 있는 수학에 활발한 활동을 하게 된다. 또 학생들은 퍼즐을 해결하는 것은 물론 그들이 문제를 만들어 보는 의욕을 가지게 한다.

5) 매력적인 학습 환경을 제공한다(Miller & Lee, 1996)

패턴블록을 다루는 것은 그들이 이해한 것을 구성하게 하는 실제적이고 풍부한 수학적인 경험을 제공한다. 패턴블록을 사용하여 재미있고 의미 있는 수학의 활발한 활동을 하게 된다. 패턴블록은 학생들이 구체화된 도형들을 조작하도록 하는 매력 있는 환경을 제공한다.

6) 다양한 영역에서 사용할 수 있는 자료이다(DeVries, 1998)

패턴블록은 공간, 추론, 도형 관계, 패턴 등의 영역 지도에서 아름답고 흥미로운 도형의 구성에 사용된다. 패턴블록의 두께를 이용하면 입체도형을, 패턴블록을 부채꼴이나 사각형으로 만들면 분수개념을, 패턴블록의 색과 모양을 규칙적으로 조합시키면 논리 개념의 지도에 사용할 수 있다. 학생들은 패턴블록으로 합동, 대칭, 닮음, 넓이, 둘레의 길이, 연속성, 함수, 분수, 그래프 그리기와 같은 수학적 주제를 학습할 수 있다. 패턴블록을 사용함으로써 학생들은 면적, 둘레의 길이, 모양 속에 있는 모양, 분수, 기하학적 관계와 수에 대한 직관적인 감각의 개발을 시작할 수 있다. 이와 같이, 패턴블록은 공간 감각을 기르고, 평면 도형과 입체도형의 여려가지 개념, 측정과 관련된 성질을 지도하는데 유효하며, 규칙을 인식하고, 규칙성을 찾는데 효과적으로 사용할 수 있다.

Miller & Lee(1995)은 다양한 영역에서 사용될 수 있는 패턴블록 활동들을 소개하고 교사가 간직해야 점을 다음과 같이 들고 있다. 모든 활동의 내재된 목표가 의사소통을 촉진시켜 말하고, 기술하고, 질문하고, 설명하며, 정당화할 시간을 주도록 한다. 패턴블록을 사용할 때 삼각형, 사각형 등과 같은 형식적인 명칭과 주황색, 초록색, 네모, 세모 등과 같은 비형식적인 명칭을 사용하여 편안하고 자연스런 방식으로 형식적 학습하도록 한다. 가능하면 아동들이 어림하고 추측을 한 다음 실제 결과와 비교해보게 한다.[19)]

다. 2006 개정 교육과정의 초등수학에서 패턴블록 활용

- 1학년에서 점판에 제시된 도형을 보고 그대로 만들 수 있다.
- 2학년에서 구체물이나 그림의 밀기, 뒤집기, 돌리기 등의 활동을 관찰할 수 있다.
- 3학년에서 모눈종이에 간단한 평면도형이나 무늬의 옮기기, 뒤집기, 돌리기 활동을 통하여 그 변화를 관찰할 수 있다.

19) 주영(2003), 패턴블록 활용 학습이 공간감각 신장에 미치는 효과, 한국교원대학교 석사 학위논문

- 4학년에서 주어진 도형으로 여러 가지 모양을 만들 수 있다.
- 5학년에서 여러 가지 모양으로 주어진 도형을 덮을 수 있다.
- 6학년에서 주어진 모양을 보고 쌓기나무로 만들 수 있다.

학년	내용	활용내용
1-1	여러 가지 모양	패턴블록으로 여러 가지 모양을 찾아보고 만들어보고 규칙적으로 배열해보게 한다.
	가르기와 모으기	한 무더기의 블록을 두 무더기로 나누어 각각의 개수를 세어보고 다시 하나로 합쳐 그 개수를 세어보는 등의 활동을 통해 자연수에 대한 합성과 분해를 이해하도록 한다.
	비교하기	물건의 넓이를 비교할 때, 동일한 패턴블록으로 덮어보고, 그 수가 더 많으면 넓이가 더 넓은 것을 알게 한다.
	분류하여 세어보기	구체물을 이용하여 기준을 정하여 나누어 보고 분류하도록 한다. 분류된 블록들에서 공통점을 찾아보도록 한다.
1-2	여러 가지 모양	세모, 네모 모양의 패턴블록을 사용하여 다양한 모양을 만들어보게 하여 이들 도형에 대한 감각을 익히게 한다.
2-1	도형과 도형 움직이기	삼각형, 사각형 등의 모양을 다양한 크기로 만들고, 뒤집거나 돌리며 도형의 개념을 이해하도록 한다. 왼쪽, 오른쪽, 위쪽, 아래쪽으로 밀어보고, 발표하게 한다. 다양한 방향으로 뒤집어보고, 변한 것이 무엇인지 발표한다. 오른쪽으로 반바퀴, 왼쪽으로 반바퀴 등 돌려보고 어느 것이 달라졌는가에 대해 발표하게 한다.
3-1	평면도형	모양은 같으나 크기와 색깔이 다른 도형을 여러 가지 만들어보도록 한다. 그들의 공통점을 찾아보도록 하여 평면도형의 성질을 이해하도록 한다.
	도형 움직이기	모양 옮기기, 모양 뒤집기, 모양 돌리기

학년	내용	활용내용
3-2	분수와 소수	도형을 만들고 블록의 전체 모양에서 블록 하나가 차지하는 넓이를 이해하도록 한다. 이러한 활동을 발전, 응용시킨 활동을 계속하여 등분된 양의 전체 중에서 부분을 나타내는 분수의 뜻을 이해하도록 한다.
	자료 정리하기	블록을 분류, 정리하여 그래프로 나타내게 한다.
4-1	각도	각 부분을 만져보고 모양 속에서 각을 찾아보고 크기가 같은 각을 찾아보는 등의 활동을 통하여 각의 개념을 이해하고 각을 측정할 수 있도록 한다.
4-2	사각형과 도형만들기	크기와 모양이 다른 도형들을 만들어보도록 한다.
	꺾은 선 그래프	블록을 정리하여 그래프로 나타내어보고 그래프를 보고 그래프에서 나타내는 사실을 말할 수 있다.
	무늬 만들기	다양한 모양과 무늬를 만들어보게 한다. 블록을 활용해서 주어진 도형을 덮어보고, 몇 개의 도형조각이 사용되었는지 알게 한다. 또 한가지 뿐 아니라 여러 모양의 조각을 이용해서 도형을 덮을 수 있게 한다.
5-1	분수의 덧셈과 뺄셈	외각선만 그려진 모양을 한 개의 블록으로 덮어보고 블록이 차지하는 넓이를 모양에 대한 비로 나타내게 한다. 블록 한 개의 크기를 분수로 나타내고 더 놓아가며 덮여진 블록이 전체에서 차지하는 넓이를 알아보게 한다.
	평면 도형의 둘레와 넓이	노란색 블록의 한 변의 길이를 1로 하여 빨간색 블록의 둘레의 길이를 알아본다. 임의의 단위에 대한 측정을 함으로써 둘레의 개념을 알도록 한다. 초록색블록으로 다른 색깔이 블록들을 덮어보게 한다. 초록색블록의 넓이를 1이라고 하며 넓이의 개념을 이해하도록 한다.

학년	내용	활용내용
5-2	도형의 합동	블록으로 모양을 만들어 두 모양이 꼭 일치하여 하나의 모양이 다른 모양을 완전히 덮을 수 있도록 만들어보는 등의 활동으로 합동의 의미를 이해하도록 한다.
	도형의 대칭	선이 그려진 종이의 한쪽 면에 블록을 놓는다. 선을 따라 접었을 때 그려진 선의 맞은편에 놓인 블록과 꼭 겹쳐지도록 또 다른 블록을 놓아보도록 한다. 또, 종이 위에 패턴블록을 180° 회전시킨다. 원래의 모양과 같은 점과 다른 점을 말하여 보도록 하고 180°회전시켰을 때와 같은 모양이 되도록 블록을 놓아보도록 한다.
6-1	겉넓이와 부피	밑면의 모양에 맞게 블록을 쌓아보게 한다. 밑면의 넓이를 1이라고 하였을 때 부피는 쌓아지는 개수와 같음을 이해하도록 하고, 밑면의 넓이를 다양하게 블록을 쌓아보게 한다.
	비와 비율	녹색블록 6개로 노란색 블록을 만들어보게 한다. 초록색블록이 1이면 노란색 블록을 6이라 할 수 있다는 사실을 알게 한다. 마찬가지로 블록들을 만들어보고 그 크기를 서로 비교하여 말로 표현하고 비로 표현해보도록 한다.
6-2	입체도형	각각의 패턴블록을 쌓아보게 한다. 쌓은 도형의 겉모양을 관찰하며 입체도형의 구성요소와 특징을 이해하게 한다.

라. 패턴블록 활용의 실제

1) 패턴블록 도입 활동

학년에 관계없이, 패턴블록을 수업에 처음 사용할 때, 학생들에게 시간을 주어 블록들 간의 관계를 학생들이 탐구해 보게 할 필요가 있다.

① 촉감으로 블록 찾기

- 목표: 블록의 색깔로 블록을 구분하지 않고 모양에 따른 속성에 주의를 두고 구분해 보게 한다.
- 방법:
  - 2명씩 짝을 지어 각 쌍에 패턴 블록 한 주먹쯤을 담은 불투명 주머니나 상자를 준다.
  - 순서를 정하여 자기 차례에 주머니 속에 손을 넣어 블록 하나를 잡는다.
  - 자기가 어떤 블록을 잡았고 어떻게 그것인지 알았는지를 짝에게 말한다.
  - 잡은 블록을 꺼내서 맞는지 확인한다.
  - 같은 방법으로 다른 블록을 해본다.

② 모양 다시 만들기

- 목표: 패턴을 기억하여 똑같은 모양을 다시 만들어 봄으로써 시각화 기능을 발달시키게 한다.
- 방법:
  - 아래 그림과 같은 문양을 보고 그것을 만드는데 필요한 블록들을 찾는다.
  - 블록을 찾으면서 마음속으로 세어 다 세고 나면 문양이 보이지 않게 한다.
  - 기억을 더듬어 앞에서 찾은 블록들로 모양을 다시 만든다.

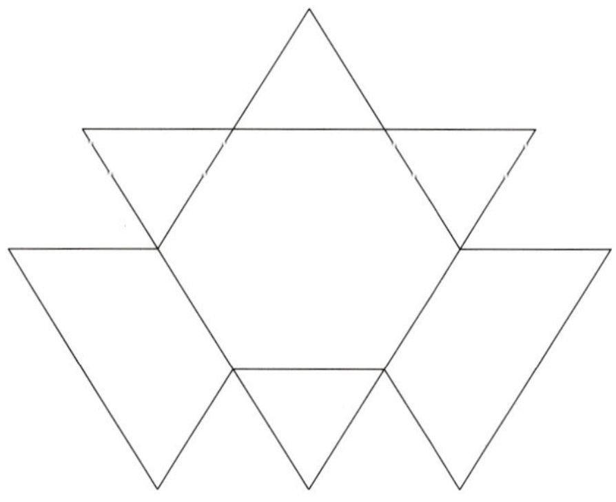

- 필요한 블록 (　　)개: 정육각형 (　　)개, 등변사다리꼴 (　　)개, 정사각형 (　　)개, 마름모 (　　)개, 정삼각형 (　　)개, 평행사변형 (　　)개

③ 별 모양 만들기

- 목표: 각각의 블록을 종류별로 인식하고 블록들의 명칭을 사용하면서 블록간의 관계를 알게 한다.
- 방법: 그림 같은 별 모양에 사다리꼴 3개와 삼각형 3개를 사용하여 채우게 한다.
  - 평행 사변형 4개와 정삼각형 4개로 채우게 한다.
  - 육각형, 사다리꼴, 육각형, 삼각형 블록들을 마음대로 사용하여 채우게 한다.
  - 별 모양을 채울 때 사용되는 삼각형의 개수에 주목하게 하여 방법에 따라 삼각형의 개수가 다름과 그 이유에 대해 이야기하게 하여 삼각형과 다른 블록들과의 관계를 알아보게 한다.

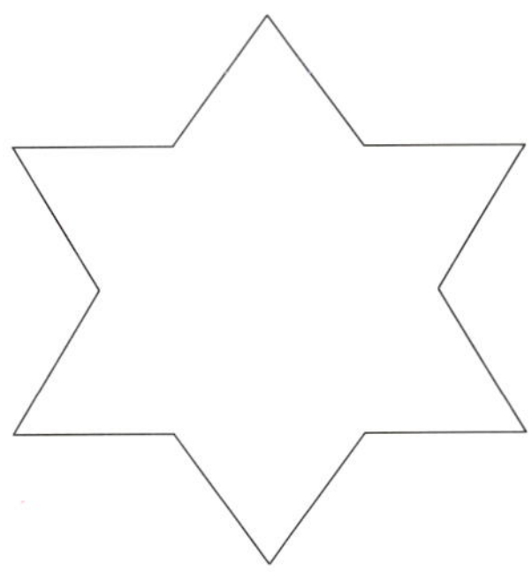

2) 수

① 합 구하기

- 목표: 패턴블록들 사이의 상대적 크기를 이용하여 특정한 합계가 나오는 도형을 만들어냄으로써 비례와 계산 기능을 익힌다.
- 방법:
  - 삼각형, 평행사변형, 사다리꼴, 육각형에 각각 수 1, 2, 3, 6을 부여한다.

- 합이 15, 18, 25, 또는 35와 40사이가 되는 도형을 만들어 보게 한다.
- 10개의 블록으로 도형을 만들어보고 그 합이 얼마인지 구해보게 한다.
- 결과를 다른 사람들에게 발표해 보고 비교하여 보게 한다.
- 삼각형이 1일 때 평행사변형, 사다리꼴, 육각형이 왜 각각 2, 3, 6이 되었는지에 대해 토론해 본다.

② 별 모양 만들기

- 목표: 자료를 조직하는 표를 만들어 패턴을 찾아 암산을 하여 문제를 해결한다.
- 방법:
  - 평행사변형 4개를 사용하여 아래 그림과 같은 별을 만든다.
  - 이것과 합동인 별을 만드는데 필요한 삼각형의 개수를 표로 알아본다.
  - 별 2개를 만드는 데는 평행사변형이 몇 개 필요한지 표를 작성한다.
  - 표에서 알아낸 사실로 별이 49, 50, 200개일 필요한 평행사변형과 삼각형의 개수를 알아보게 한다.

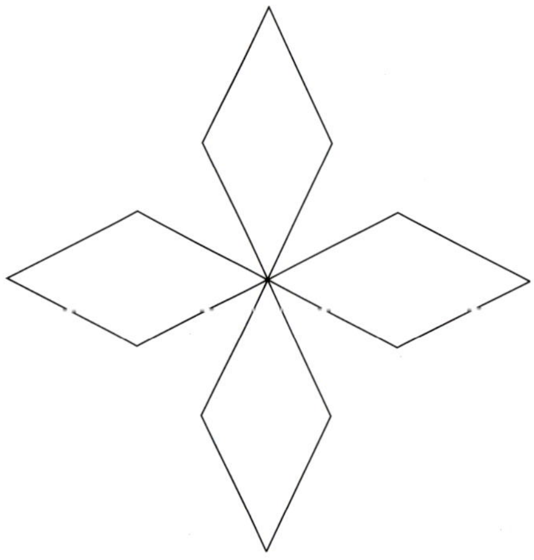

별의 개수	평행사변형의 개수	삼각형의 개수
1	4	8
2		
3		
4		
5		
6		
7		
8		
9		
10		

③ 육각형 만들기

■ 목적: 정육각형과 합동인 도형을 만들어 블록들 간의 분수 관계를 발견할 기회를 준다.

■ 방법:

- 여러 가지 블록들을 가지고 정육각형 블록 크기의 모양을 만들어 본다.
- 한 가지 블록으로 정육각형 모양을 만들어 본다.
- 각 블록이 정육각형 모양의 몇 분의 몇이 되는지 알아보게 한다.
- 여러 가지 블록으로 만든 정육각형 모양을 보고 분수로 나타내게 한다.

예)

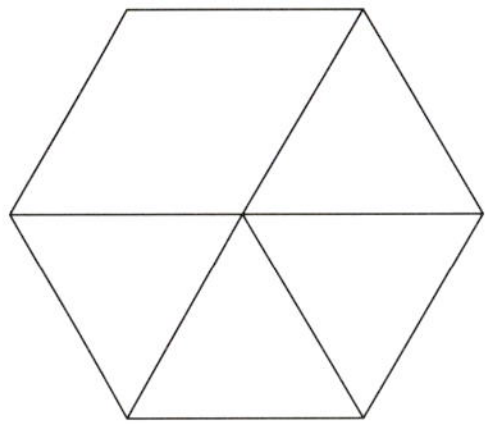

$$\frac{1}{3}+\frac{4}{6}=1$$

④ 삼각수

■ 목표: 문제를 해결하기 위해 패턴을 사용하게 하고, 삼각수를 도입한다.

■ 방법:

- 아래 그림과 같은 정삼각형들을 만들게 한다(검은 부분은 빈 공간임).
- A, B, C를 만드는데 각각 몇 개의 삼각형이 필요한지 알아본다.
- 다음 삼각형을 만드는데 필요한 삼각형의 개수를 구하게 한다.
- 위의 결과를 표로 작성하여 규칙을 찾아 일반화해 보게 한다.
- 이렇게 해서 나오는 수열 속의 숫자들을 삼각수라고 부름을 알게 한다.
- 또 빈 공간이 없는 경우에 나오는 수열은 어떻게 되는지 알아보게 한다.

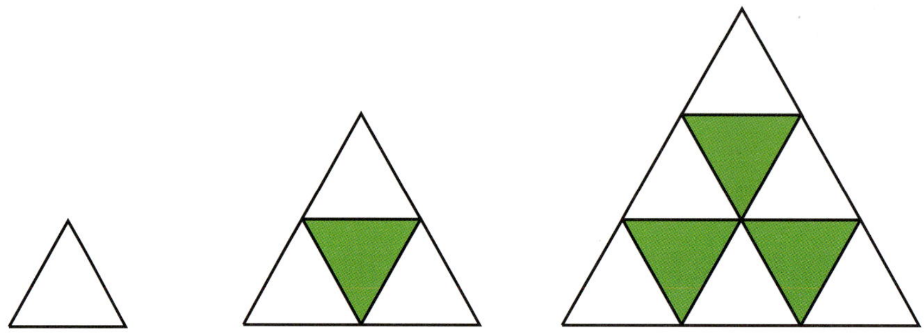

삼각형	A	B	C	D	E	F
초록색 삼각형의 개수	1	1+2	1+2+3			
초녹색 삼각형의 총 개수	1	3	6			

3) 도형

① 접힌 모양

- 목표: 대칭축에 대해 알게 한다.
- 방법:
  - 아래 그림은 어떤 블록 모양이 대칭축에 따라 접힌 모양이다.
  - 거울을 대칭축 위에 놓고 맞는지 확인해 보게 한다.
  - 다른 모양들을 몇 개 더 해본다.
  - 펼쳐진 모양에서 대칭축이 더 있는지 찾아보게 한다.
  - 대칭축이 2개인 모양도 그 결과 2개를 기록하게 한다.
  - 짝이나 다른 사람에게 자기가 기록한 모양을 보고 원래 모양을 만들어 보게 한다.

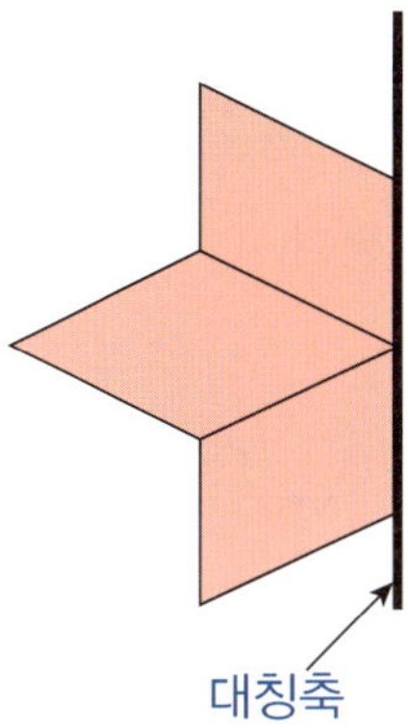

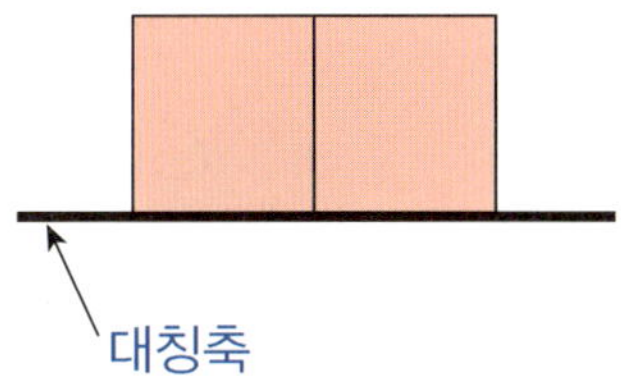

② 회전

- 목표: 회전 변환을 탐구한다.
- 방법:
  - 패턴블록으로 아래의 모양과 같이 만들게 한다.
  - 몇 가지 모양을 가지고 같은 활동을 해 보게 한다.
  - 한 바퀴(360°) 회전시켰을 때 결과도 알아본다.

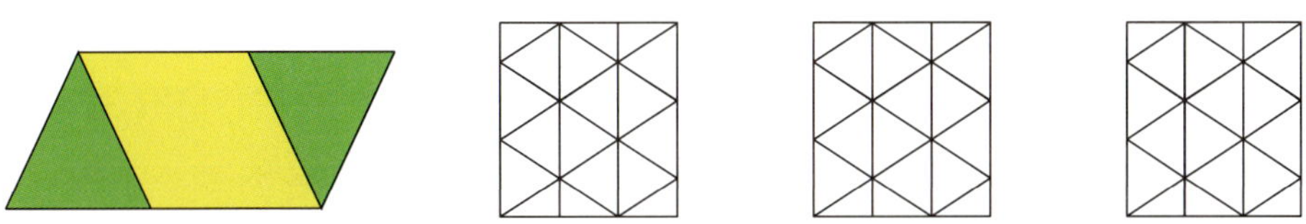

90° 180° 270°

③ 뒤집기(flip)

- 목표: 모양을 뒤집어 그 결과를 탐구하여 일반화해 보게 한다.
- 방법:
  - 패턴 블록을 사용해서 아래 그림과 같은 모양을 만들게 한다.
  - 뒤집어 생긴 모양을 연필로 그린다.

• 뒤집기를 2, 3, 5번 등 여러 번 하면 그 결과는 어떻게 변하고 어떤 규칙이 있는지 알아본다.

• 이와 같은 활동을 다른 모양들에 대해서도 해 본다.

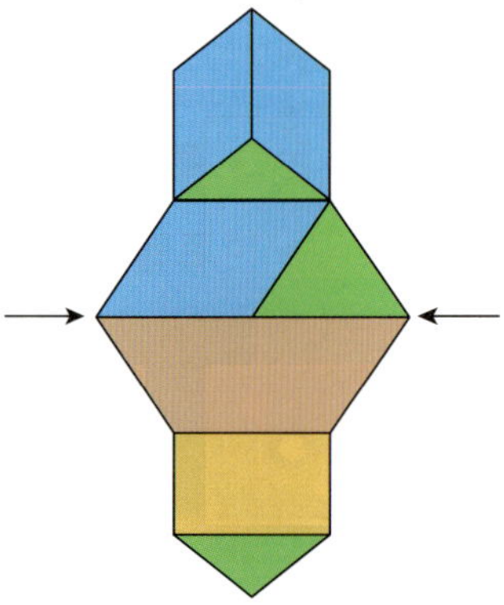

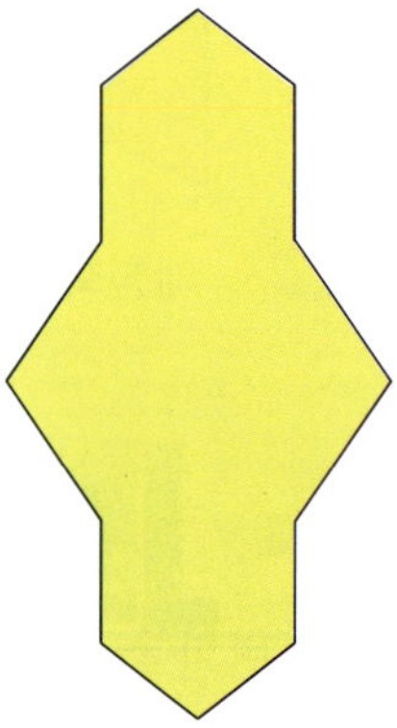

④ 모자이크 만들기

■ 목표: 패턴블록을 타일처럼 사용하여 평면에 붙여 기하학적 도형들의 선대칭, 뒤집기, 회전등 물리적, 정신적 조작을 해보는 경험을 갖게 한다.

■ 방법:

• 패턴 블록 모양을 색종이에서 여러 개 오려낸다.

• 일정한 패턴으로 8절지 색지에 오린 도형을 붙인다.

예)

4) 측정

① 넓이와 둘레의 길이

■ 목표: 넓이와 둘레의 길이의 관계를 탐구해 보게 한다.

■ 방법:

- 초록색 삼각형의 넓이를 1이라고 한다.
- 초록색 삼각형들로 아래 그림을 덮어서 몇 개가 사용되었는지 알아본다.
- 원래 모양의 넓이는 얼마인지 알아보고 새로 만든 모양의 넓이는 얼마인지 생각해 본다.
- 초록색 삼각형의 한 변의 길이를 1이라 하고 원래 모양의 둘레의 길이는 얼마인지 알아본다.
- 새로 만든 모양의 둘레의 길이는 얼마인지 알아본다.
- 삼각형의 개수를 두 배로 하여 새로운 모양을 만든다면 넓이와 둘레의 길이는 어떻게 변하겠는가?
- 원래 모양을 만드는 삼각형들을 사용해서 둘레가 원래 모양의 두 배가되는 모양을 만들어 그 넓이를 구해보아 원래 넓이와 비교해 보게 한다.

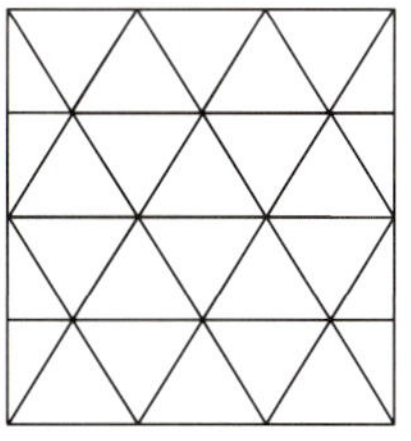

② 각

■ 목표: 각과 합동각의 의미를 탐구해 보게 한다.

■ 방법:

- 아래 모양에 맞는 블록을 모양 위에 겹쳐 놓게 한다.
- 선택한 블록에서의 각의 개수를 아동과 함께 구해본다.

- 다른 블록들에서도 각각의 각의 개수를 구해보게 한다.
- 각의 크기가 같은 블록으로 같은 각을 알아보고 합동각을 알게 한다.
- 블록들 간에 합동인 각을 가지고 있는 블록들을 찾아보게 한다.

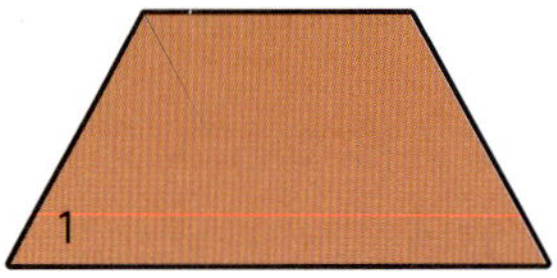

각의 개수: (　　　)

5) 기타

① 게임

- 목표: 논리적 추론과 공간 추론 능력을 길러준다.
- 방법:
  - 2인이나 2팀이 하는 게임이다.
  - 아래 그림과 같은 육각형 모양에 블록들을 채워나가는 게임이다.
  - 필요한 블록은 정삼각형, 등변사다리꼴, 평행사변형이다.
  - 첫 번째 할 사람을 정하고 그 사람은 ↘표시한 곳에 삼각형을 놓는다.
  - 상대는 그 삼각형 옆에 한 블록을 놓는데 이때 블록의 면과 면이 닿아야 한다.
  - 블록 하나를 놓을 때마다 차례가 바뀌며, 마지막으로 빈 공간을 채운 사람이나 팀이 승리하게 된다.
  - 여러 번 해본 다음 이길 수 있는 전략이 무엇인지 찾아본다.
  - 마지막 놓는 사람이 지는 것으로 정하고 게임을 해 본다.

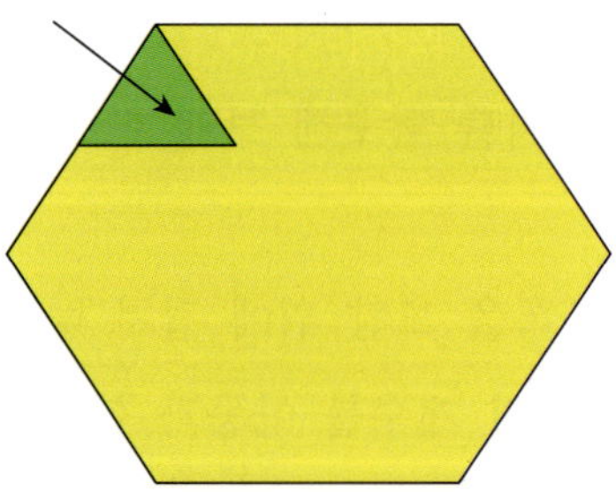

② 패턴

- 목표: 패턴을 찾아 문제를 해결한다.
- 방법:
  - 블록으로 아래 그림과 같은 모양으로 배열한다.
  - 다음에 무엇인지 예상해 본다.
  - 예상한 블록을 놓고 그 이유를 설명해 보게 한다.
  - 여러 가지 다른 패턴도 위와 같이 해 본다.

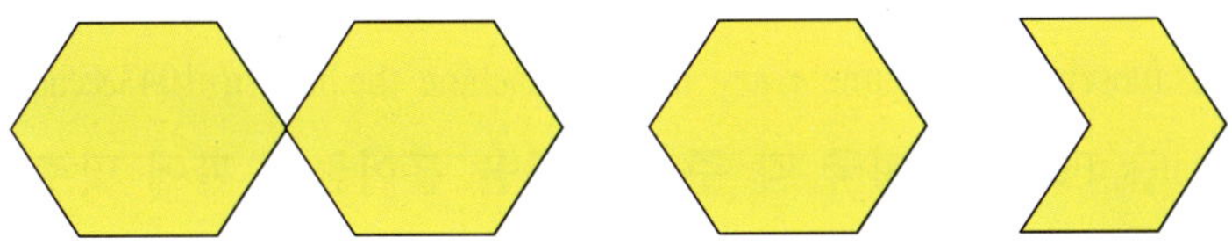

③ 의사소통

- 목표: 수학적인 생각을 전달하기 위해 언어로 묘사하고 듣는 능력을 향상시킨다.
- 방법:
  - 짝과 같이 활동하되 '주인'과 '원숭이'로 역할을 나눈다.
  - 두 사람 사이에 책가방이나 가리개를 놓아 상대편의 블록이 보이지 않게 한다.
  - 주인이 블록 4개나 5개를 사용해서 어떤 모양을 만든다.
  - 원숭이는 엿보지 않고 주인이 말하는 대로 모양을 만든다.
  - 원숭이의 모양과 주인의 모양을 비교해 본다.
  - 역할을 바꾸어서도 해본다.
  - 5개 이상의 블록들을 가지고도 해 본다.

마. 활용 web site

- 패턴블록에 대한 개념과 원리를 알고 직접해 볼 수 있다.
  http://www.mathtaegu.com/hp/chehum2003/ch_list.htm
- 패턴 알아맞히기 : 간단한 규칙을 보여주고 빈칸에 들어갈 그림카드를 고르는 게임
  http://www.momschool.co.kr/umma/math/sg9.html
- Pattern Games : 사람이 나열되어 있는 규칙 찾기 게임
  http://games.funschool.com/game.php?g=pt_bandb,f&6&7
- Crazy Pattern Machine (The) : 도형이 나열되어 있는 규칙 찾기 게임
  http://games.funschool.com/game_crazy_pattern_machine_the.html?g=1043&category=0&level=0
- United States Puzzle : 미국 각 주의 블록을 흩어놓고 판에 맞추는 게임
  http://games.funschool.com/game_united_states_puzzle.html?g=1177&category=0&level=8
- Party Puzzle : 간단한 그림 퍼즐 맞히기
  http://games.funschool.com/game_party_puzzle.html?g=1131&category=0&level=8
- 무늬 만들기 : 초등5학년 '무늬만들기' 수업에 활용 가능한 소프트웨어
  http://nuri.ineasy.net/math2/index.html
- 주어진 도형을 사용하여 자유롭게 문양을 만들어 볼 수 있다.
  http://ejad.best.vwh.net/java/patterns/patterns_j.shtml
  http://nlvm.usu.edu/en/nav/frames_asid_169_g_1_t_2.html
- 창의력창고 : '[10]패턴블록'의 자료를 다운받아 사용할 수 있다.
  http://www.funmath.net/data/upload_list.php?tableid=00000001
- 충북제천교육청학습자료:초등5학년용 패턴블록 활용 학습자료를 다운받아 사용할 수 있다.
  http://www.cbjche.go.kr/new/qna/qna3/files/패턴블록(학생용).hwp

① http://blog.daum.net/dms0dms/1953568?popQuery=n
1학년을 담당하고 있는 현직 선생님이 가르기와 모으기, 여러 가지 모양 활용 자료

② http://km.naver.com/list/view_detail.php?dir_id=80810&docid=32640047

③ http://book.naver.com/bookdb/book_detail.php?bid=1884166&menu=book_info#예스24

3.9 폴리드론(Polydron)

[폴리드론]

가. 유래와 배경

폴리드론(Polydron)은 영국의 에드워드 할베이(Edward Harvey)가 도형 학습용으로 개발한 교구로 다면체를 의미하는 폴리히드론(Polyhedron)에서 발전된 것이다. 폴리드론은 4가지 색, 8가지 종류의 부품으로 구성되어 평면도형이나 입체도형의 모양을 끼워 맞추어서 다양한 모양을 만들 수 있도록 구성된 교구이다. 폴리드론은 정삼각형 60개, 이등변삼각형, 직각이등변삼각형, 정사각형 30개, 마름모(두 대각선의 길이 비가 $\sqrt{5}$: 1), 정오각형, 정육각형의 평면도형으로, 결합과 분리가 쉽고 조작 활동을 할 수 있어 자연스럽게 도형학습을 할 수 있다.

폴리드론은 각 평면도형의 변의 길이가 똑같아서 조립하여 전개도나 다양한 평면도형 및 입체도형을 만들어 학습할 수 있다. 평면도형과 입체도형 사이의 관계, 꼭짓점의 수와 면의 수 및 변의 수 사이의 관계 파악 및 입체도형, 특히 정다면체의 성질 탐구에 유용한 교구이다. 기하학적 형상은 각각의 조각들이 서로 맞물려 고정되도록 고안돼 있어 튼튼하면서도 또한 그 색상이 다양하다.

수학 이론의 기초뿐 아니라 상상력으로 만들기를 할 경우에 다양하게 나타낼 수 있으며 쉽게 조작할 수 있는 교구로 세계 40여 개국에서 광범위하게 활용되고 있다. 초등학교 입학전후의 아동들은 물체의 형상과 공간에 대한 다양한 접근이 필요한 시기다. 평면과 같은 이차원의 형상이 갖는 면적, 그리고 그 평면이 형상화되어 입체로 바뀔 때의 동류감 등을 본격적으로 이해하고 그 의미를 넓혀가야 할 때이다. 폴리드론이 이런 입체형상을 만들고 배우고 또 설명해볼 수 있다. 학생들이 접하는 형상의 가장 중요한 것은 관념적 형상인데, 정4면체, 정8면체, 정6면체, 정12면체, 정20면체 등을 말한다. 이때 폴리드론은 구체적인 것과 추상적인 것을 연결시켜 주며, 폴리드론 프렘임웍 같은 것을 이용해서 추상적 기하형상을 구체화할 수 있다. 또 구체적인 형상속에서 입체의 면이나 꼭짓점, 변 등의 상관관계를 추상적으로 유추해내는 능력을 기를 수 있다.

나. 폴리드론과 초등수학교육

폴리드론은 평면형의 도형세트로 모양 만들기, 입체도형 전개도, 대칭도형의 설명에 편리하다. 구성, 분해가 용이하여 여러 가지 모양의 도형을 구성할 수 있어서 도형에 대한 관심과 자유로운 발상에 자극을 주어 창의성 향상과 도형적 감각의 육성, 정착에 효과적으로 사용되고 있다. 폴리드론은 형상과 공간, 패턴, 수리, 분류 등을 포함한 수학적 분야에서 다양한 탐구심과 연구심을 북돋워주며, 수학적 언어에 대한 이해와 문제풀이 능력을 향상시켜 줄 수 있다. 또 구체적인 형상 속에서 입체의 면이나 꼭짓점, 변 등의 상관관계를 추상적으로 유추하는 능력이 생긴다. 이런 측면에 폴리드론을 활용해보는 것이 바람직하다.[20]

교육과정의 초등수학 교과서에서 폴리드론 활용 단원은 다음과 같다.

학년		내용체계
1	1	• 입체도형의 모양
	2	• 평면도형의 모양 • 점판에서 공간감각 기르기
2	1	• 기본적인 평면도형 • 구체물의 이동에서 공간감각 기르기
	2	• 입체도형의 구성
3	1	• 각과 평면도형 • 평면도형의 이동에서 공간감각 기르기
	2	• 원의 구성요소 • 거울을 통한 공간 감각 기르기
4	1	• 각과 여러 가지 삼각형 • 삼각형과 사각형에서 내각의 크기
	2	• 여러 가지 사각형 • 수직과 평행 • 간단한 다각형과 정다각형 • 여러 가지 모양 만들기
5	1	• 직육면체와 정육면체의 성질 • 여러 가지 모양으로 주어진 도형 덮기
	2	• 합동과 대칭
6	1	• 각기둥과 각뿔의 성질 • 쌓기 나무로 모양 만들기
	2	• 여러 가지 입체 도형

20) http://www.jne.go.kr/
http://www.polydron.co.kr/rec/
http://cafe.daum.net/polydron

또한 입체도형영역의 활동내용 분류기준과 교구활용내용은 다음과 같다.

활동분류		활동 내용	활용 가능도	
			폴리드론	지오픽스
1. 대상의 묘사나 분류	1. 초급	• 모양을 묘사하기	○	○
		• 기본적 성질로 분류하기	○	△
		• 공통점과 차이점	○	△
		• 나름대로 분류하기	○	△
		• 면의 수세기	○	○
	2. 중급	• 동일한 물체 찾기	○	○
		• 모서리, 꼭짓점, 면을 이용하여 묘사하기	○	○
		• 입체의 분류 (성질 비교를 통한)	○	△
	3. 고급	• 입체의 탐색 (입체의 특징 찾기)	○	△
		• 평행인 면	○	○
		• 수직인 모서리	○	○
		• 직각기둥	○	○
2. 구성, 탐구 및 발견	1. 종이튜브	• 면, 모서리, 꼭짓점의 관계	○	○
	2. 막대모델	• 구성하기	○	○
	3. 전개도	• 전개도	○	○
3. 입체도형의 2차원적 표현	1. 면의 모양	• 면의 자국을 입체와 짝짓기	○	○
	2. 겨냥도	• 입체에 대한 여러 가지 겨냥도 찾기	○	○
	3. 입체 단면	• 입체 단면의 시각화	○	
	4. 입체 그리기	• 입체를 그려보는 활동		

(○ : 높음, △ : 보통)

※ 다른 교구 (기하판, 쌓기나무, 소마큐브, 입체도형, 단면 모형, 전개도 모형 등)에 비해 폴리드론과 지오픽스의 활용도가 높음

다. 폴리드론 구성 및 조립방법

1) 폴리드론의 모양과 종류

① 색깔 : 빨강 노랑 파랑 녹색 4색

② 모양 : 정삼각형, 정오각형, 정육각형, 이등변 삼각형, 직각 이등변 삼각형, 정삼각형(대), 장방형 총 8종류

③ 크기 : 한 변의 길이 약 72mm를 기준으로 전부 1또는 루트2의 길이

④ 재질 : 플라스틱 (ABS수지)

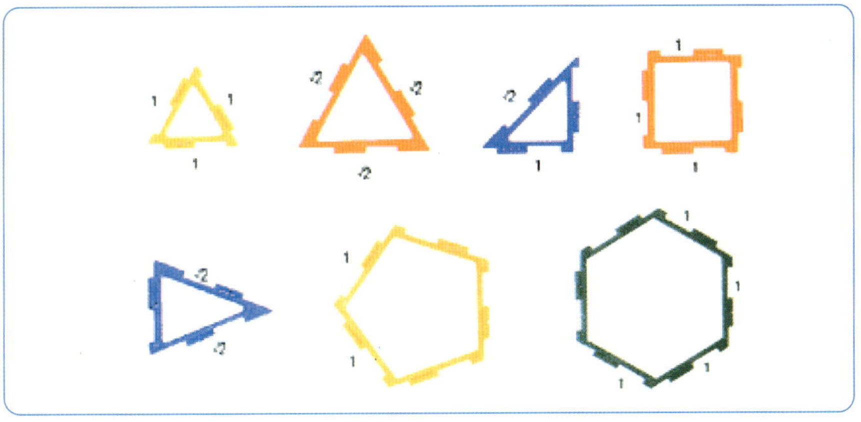

2) 조립하는 방법

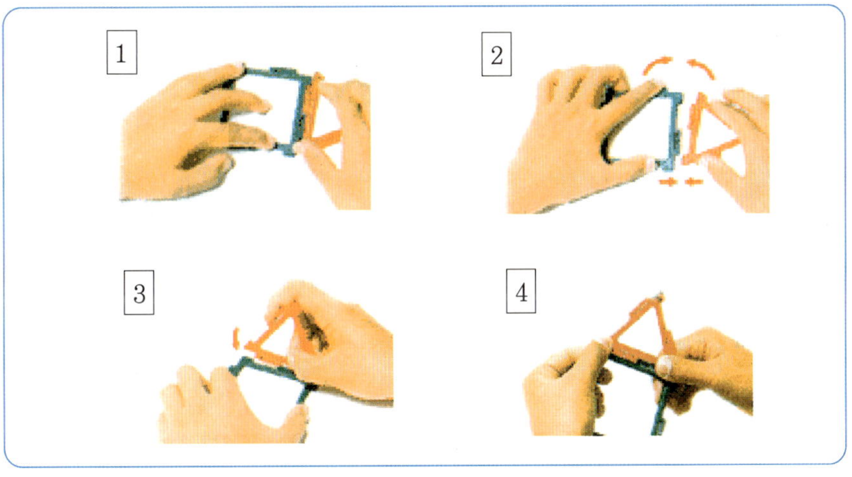

3) 분해하는 방법

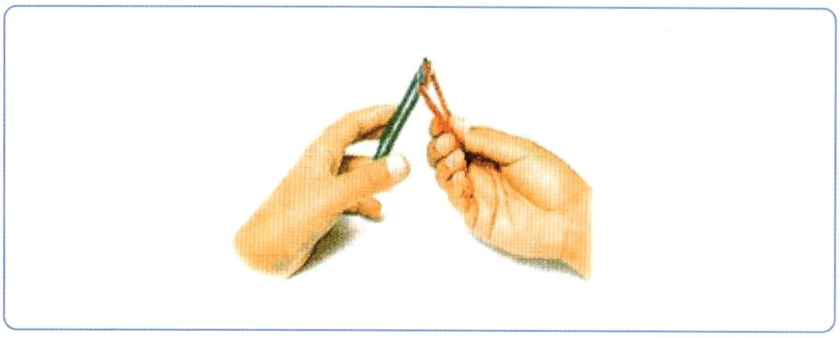

연결되어 있는 2조각을 접어서 꺾으면 자연히 분해된다.

라. 활용의 실제

폴리드론은 각 부품의 변의 길이가 모두 같기 때문에 어떤 변끼리 맞물려 끼워도 결합이 자유롭다. 이러한 활동을 통하여 도형의 크기와 모양 비교, 겹쳐 보고 꼭 들어맞는 곳을 찾으면서 도형의 합동을 경험하게 된다. 아래 사진에 있는 모양뿐만 아니라 주변에서 흔히 볼 수 있는 사물들도 만들어 봄으로써 공간에서의 위치 지각 능력과 공간 추론능력을 기르게 된다. 조별로 함께 만들기를 하여 협동성을 기르는 데에도 좋은 구실이 될 수 있다.

[정다면체 만들기]

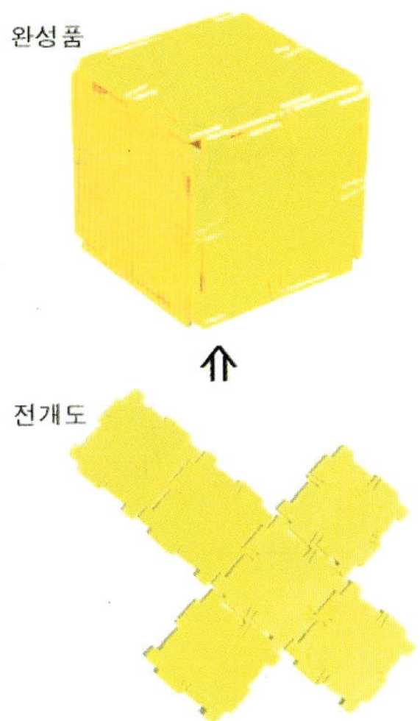

〈정사면체〉

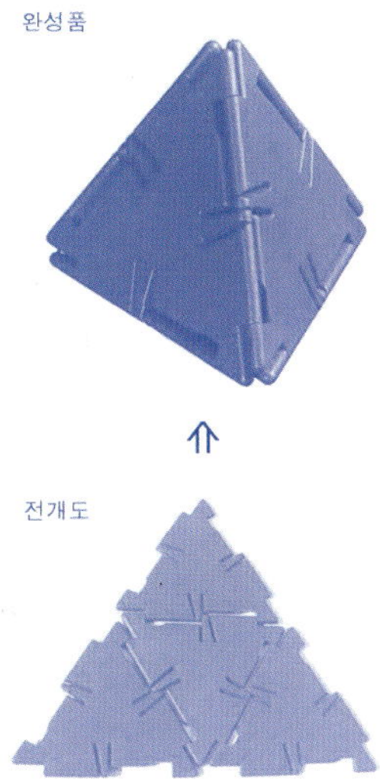

〈정육면체〉

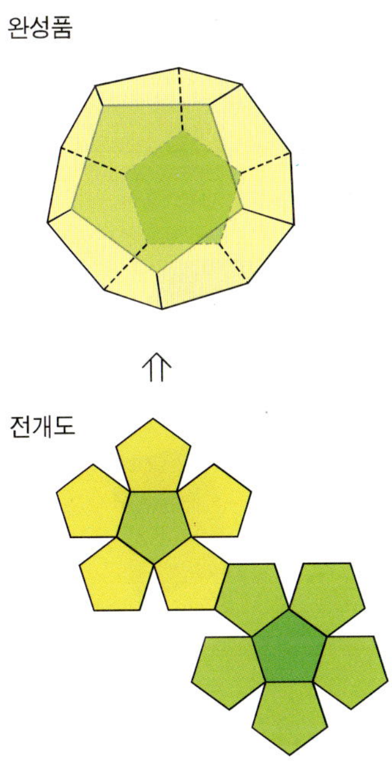

〈정팔면체〉

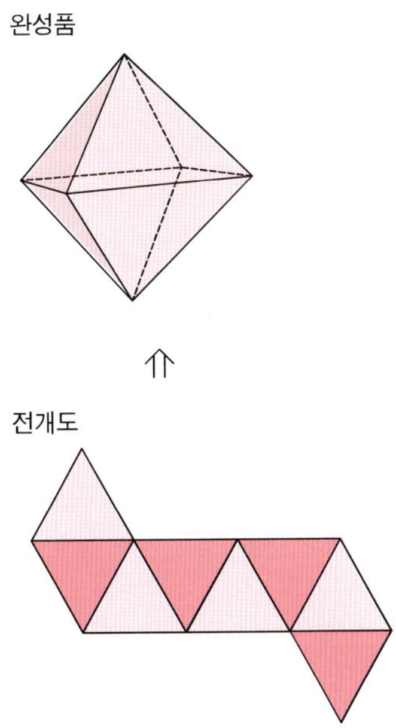

〈정십이면체〉

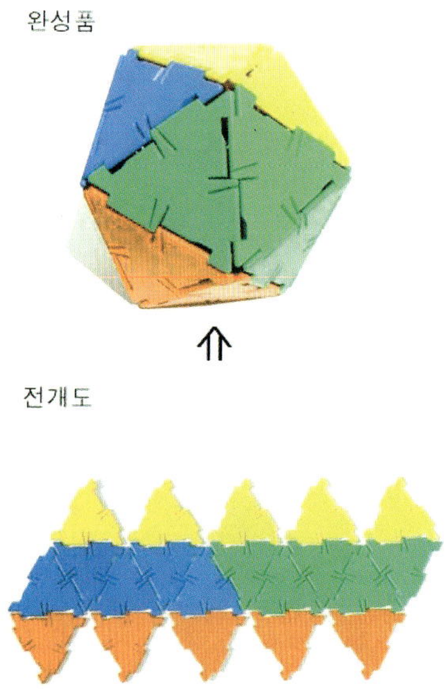

〈정이십면체〉

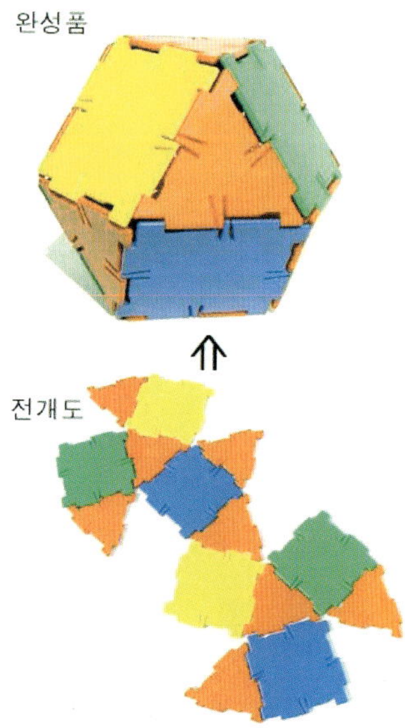

〈준정입방8면체〉

[각기둥 만들기]

여러 가지 각기둥, 윗면의 각 변의 길이가 같고 각기 높이가 같은 조각으로 만들 수 있다.

[각뿔 만들기]

완성품

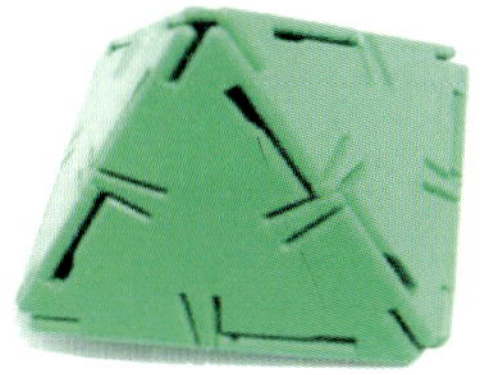

⇑

전개도

각뿔의 대표적 사각뿔로 다른 것은 면의 수만 늘어난 것이라고 보면 된다.

[축구공 만들기]

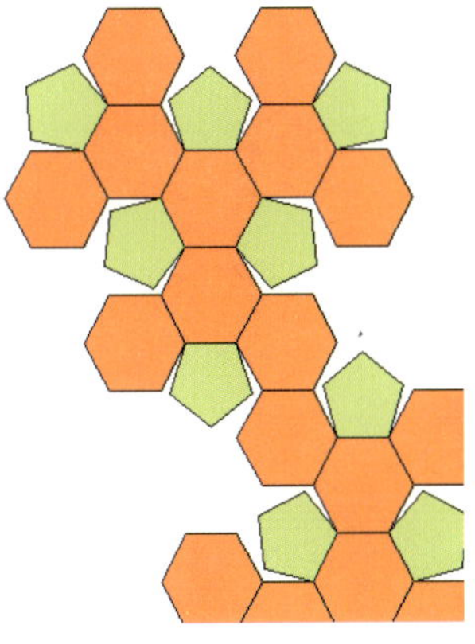

또한, 폴리드론 조각을 이용하여 다음과 같은 활동을 할 수 있다.

① 같은 수, 같은 종류의 폴리드론을 활용하여 모양은 다르지만 같은 넓이의 다면체를 만들어 본다.

② 직삼각형 폴리드론을 활용하여 다른 폴리드론의 겉넓이를 구해 본다.

③ 전 도형에서 가로 세로의 길이가 X배 늘어나면 겉넓이는 몇 배로 늘어나는지 알아본다.

그러나 정확한 평면도형으로 이루어지지 않아 오 개념 형성의 우려가 있으며 정해진 길이의 도형만 있어서 다양한 크기의 모형을 만들 수 없고, 고가라는 단점이 있다.

마. 활용 web site

- 다음카페-폴리드론으로 공부하기
- KOEDU-한국시청각교재 (폴리드론)
- http://cafe.daum.net/polydron www.polydron.co.kr
- KBS 탐구교실-폴리드론
- http://kbstamgu.co.kr/main/visual/poly.htm
- http://blog.naver.com/nachswh?Redirect=Log&logNo=100011322519

3.10 도미노(Domino)

가. 유래와 배경

도미노(Domino)는 작은 조각들을 연달아 세워 한 번에 넘어뜨리는 놀이로만 알고 있다. 그러나 여기서 도미노란 본(bone)이라는 패를 사용하는 놀이이다. 도미노라는 말은 원래 법의(法衣)를 뜻하며, 뒷면이 고대 사제가 추운 겨울에 사용한 두건이 달린 법의를 연상케 한다는 데에서 비롯되었다고126

한다. 도미노와 비슷한 골패 놀이는 중국에서도 옛날부터 행해졌으나, 서양식 도미노는 18세기에 이탈리아에서 고안되었으며 다이스(dice) 놀이에서 유래되었다. 그 후 프랑스로 전파되어 인기를 끌었으며 바(bar)나 카페에서 흔히 하는 게임이 되었다. 프랑스의 전쟁 포로들이 영국으로 도미노를 전파했으며 다시 미국으로 전해지게 되었다.

도미노의 이름은 가장 높은 눈의 수로 정하며 6-6 도미노(6개의 눈을 최고로 하는 28개의 패를 1세트로 한 것)가 가장 일반적인 것이다. 게임에는 직사각형의 패에 6개의 눈을 최고로 하는 28개의 패를 1조로 사용하는 것이 원칙이지만, 최고 9개의 눈이 있는 55개의 패를 사용하는 것도 있다. 패는 보통 앞면이 상아, 뼈, 뒷면이 검은 나무로 되어 있다.

나. 도미노의 구성

수학학습에서 활용되는 도미노(예를 들어, 6-6, 9-9, 그림-그림 등등)는 한 쪽에 최대 여섯 개의 점이 있는 6-6 도미노가 많이 사용된다. 한 세트의 도미노는 다음과 같은 28개로 이루어져 있으며, 색깔로 다른 세트와 구별된다.

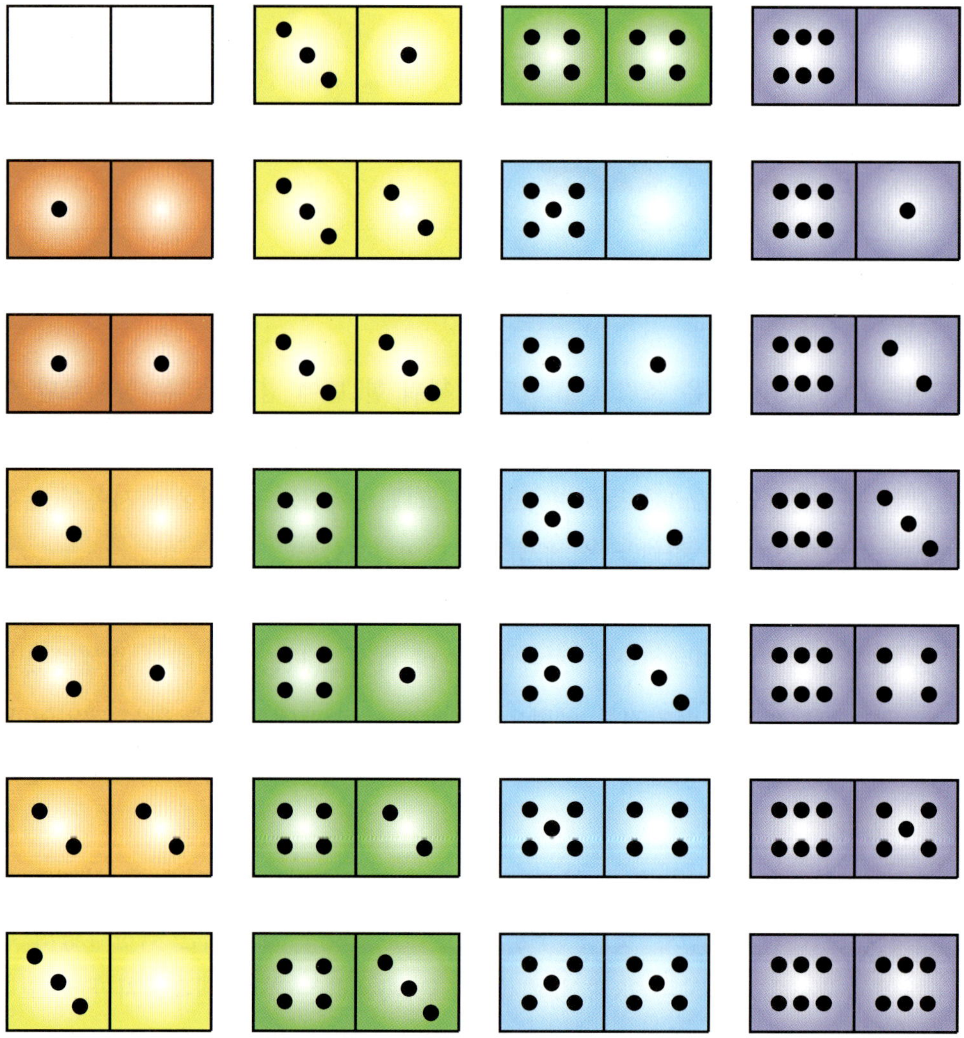

〈참고〉 6-6 도미노 눈의 배열

0-0	1-0	2-0	3-0	4-0	5-0	6-0
	1-1	2-1	3-1	4-1	5-1	6-1
		2-2	3-2	4-2	5-2	6-2
			3-3	4-3	5-3	6-3
				4-4	5-4	6-4
					5-5	6-5
						6-6

다. 도미노와 초등수학교육

도미노를 이용한 게임은 덧셈, 뺄셈, 곱셈, 나눗셈이 각각 분리된 별개의 개념이 아니라 서로 상호 밀접한 관련이 있다는 것을 파악할 수 있다. 학생들은 도미노 활동 상황 속에서 흥미를 갖고 게임을 하는 과정에서 수학적 개념을 획득할 수 있다. 또 퍼즐 문제는 암산력을 향상시킬 수 있고, 학생들의 수준을 맞는 개별과제를 부여하여 성취도를 높여 자신감을 길러 줄 수 있다. 프로젝트 과제를 제시하여 소집단 활동을 시킬 수 있으며, 조원들 상호간 충분한 의견 조율을 하는 기회를 제공해 학생들이 수학적 아이디어를 서로 공유하게 할 수 있다.

초등수학에서 도미노는 덧셈과 뺄셈, 자리값과 순서, 분수의 기본 개념, 자연수와 분수의 사칙연산, 확률의 개념 등을 지도에 도움을 줄 수 있다. 또한 도미노 기차 만들기, 마방진 자리값과 연산, 여러 가지 수학적 게임에 활용될 수 있다. 이것은 도미노가 기호를 직접적으로 사용하여 수학적 개념을 표현하지 않고, 시각적으로 표현된 점의 개수로 표현된다는 점에서 효과적이다. 예를 들어, 사전 경험이 없이

식의 표현을 직접적으로 가르쳤을 때, 의미를 제대로 파악하지 못하여 아무런 의미를 갖지 못한다. 따라서 도미노는 형식적인 기호표현을 학습하기 이전에 사전 경험으로써 중요한 의의가 있다. 또한, 추론하고 패턴 찾기와 같은 문제해결 전략을 개발할 수 있다. 특히, 도미노를 이용한 게임으로 수학에 대한 흥미를 갖게 되고 게임을 하는 과정에서 수학적 개념을 획득할 수 있다.

각 활동 시작 전에, 교사들은 학생들에게 0-0(합0)부터 6-6(합12)의 순서로 도미노들을 배열하는 활동을 먼저 하게 한다. 이 활동 후에 각 활동에서 특정한 도미노를 빠르고 쉽게 찾을 수 있다. 이러한 활동들은 소집단이나 두 명씩 짝을 지어 협동으로 이루어질 수 있다.

도미노는 주로 다음과 같은 내용을 지도하는 데 유용한 교구이다.

① 눈의 수를 연결하는 활동을 통한 수의 계열과 수의 크기 연습하기
② 눈의 수를 이용하여 양감을 바탕으로 한 사칙 계산 이해하기
③ 정사각형 각각의 눈의 수를 분자와 분모로 하여 분수의 개념 및 사칙 연산 이해하기
④ 마방진 활동을 통한 연산 이해와 수 감각 기르기

교과서에서 도미노 활용 단원[21)]

단계	단원	활용내용
1-1	가르기와 모으기	• 두 수로 가르기와 모으기
	더하기와 빼기	• 덧셈식과 뺄셈식 알아보기
	50까지의 수	• 50 이하의 개수 세기 • 50 이하의 수에 대한 순서 알기 • 두 수의 크기 비교

21) "열린 수학수업을 위한 도미노 게임 활용 방법"

단계	단원	활용내용
1-2	10을 가르기와 모으기	• 두 수로 가르기와 모으기
	10이 되는 더하기와 10에서 빼기	• 10이 되는 더하기 • 10에서 빼기
	더하기와 빼기(1)	• 받아올림과 받아내림이 없는 세 수의 덧셈과 뺄셈 • 덧셈과 뺄셈의 관계 알아보기
2-1	식 만들기와 문제 만들기	• 어떤 수를 □로 나타내기 • 덧셈식에서 □의 값 구하기 • 뺄셈식에서 □의 값 구하기 • 식에 알맞은 문제 만들기
	곱하기	• 몇 배 • 곱셈식으로 나타내기
2-2	곱셈구구	• 곱셈구구 익히기 • 두 수를 바꾸어 곱하기
	문제 푸는 방법 찾기	• 문제를 보고 식 만들기 • 덧셈식에서 미지항 구하기 • 뺄셈식에서 미지항 구하기 • 곱셈식에서 미지항 구하기
3-1	분수	• 분수 알아보기
3-2	덧셈과 뺄셈	• 덧셈과 뺄셈의 활용
	곱셈	• 곱셈의 활용
	분수와 소수	• 분수의 크기 비교하기
4-2	분수	• 1과 크기가 같은 분수를 나타내기 • 분모가 같은 분수의 크기 비교 • 분모가 같은 분수의 덧셈과 뺄셈

라. 활용의 실제

1) 수와 연산

가) 기초 연산

도미노는 기본 구구(basic facts)를 익히는데 도움을 줄 수 있다. 도미노의 덧셈은 퍼즐 문제를 해결하는 활동의 전제요건이 된다. 또 도미노 합과 수의 관계를 인식하는 것은 자신감을 준다. 이 활동은 유치원이나 초등학교 저학년에서 수를 사용하기 전에 수의 개념과 기본 구구이해에 도움을 준다.

① 덧셈 구구

도미노는 기초 덧셈 구구능력을 강화할 수 있다. 예를 들어, 4개의 점과 3개의 점을 가진 한 도미노는 합이 7이 된다. 각 도미노의 합은 가로 방법과 세로 방법 두 가지 모두 가능하다.

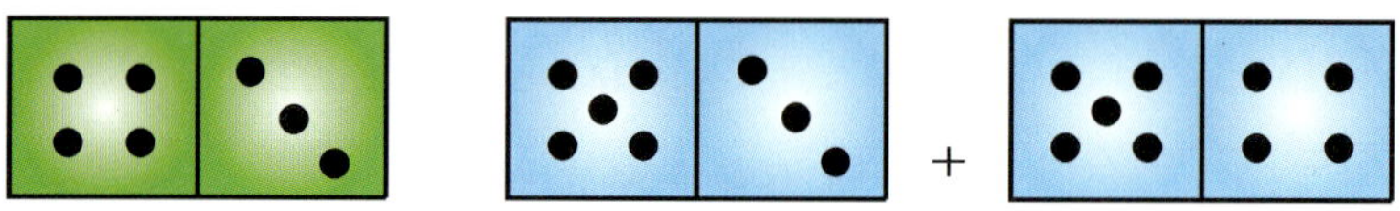

4 + 3 = 7 8 + 9 = 18

활용) 도미노를 이용하여 합이 8이 되도록 하여봅시다.

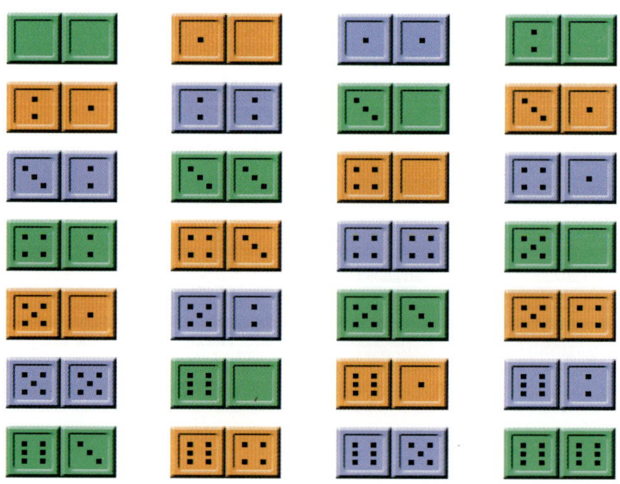

② 덧셈의 교환성

덧셈의 교환성(a+b=b+a)을 확인할 수 있다.

예를 들어, 3+4=7 과 4+3=7

3+4=7　　　　4+3=7

③ 뺄셈 구구

수의 표현하는 방법으로 5개의 점과 3개의 점이 있는 한 도미노를 사용하여 그 차 즉 5−3을 찾게 할 수 있다. 빼는 위치를 바꾸어 뺄셈에서는 교환성이 성립하지 않음을 보일 수 있다.

〈활용 예1〉 차가 3인 도미노를 찾아라.

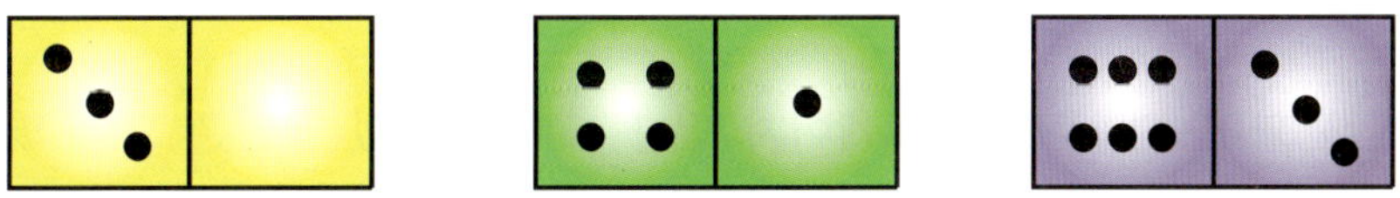

〈활용 예2〉 뺄셈에서의 교환성이 성립하지 않음을 보일 수 있다.

4 − 3 ≠ 3 − 4

④ 등식과 부등식

이 활동에서 학생들은 부등식 기호(≤, ≥, <, >)를 연습한다.

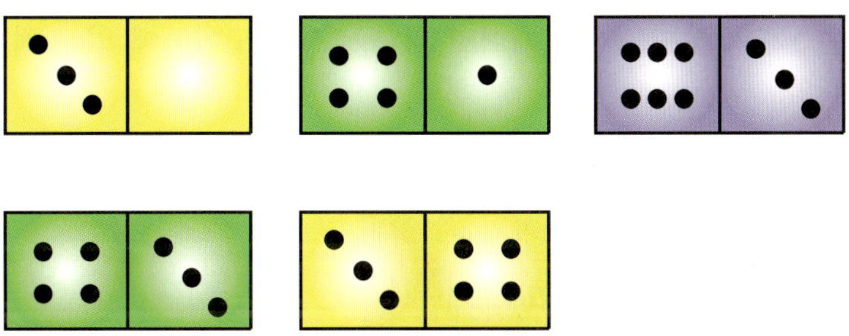

〈활용 예1〉 다음을 만족하는 도미노를 찾아라.

\+ = 7　　　　\+ = 8

〈활용 예2〉 부등식 기호 연습

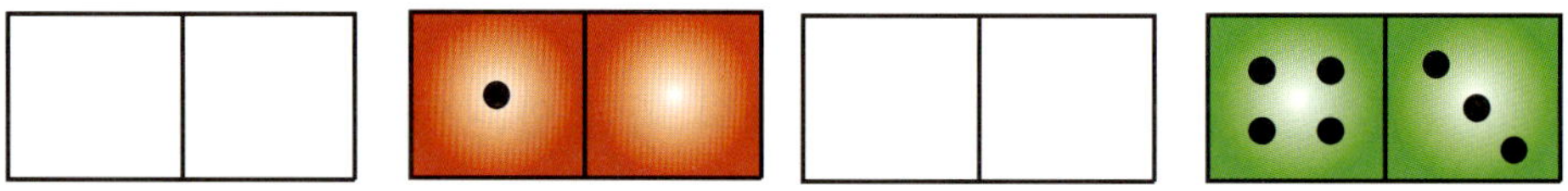

□ + ○ < 1　　　　□ + ○ > 7

⑤ 덧셈과 곱셈과의 관계

도미노를 이용하여 덧셈과 곱셈과의 관계를 이해하게 할 수 있다.

〈활용 예〉 도미노가 두개씩 포개어져 있다 도미노에 있는 점은 모두 몇 개인가?

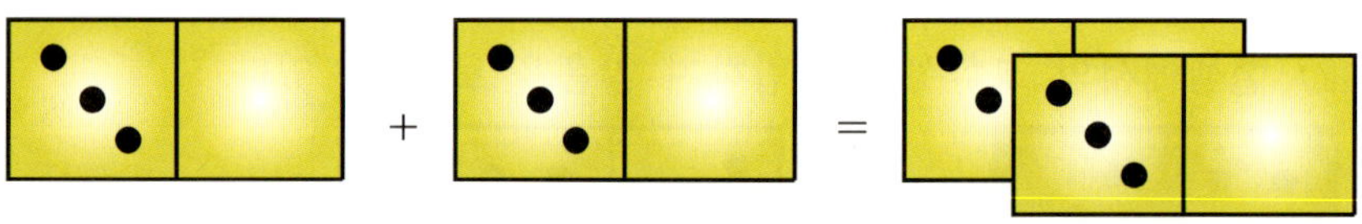

3 + 3 = 3 × 2

⑥ 곱셈

포개어져 있는 도미노의 수와 점의 개수를 모두 생각한다.

〈활용 예〉 다음과 같은 5개의 도미노가 포개어져 있다. 5개의 도미노에 있는 점의 개수는 모두 몇 개인가?

7 × 5 = 35

⑦ 곱셈을 이용하여 나눗셈 도입하기

곱셈을 통하여 나눗셈을 도입하기 때문에 나눗셈을 쉽게 이해하도록 도움을 줄 수 있다.

〈활용 예〉 다음과 같이 도미노를 포개놓았다. 2개 이상의 점을 갖는 도미노를 사용하여 각각에 적당한 하나의 도미노를 찾아보아라.

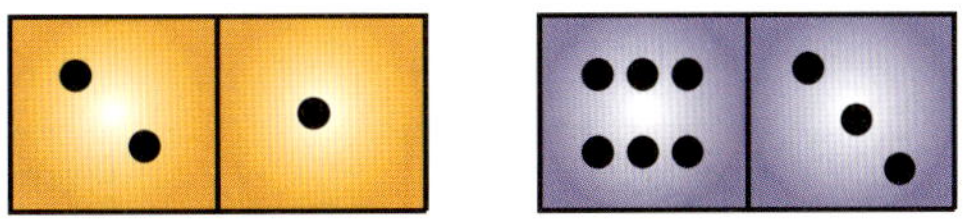

$3 \times 3 = 9 \quad \Rightarrow \quad 9 \div 3 = 3$

⑧ 나눗셈 식으로 나타내기

나눗셈식의 의미를 좀 더 분명하게 알 수 있도록 도와준다.

〈활용 예〉 도미노가 아래와 같이 2개가 포개어져 있다. 빈곳에 알맞은 수를 써 넣어라.

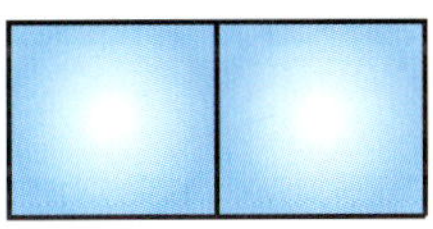

포개어져 있는 점의 개수의 합 = 12 ⇒ 12 ÷ 2 = □

⑨ 덧셈, 뺄셈, 곱셈, 나눗셈의 관계

사칙연산이 서로 어떻게 관련되어 있는지 생각해 보게 한다.

〈활용 예〉 하나의 상자 안에 있는 도미노의 전체 점의 개수가 제시되어 있다. 상자 속에는 몇 개의 도미노가 들어있는지 찾아 보아라.

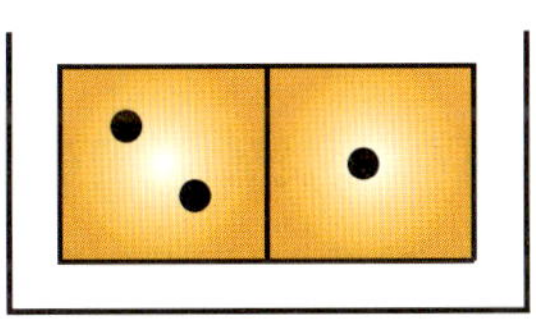

상자 안 도미노의 전체 점의 개수 : 15

$3 + 3 + 3 + 3 + 3 = 3 \times 5 = 15$

$15 \div 3 = 5$

나) 자리값과 연산

자리값의 개념은 기수법(numeration)과 계산에 필요하며, 여러 자리수의 읽기와 계산 기능을 향상 시킬 수 있다.

① 기수법 : 도미노를 수평으로 놓고 수를 읽어 나가면 0부터 66까지 셀 수 있다. 예를 들어:

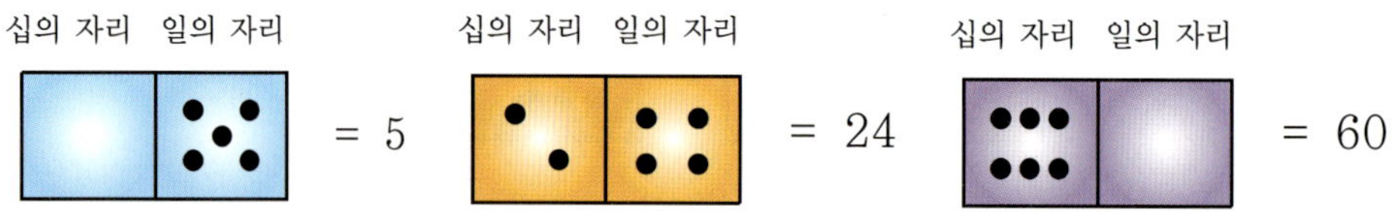

소집단 활동을 하면서 0에서 66까지의 수를 열거할 수 있다. 십의 자리나 일의 자리에 오는 가장 큰 수는 6이라는 것을 알게 될 것이다 아래와 같은 부등식과 수의 개념을 학습하게 하라.

- 24 앞의 수는? (23)
- 36 뒤의 수는? (37)
- 40 < n < 50의 수는? (41, 42, 43, 44, 45, 46, 47, 48, 49)
- 46보다 큰 짝수는? (50, 52, 54, 56,…)
- 20보다 작은 홀수는? (1, 3, 5, 11, 13, 15)
- 일의 자리가 2인 수는? (2, 12, 22,…)
- 십의 자리가 3인 수는? (30, 31, 32,…)
- 5의 배수는? (5, 10, 15,…)
- 3으로 나누어떨어지는 수는? (3, 6, 9, 12, 15,…)

② 덧셈과 뺄셈

도미노를 두 자리수를 나타내는 것으로 두 자리 수 끼리의 덧셈과 뺄셈 문제를 해결하는 데 사용할 수 있다(6×6도미노에서 7, 8, 9는 사용되지 않는다). 덧셈과 뺄셈에 도미노를 이용하는 데는 두 가지 방법이 있다. 한 가지는 도미노로 문제만을 나타내게 하는 방법으로 이 경우는 답에 7, 8, 9가 사용될 수 있다. 두 번째는 도미노로 문제와 답을 모두 표현하는 경우이며 이때는 7, 8, 9는 사용되지 않는다.

다음은 두 자리 수 뿐만 아니라 세 자리 수, 네 자리 수 등으로 확장할 수 있다.

〈활용 예1〉 도미노로 문제만 제시한 경우

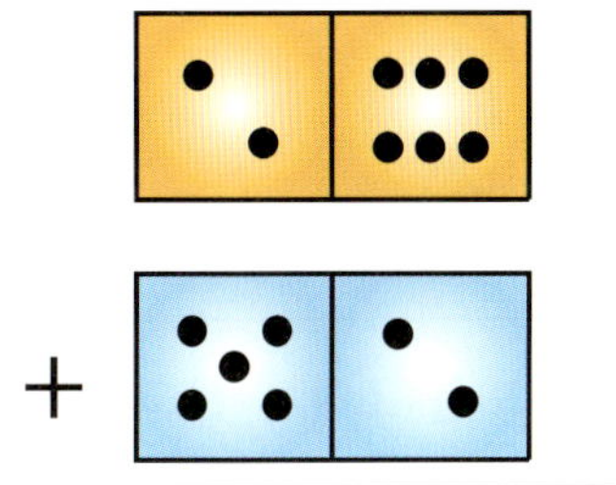

$$\begin{array}{r} 26 \\ +\ 52 \\ \hline 78 \end{array}$$

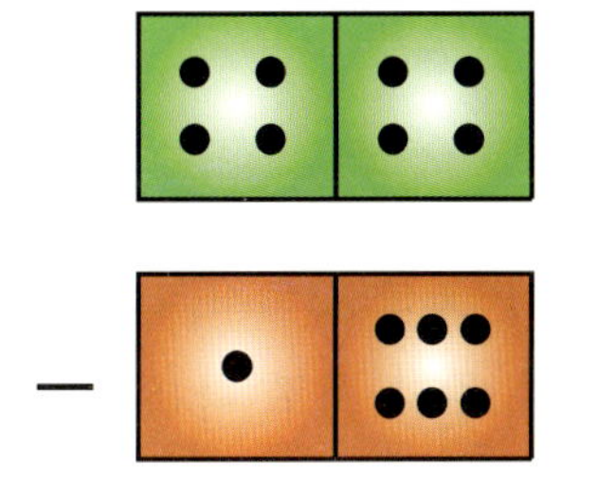

$$\begin{array}{r} 44 \\ -\ 16 \\ \hline 28 \end{array}$$

〈활용 예2〉 도미노로 문제와 답을 제시한 경우

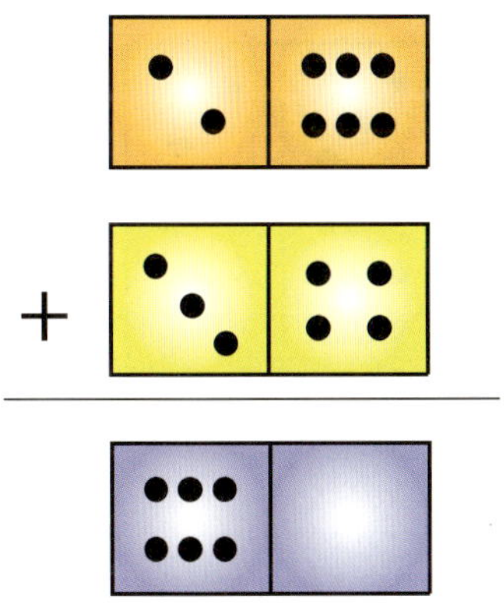

$$\begin{array}{r} 26 \\ +\ 34 \\ \hline 60 \end{array}$$

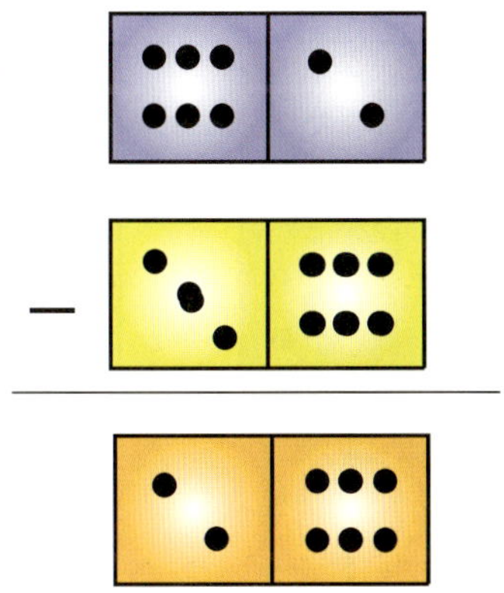

$$\begin{array}{r} 62 \\ -\ 36 \\ \hline 26 \end{array}$$

또 도미노로 문제를 내거나, 계산 결과를 주고 미지항을 구하게 할 수 있다. 이런 활동들을 두 자리 수 뿐 아니라 세 자리, 네 자리 등으로 확장할 수 있다.

〈활용 예〉 미지항을 구하는 문제

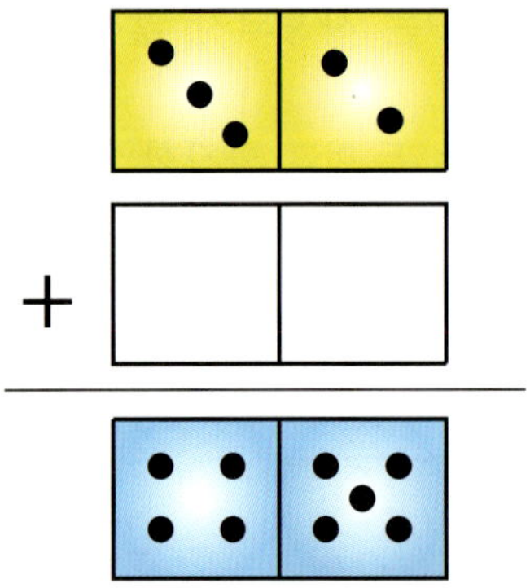

$$\begin{array}{r} 3\ \ 2 \\ +\ \square\ \square \\ \hline 4\ \ 5 \end{array}$$

③ 덧셈과 뺄셈 문제 만들기

도미노 두 개를 주고 서로 다른 합과 차가 나오게 도미노를 조작해 보고 최대한 많은 경우를 만들어 식과 답을 쓰게 한다.

〈활용 예〉

3 + 63 = 　　　23 + 36 = 　　　32 + 63 =

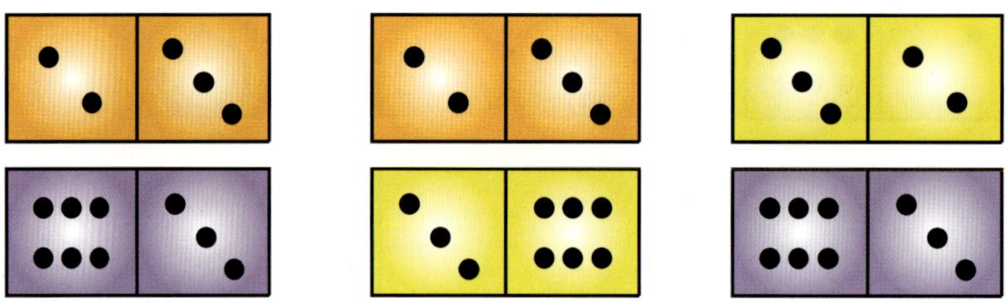

다) 분수

① $\frac{1}{3}$ 　　② $\frac{3}{4}$ 　　③ $\frac{16}{40}$

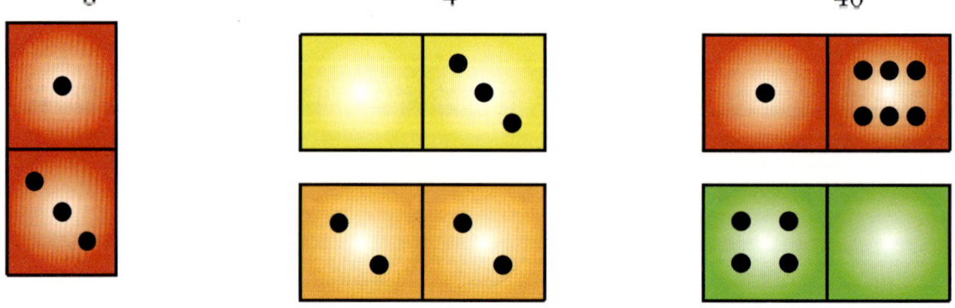

도미노를 이용하여 분수 읽기, 분수의 크기 비교, 분수의 사칙 연산을 할 수도 있다. 도미노로 분수를 표현할 수 있는 방법은 도미노를 세로로 놓고 아래 부분이 분모, 윗부분이 분자가 되게 읽을 수 있다. 또 도미노를 가로로 놓고 도미노 합을 구하여 분수를 표현하거나, 도미노 하나를 두 자리 수로 보고 분수를 표현할 수 있다.

① 동치 분수

동치분수를 나타낼 수 있는 구체물로 이용할 수 있다. 이때 대분수와 동치인 가분수의 학습을 병행하는 것도 효과적이다.

〈활용 예〉

• 1/3 크기가 같은 분수를 도미노를 세 개 찾고 그 도미노가 나타내는 분수를 써라.

$\frac{2}{6}$

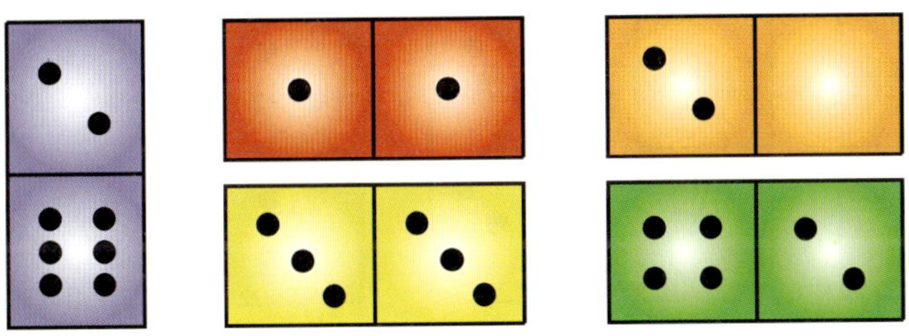

• 1과 크기가 같은 분수를 나타내는 도미노를 모두 찾아라.

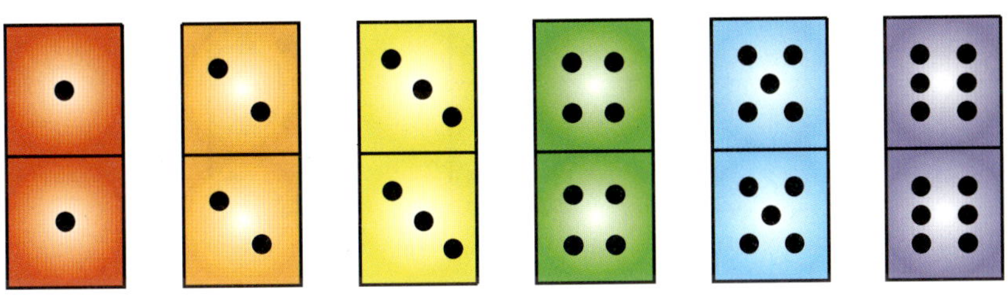

② 분수의 크기 비교

〈활용 예〉

• 분모가 6인 1/2보다 큰 분수를 나타내는 도미노를 3개 찾아라.

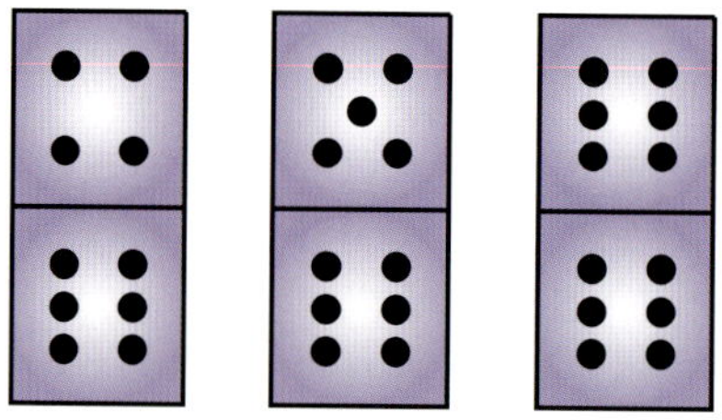

• 1/4과 같거나 크고 3/4보다 작은 분수를 나타내는 도미노를 6개 찾아라.

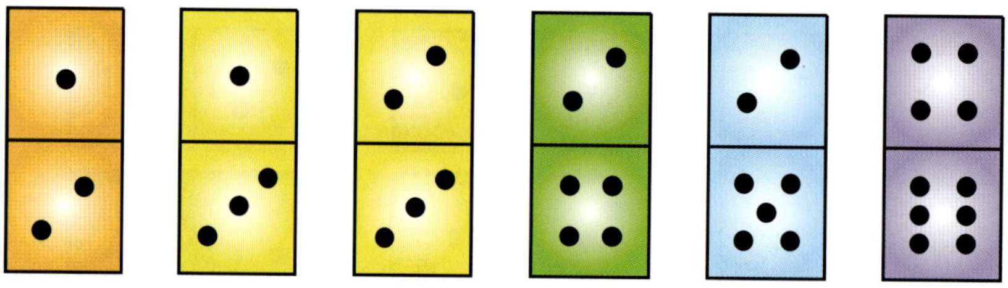

③ 분수의 사칙 연산

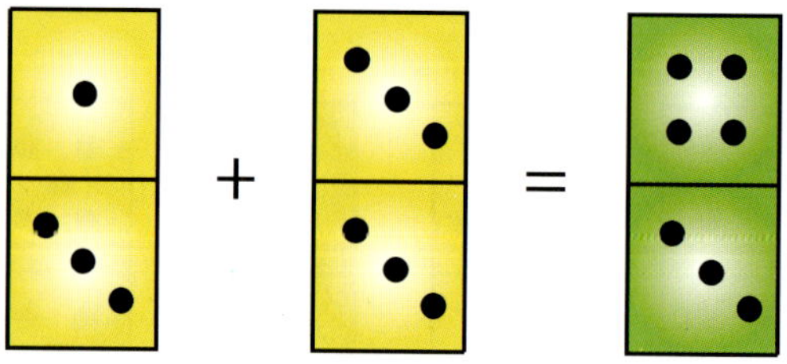

도미노를 3개 주고 도미노로 문제와 계산 결과가 되는 분수의 덧셈, 뺄셈, 곱셈, 나눗셈을 만들고 식을 세우게 한다. 도미노를 이용하여 계산 결과를 나타내는 경우에는 가분수가 나오는 경우도 있음을 주지시킨다.

다) 게임과 놀이

(1) 기차놀이 및 도미노 마방진

① 도미노 기차 만들기

두 개, 또는 세 개, 또는 여러 개의 도미노를 이용하여 전체 합이 주어진 수만큼 되도록 도미노를 찾게 한다. 먼저, 간단한 두 개의 도미노부터 시작하여 총합이 40 또는 50이 되는 도미노를 구성하게 한다. 예를 들어, 총합이 50이 되는 도미노 기차를 구성하게 하면, 어떤 학생들은 아주 적은 점들로부터 시작하여 더 많은 점이 필요하다는 것을 깨닫게 된다.

〈활용 예1〉 3개의 도미노를 이용하여 점이 20개인 기차를 만드시오.

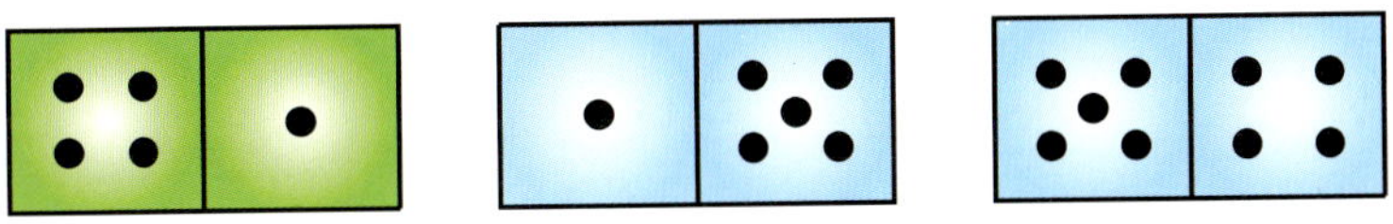

② 도미노 마방진

도미노 마방진을 만들기 위해서는 9개의 도미노가 사용된다. 일반적인 마방진과 마찬가지로 세로, 가로, 대각선의 합이 모두 같아야 한다. 마방진 문제를 해결하기 위하여, 적어도 8가지 연산을 생각해야 한다. 이 활동은 혼자는 어려운 면이 있어 짝이나 소집단으로 활동하면 효과적일 것이다.

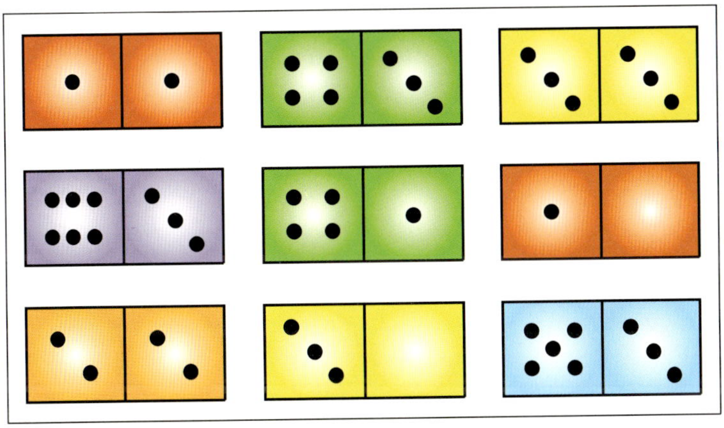

〈활용 예 2〉 9개의 도미노를 사용하여 마방진을 만드는데 마방진의 가로, 세로, 대각선에 위치하는 점의 개수의 합이 15와 같도록 완성하시오.

카드에 배열하는 답은 여러 가지가 나올 수 있다. 12대신 20, 10, 9 같이 다른 숫자로 바꾸어서도 할 수 있다. 다양한 숫자를 응용하면서 단순히 더하기 빼기 문제의 풀이보다는 이리 저리 자리를 옮겨 보면서 수에 대한 개념이 더 확실하게 생기게 된다.[22)]

(2) 도미노를 이용한 수학적 게임

① 도미노 이어가기(1)

- 게임의 목적 : 같은 크기의 수를 인식하는 것으로, 게임에서 승리하기 위하여 도미노를 효과적으로 이용하는 전략을 기를 수 있다.
- 게임 방법

㉠ 한 세트의 도미노를 엎어놓은 다음 섞는다.

㉡ 각 선수는 도미노를 7개씩 가져간다.

㉢ 나머지 도미노 14개는 쉽게 가져갈 수 있도록 한 쪽에 놓는다.

㉣ 한 장씩 뒤집어서 큰 도미노를 가진 선수가 먼저 도미노 중에서 한 개를 선택하여 책상의 가운데에 뒤집어 놓는다. 다음 그 도미노의 한쪽에 있는 점의 개수에 맞는 도미노를 찾아 나열한다. 알맞은 도미노가 없을 때는 벌칙으로 다시 한 개의 도미노를 꺼내 와야 한다.

㉤ 도미노 7개를 모두 버리면 게임의 승자가 된다.

22) http://www.educakorea.co.kr/shop/dvProduct.phtml?pid=ler0282&chkNum=&pcode=960

3.11 펜토미노(Pentominoes)

가. 유래와 구성

펜토미노(pentominoes)는 퍼즐 중 수학에서 활용하기에 좋은 교구 중의 하나로 영국의 퍼즐 발명가인 Dudeney가 8×8 정사각형 체스판에서 착안하여 개발하였다. 펜토미노는 폴리오미노(polyominoes)의 일종으로서 정사각형 5개를 변끼리 붙여 만든 서로 다른 12조각을 말한다. Dudeney는 8×8 체스판을 5개의 정사각형으로 이루어진 서로 다른 모양의 12조각과 4개의 정사각형으로 이루어진 2×2 정사각형으로 분할하였다. 여기서 5개의 정사각형을 변끼리 이어 붙여 서로 다른 12개의 모양을 Golomb이 1953년 하버드대학의 수학 모임에서 펜토미노(pentominoes)라고 이름을 붙였다.

[8× 8 체스판의 분할]

폴리오미노(polyomino)란 합동인 정사각형의 변과 변을 맞대어 붙여서 만든 도형 전부를 부르는 말이다(단, 회전하거나 뒤집어 겹쳐지는 모양은 한가지로 본다). 특별히, 정사각형 하나를 모노미노(monomino: mono란 '하나'라는 뜻)라고 하고, 정사각형 두 개의 변과 변을 맞대어 붙여서 만든 도형을 도미노(domino: do는 '둘'이라는 뜻)라고 부른다. 도미노는 한 가지가 있다.

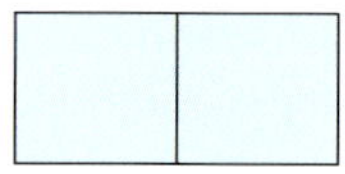

- 정사각형 세 개를 붙여서 만든 도형을 트로미노(tromino: tro는 '셋'이라는 뜻)라고 부른다. 트로미노는 두 가지가 있다.

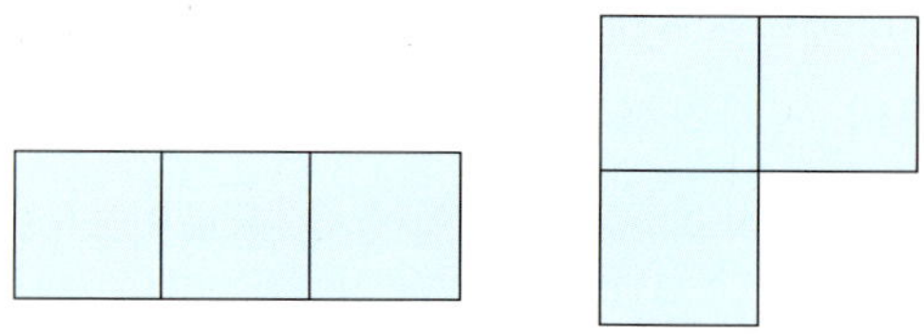

- 정사각형 네 개를 붙여서 만든 도형을 테트로미노(tetromino: tromino는 '넷'이라는 뜻)라고 한다. 테트로미노는 5가지가 있다.

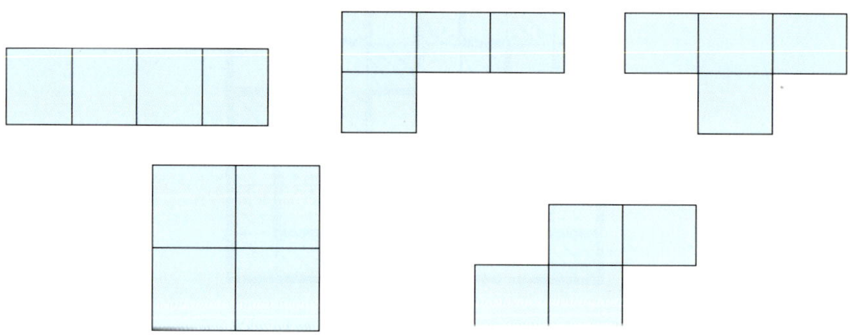

테트로미노는 테트리스 게임에 사용되고 있다.

– 정사각형 다섯 개로 만든 도형을 펜토미노(pentomino: pento는 '다섯'이란 뜻)라고 한다. 펜토미노는 다음과 같이 12개가 있으며 Golomb이 처음으로 펜토미노 12조각에 영어 알파벳을 이용하여 다음과 같이 이름을 붙였다.

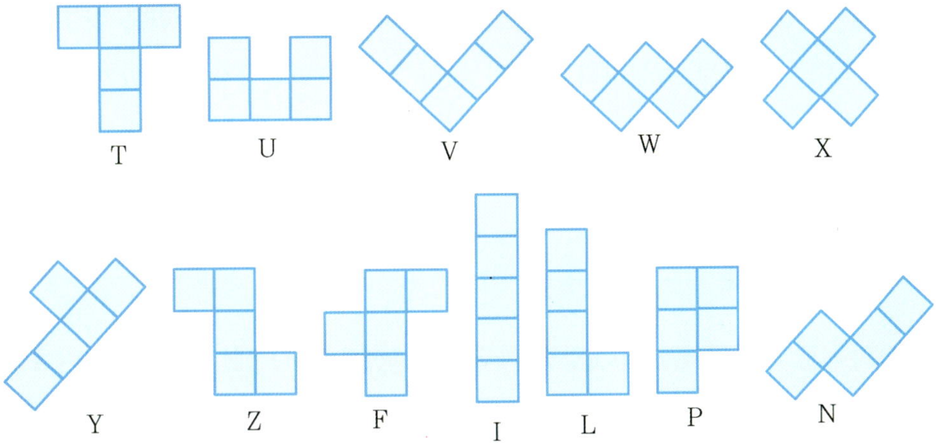

정사각형 여섯 개를 붙여서 만든 헥사미노(hexomino: hexo는 '여섯'이란 뜻)라고 부른다. 7개의 크기가 같은 정사각형을 붙여서 만든 도형을 헵토미노(heptominoes)라고 하며 개수는 108개이다. 8개의 크기가 같은 정사각형을 붙여서 만든 도형을 옥토미노(octominoes)라고 하며 개수는 369개이다.

나. 펜토미노와 초등수학교육

도형은 기하학의 기초 개념을 소개하는 영역으로 학생의 도형 개념과 공간 개념을 육성시켜주며 직관력과 논리적 사고력을 향상시키고 발전적·창조적인 사고를 길러주는 영역이다.

Freudenthal(1973)은 기하는 공간을 파악하는 것이며 학생이 생활하며 호흡하고 활동하는 공간 속에서 보다 잘 살고 호흡하고 활동하기 위해 공간을 알고 탐구하고 정복해야 한다는 주장하면서 공간감각의 학습의 중요성을 주장한다. NCTM(1998)

에서는 기하와 공간감각은 수학교육의 기본적인 구성요소로서 물리적 환경의 추상화를 통해 해석하여 반영하는 방법을 제공하고 기하와 공간감각은 수학과 과학에서 다른 영역을 공부하기 위한 도구로 사용될 수 있고 주위의 구조를 볼 수 있게 도우며 모든 수학에서 창의적 사고를 지원한다고 주장한다.

이러한 필요성을 인식해 우리나라에서도 교육과정에서 공간감각을 강조하고 있는데 펜토미노는 모양 뒤집기와 돌리기 등의 도형의 변환감각이나 덮기 등의 넓이의 보존개념, 직사각형 및 선대칭 도형 만들기 등의 활동을 통한 도형의 개념을 강화하는데 폭넓게 활용될 수 있다.

다. 활용의 실제

펜토미노로 재미있게 퍼즐게임을 하면서 평면 도형에 대한 지각력, 넓이에 관한 개념에 도움을 줄 수 있다. 각 도형은 모양은 다르지만 5개의 정사각형으로 이루어졌다. 가장 보편적인 활동은 직사각형이나, 정사각형을 만드는 활동이고 선대칭도형, 점대칭 도형 찾기도 할 수 있다.[23]

1) 펜토미노에서 선대칭도형, 점대칭도형 찾기

① 12개의 펜토미노에서 선대칭 도형을 찾아보게 한다.
② 선대칭도형에서 대칭축을 찾게 한다.
③ 점대칭도형을 찾아보게 한다.

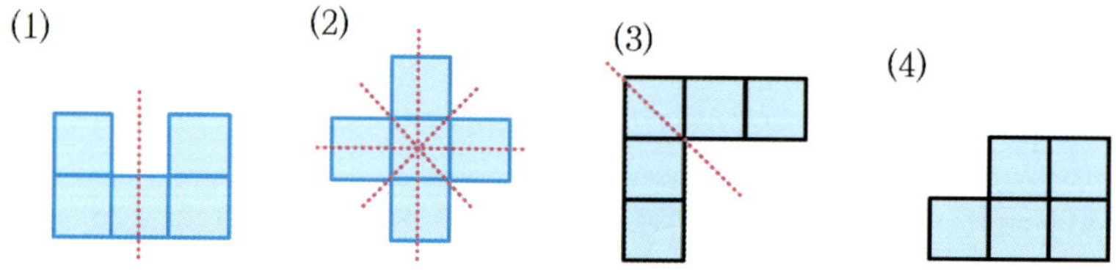

23) 한국교원단체총연합회(http://www.kfta.or.kr/)

(5)

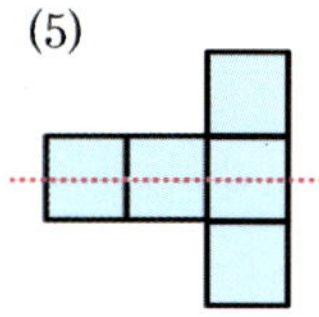

(6)

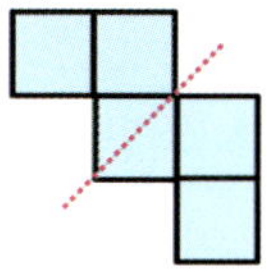

(7)

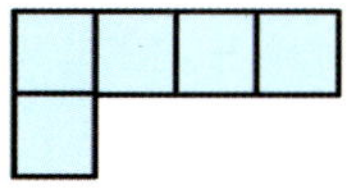

(8)

(9)

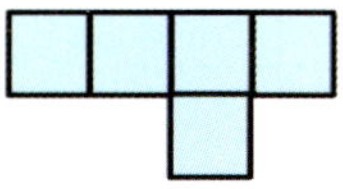

(10)

(11)

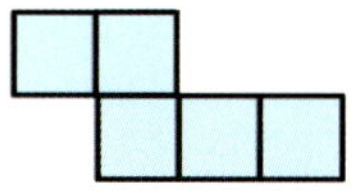

(12)

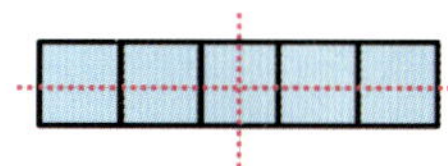

2) 펜토미노로 직사각형 만들기

① 2인 1조로 하여 펜토미노 12개 1세트씩 조별로 나누어 가진다.

② 펜토미노 12개를 필요한 만큼만 이용하여 직사각형을 만들게 한다.

③ 직사각형을 만들면 그것을 그림으로 그린다.

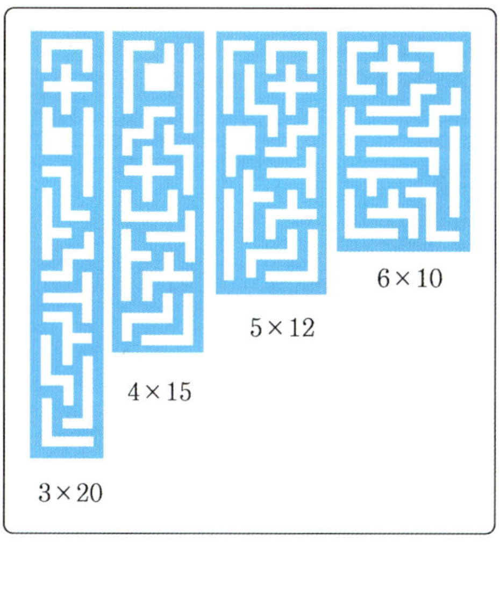

3) 펜토미노로 정사각형 만들기

① 2인 1조로 하여 펜토미노 12개 1세트씩 조별로 나누어 가진다.

② 펜토미노 12개를 필요한 만큼만 이용하여 정사각형을 만들게 한다.

③ 정사각형을 만들면 그것을 그림으로 그린다.

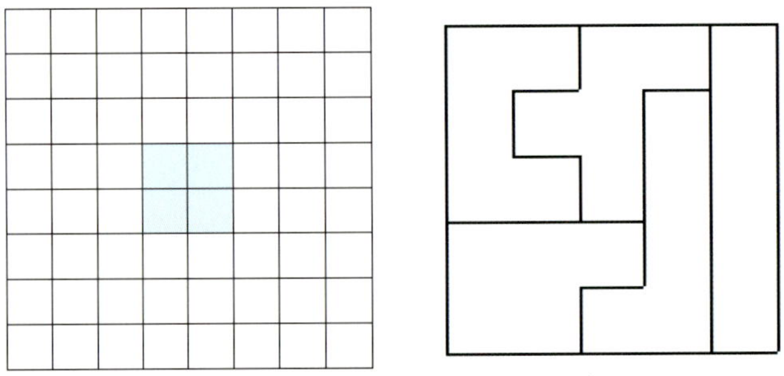

4) 주어진 모양 만들기

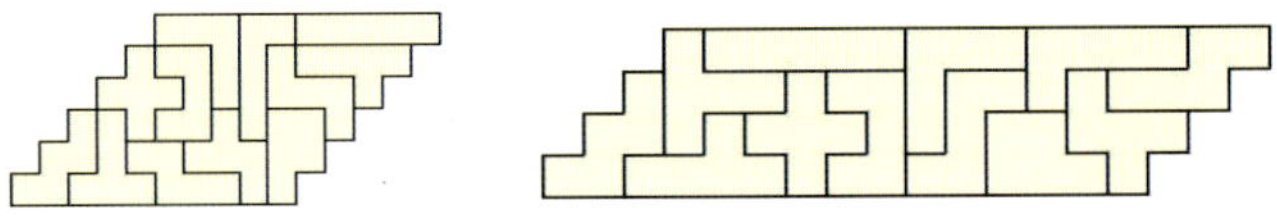

5) 전개도 찾기[24]

- 펜토미노 12조각 중 뚜껑이 없는 정육면체의 전개도를 모두 찾아보아라.

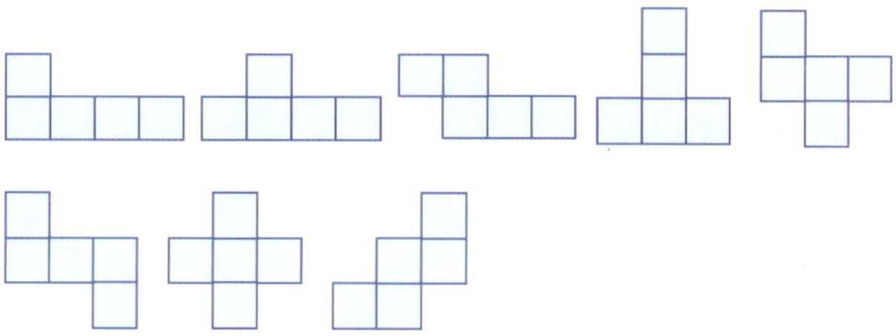

- 위의 전개도 중에서 어느 곳에 정사각형을 붙이면 정육면체의 전개도가 되는지 알아보아라.

6) 모양 먼저 맞추기

펜토미노 조각 4~5개로 A4용지 위에 모양으로 만들어 연필로 테두리를 그린 후 펜토미노를 제거하면 퍼즐이 된다. 이에 펜토미노를 가지고 수천가지의 모양을 만들 수 있다. 퍼즐을 만들고 맞추는 사이에 공간감각을 익힐 수 있다. 펜토미노 퍼즐은 서로 다른 모양을 가지고 맞추어야 한다.

7) 면적 먼저 채우기

체커보드 위에 펜토미노 조각을 놓는 최후의 사람이 되는 것이다. 조각을 선택하고 그것을 보드 위에 놓는다. 조각들은 겹쳐지거나 보드의 경계를 넘어 놓아서 안 된다. 이 게임은 최소 다섯 번, 최대 열두 번 움직이면 끝난다. 12개의 펜토미노 조

---

24) http://www.pentomino.be.tf/
http://cafe.naver.com/sgreen110.cafe?iframe_url=/ArticleRead.nhn%3Farticleid=1307
http://educakorea.co.kr/toy/pentomino/pentomino1.htm
http://blog.naver.com/0308hihi?Redirect=Log&logNo=90003192769
http://edu.kenbc.go.kr/bbs/data/cho_idea/펜토미노_학생용(완성).hwp
http://www.joymath.net/joymath2005/joyshop/study_1.php?uid=5

각 중에서 위의 7개의 조각을 가지고 펜토미노 게임을 하여보자. 우선 펜토미노들을 이루는 정사각형과 같은 크기(한 변의 길이=3cm)의 64개의 정사각형들로 이루어진 체스보드와 같은 8×8보드를 준비한다.

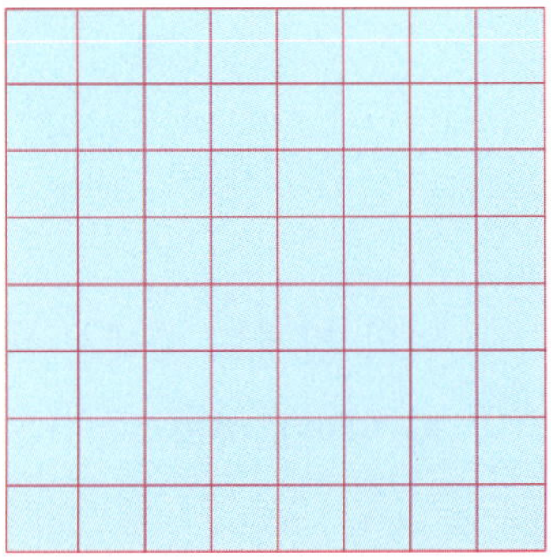

① 두 사람이 짝을 이룬다.

② 두 사람이 차례대로 보드 위에 펜토미노들을 하나씩 갖다 놓는다.

③ 남은 공간에 펜토미노를 옮겨 놓을 수 없게 되는 사람이 진다.

④ 게임을 시작하자. 다른 흥미 있는 문제는 m×n 크기의 보드에서 더 이상은 펜토미노를 가져다 놓을 수 없는 형태를 만드는 데 가장 작은 펜토미노의 개수를 구해 보는 것이다. 예를 들면 6×6과 7×7크기의 보드에서 최소 개수로 이루어진 형태는 다음과 같다.

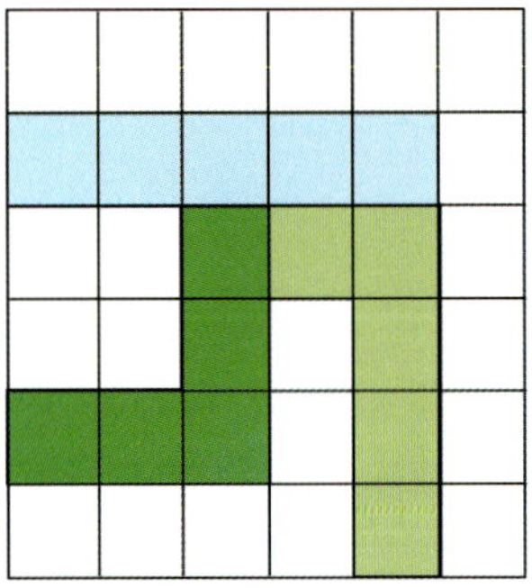

6×6

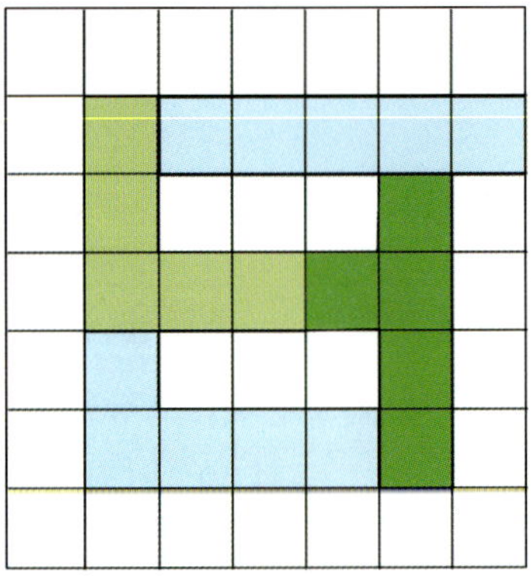

7×7

마. 활용상의 유의점

펜토미노의 활동은 단순한 퍼즐 맞추기가 아닌, 보기에는 넓이가 달라 보일지 몰라도 원래는 동일하다는 것, 그리고 펜토미노 조각들을 이용하여 다른 도형을 만들 때 넓이를 고려해야 한다는 점들이 지적 호기심을 자극하고 탐구심을 유발 할 수 있다. 펜토미노 활동은 쉬운 활동부터 시작해서 흥미를 느끼는 정도에 따라 여러 가지 활동을 할 수 있도록 유도하여 많은 학생들이 사용되도록 한다. 다른 교구나 퍼즐에 비하여 펜토미노는 12조각으로 이루어져 약간 어렵지만, 그 만큼 다양하고 창의적인 활동을 할 수 있는 장점이 있다.

펜토미노 활동을 함께 하거나 지켜보면서, 새롭고 다양한 방법을 스스로 생각할 수 있도록 적절한 도전적 자극을 주는 것이 중요하다.[25)]

① 상징적 표현으로 유도하기 위해 간단한 영상적 표현으로 제시한다.
② 다양한 수학적 모형을 제시해야 한다.
③ 학생들의 능력에 알맞은 자료를 갖고 해야 할 일을 안내한다.

바. 활용 web site

- http://211.43.95.130/lesson/studyfile/art/%C6%E6%C5%E4_5%C1%B6.hwp
- http://www.doldoldol.pe.kr/doldb1/read.cgi?board=d_flash&y_number=130&nnew=2
- http://www.theory.csc.uvic.ca/~cos/inf/misc/PentInfo.html
- http://www.snaffles.demon.co.uk/pentanomes/
- http://math.hws.edu/xJava/PentominosSolver/
- http://www.fwend.com/pentomino.htm
- http://en.wikipedia.org/wiki/Pentomino
- Tong-eqpuzzle님의 유아교육/교구통
- http://www.edunet4u.net/main/index.html

25)수학사랑(http://blog.naver.com/hufs8637?Redirect=Log&logNo=60022600430)

3.12 모형(Model)

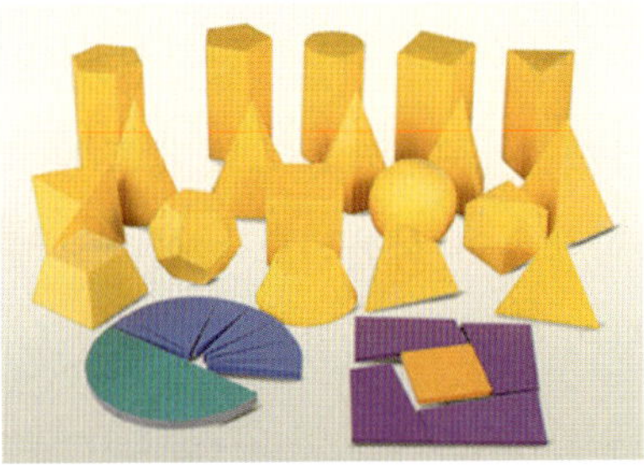

가. 유래와 배경

모형은 가장 오래된 교구로 주로 각기둥, 각뿔, 원기둥, 원뿔, 구, 정다면체 등이 있다. 이를 통해 여러 가지 입체 도형의 구성요소와 성질을 탐구, 회전체의 단면 등 공간 개념의 지도와 각기둥, 각뿔, 원기둥과 원뿔 및 회전체 알아보기 등에서 활용할 수 있다. 수학교육에서 일반적으로 모형은 그림이나 어떤 물건을 복사한 것 또는 추상화된 것이 될 수 있다. 그러나 모형도 각 요소의 관계나 대상을 나타내기 위해서 수식, 언어적 진술, 상징적 기호, 도표적 방법 또는 전기 기계적 도구 등이 동원된다. 때로는 한 분야에서 잘 알려진 모형이나 구조체계를 새로운 분야나 영역에 대한 통찰과 전망을 얻기 위하여 이용하는 경우도 있다. 일반적으로 모형은 이론으로 발전하기 이전 단계에 활용한다. 따라서 수학교육에서 모형은 타당하고 체계적인 이론으로 발전하는 기초가 되는 수단으로 수학교육의 학습 목표에 따라 다양한 교수법 개발 및 활용이 요청되고 있다.

나. 모형 교구의 종류

1) 투명플라스틱 입체모형

원뿔, 정육면체, 구, 원기둥, 사각뿔, 직사각기둥으로 구성되어 구를 제외한 모형들은 한쪽면이 없어 물이나 작은 알맹이들을 채워 넣기 쉬운 구조이다. 각 모형들의 크기를 비교해 보면 원기둥, 원뿔, 구는 같은 지름이며 원기둥과 원뿔의 높이는 같다. 직사각기둥, 정육면체, 정사변형은 한변의 길이가 같으며 직사각 기둥의 짧은 변 길이는 정육면체의 $\frac{1}{2}$이다.

2) 분수 입체모형

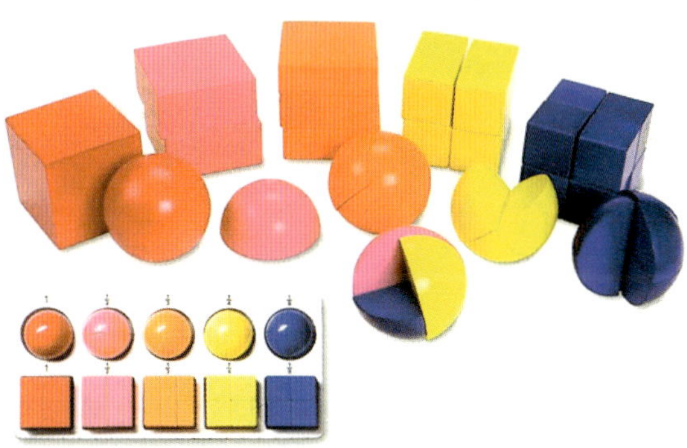

정육면체와 구를 8개 분할한 자석분수 입체도형은 내구성이 강한 플라스틱 블록 속에 자석이 있어 블록을 떼고 붙이며 분수를 경험할 수 있다.

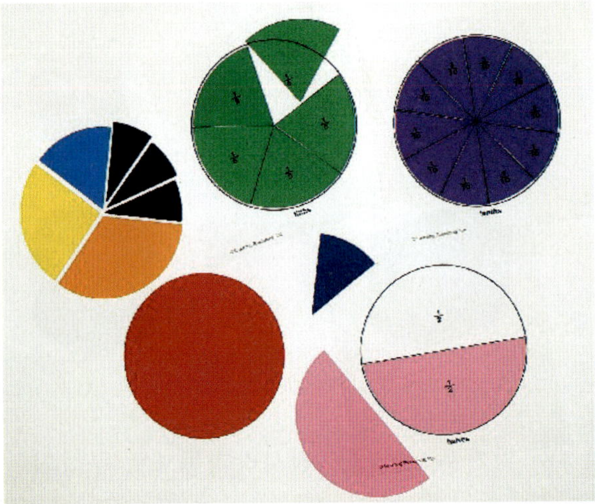

3) 입체모형 전개도

입체도형의 모양도 관찰하고 전개도와 도형의 길이, 겉넓이, 전개도, 단면 넓이, 부피를 관찰할 수 있다.

4) 입체공간 파워 솔리드

투명 플라스틱 입체 모형들과 뚜껑으로 구성되어 있다. 뚜껑을 끼우고 빼고 구멍이 있어 도형이름과 모양을 쉽게 연결할 수 있다. 입체 도형 안이 비어 물이나 쌀알 등으로 도형의 부피, 면적과 부피의 관계 등을 비교할 수 있다.

5) 수모형

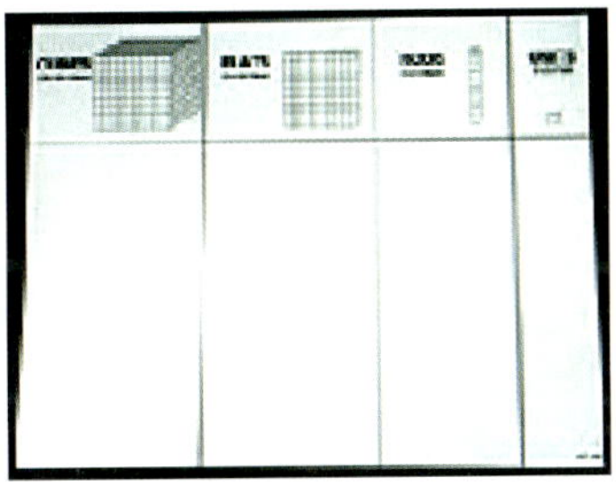

자리값 분류판

수모형은 1, 10, 100, 1000단위로 구성되어 자리 수 익히기에 유용한 교구이다. 블록 끼리 끼울 수 있어 활동할 때 편하다. 활용은 8~10명의 학생들이 소그룹으로 즐길 수 있는 세트이다. 나무 수모형과 자릿수 분류판이 함께 있어 자릿수간의 계산을 할 때 좀 더 쉽게 접근할 수 있다.

6) 분수막대

무지개색의 큐브는 각 색마다 고유한 분수의 길이가 있어 분수, 퍼센트, 소수간의 수의 크기를 비교할 수 있다. 큐브에 끼워보며 분수간에 길이를 눈으로 비교해 보면서 간단한 연산도 가능하다.

7) 콤파스와 각도기

〈원〉

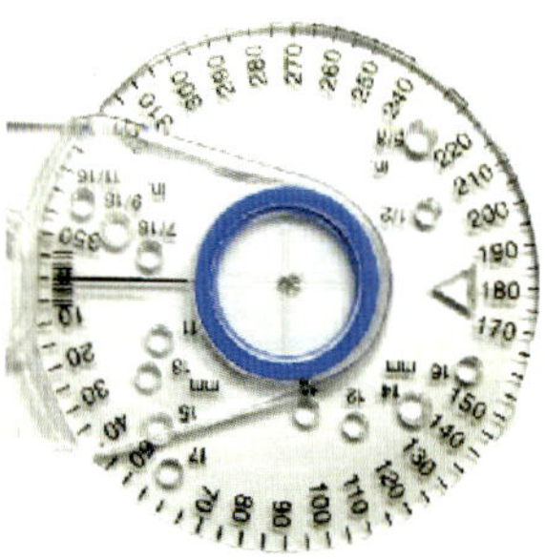

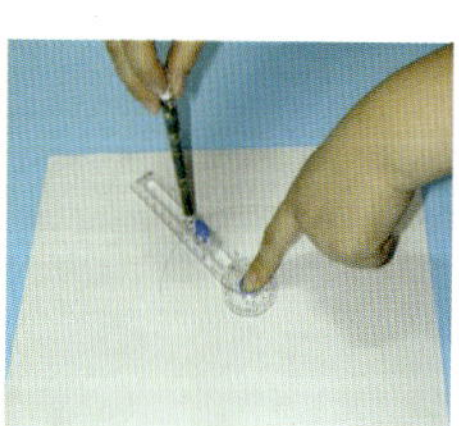

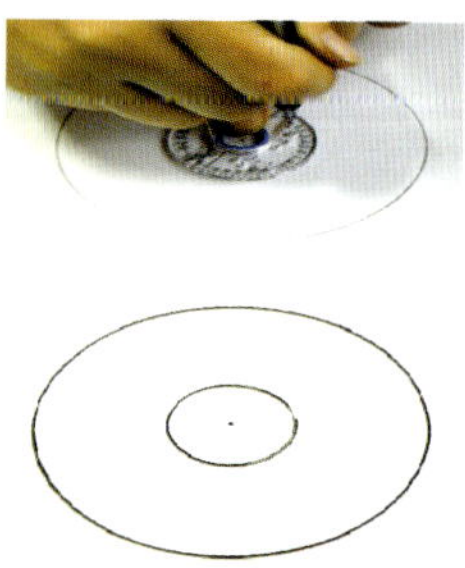

〈원그리기〉

1. 중심점을 미리 찍어놓는다.
2. 파란색 조절판으로 반지름의 길이를 정한 뒤 연필을 꽂고 중심점을 손으로 누른 후 돌린다.

〈부채꼴〉

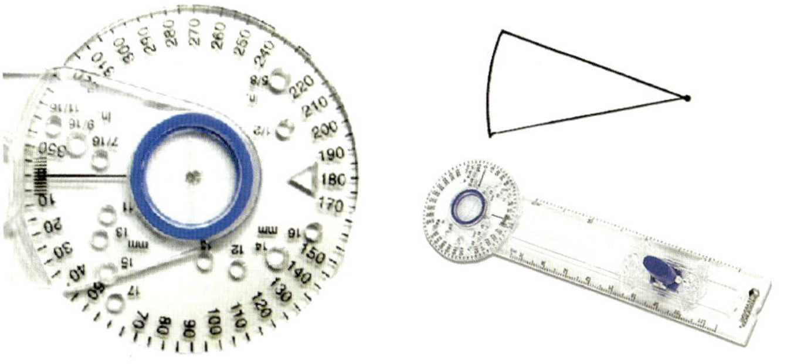

〈부채꼴 그리기〉

〈모형자〉

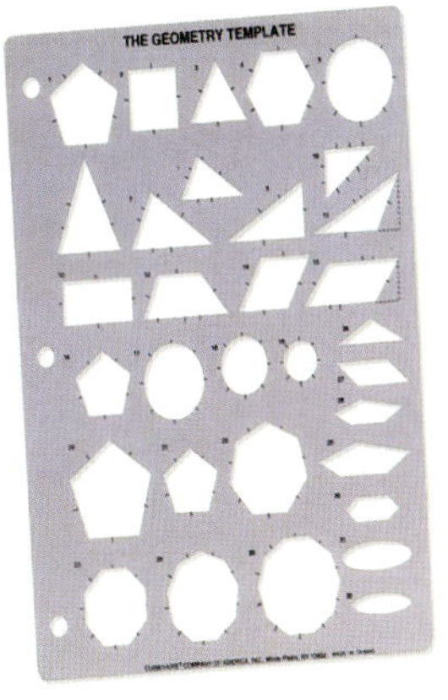

탄력이 있는 재질의 플라시틱자로 평면도형의 특징을 관찰하고 이해하기 쉽다.

다. 모형과 초등수학교육

초등수학에서 모형은 저학년부터 고학년까지 수학적 개념이나 원리, 성질, 공간감각, 사고력 등을 길러주는 가장 오래된 교구이다. 모형은 수학적 사고력과 원리 등을 이해하는데 가장 유익한 교구로 다양하게 활용되고 있다. 모형은 시각이나 촉각과 같은 감각을 적용시킬 수 있는 구체적인 대상물을 의미한다. 여기서 말하는 시각이나 촉각은 일상생활의 단순한 기능을 넘어, 수학적인 의미나 개념을 감각적으로 조작하는 과정에서 의미를 찾을 수 있다. 수학에서 모형은 학생이나 조작물에 함유되어 있는 수학적 의미나 개념을 파악하여 수학적 작업에 사용할 수 있는 기능성을 갖고 있는 구체적 물체를 의미한다. 수학적 의미나 개념은 학생의 능동적인 조작활동에 의하여 형성되는데, 수학교육 현장에서 구체적인 활동을 하지 않으면 학생들은 충분한 이해를 하지 못한 채 공식이나 법칙 또는 정의를 외우는 기계적인 연습만하는 경우가 많다. 수학적 활동은 감각, 운동적이고 관찰 가능한 것에서 점차 내면화된 활동으로 변한다. 행동이 내면화되기 위해서는 어떻게 구성되도록 해야 할 것인가가 문제가 된다. 이를 위해 활동을 하지 않으면 안 되며 그렇게 하기 위해 활동을 유발시킬 수 있는 구체적인 활동이 필요하다.

수학 활동은 문제를 수학적으로 해석하고 조직하는 활동과 구체적인 사실로부터 점진적인 추상화, 그리고 관찰과 실험을 통한 형식이나 관계의 발견 및 수학적 개념, 원리, 법칙 등을 이해하도록 해야 한다. 조작적인 교구와 모델들은 초등수학 학습에 결정적인 역할을 한다.[26)]

---

26) 충북초등수학교육연구회 세미나 자료, 교실수업 개선을 위한 수학과 교수·학습방법 모색 교사용 지도서 수학 4-가 p.30.

〈초등수학 교과서에서 모형 활용 사례〉

단원명		활용내용	활용형태
1-1	9까지 수세기	1~9까지 수의 개념을 지도하는데 활용한다.	
	여러 가지 모양	실생활 속 여러 가지 모양을 통해 기본적인 입체도형을 지도하는데 활용한다.	
1-2	여러 가지 모양	여러 가지 모양을 통해 기본적인 평면도형을 지도하는데 활용한다.	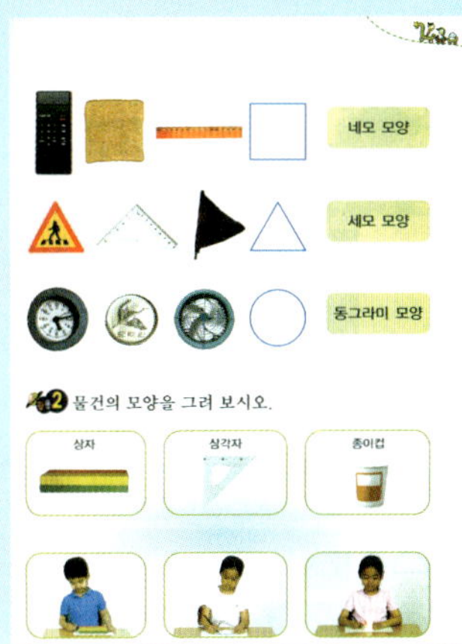

단원명		활용내용	활용형태
2-1	도형과 도형 움직이기	세모, 네모, 모양 본뜨기 활동을 통해 기본적인 평면도형을 지도하는데 활용한다.	
4-2	수직과 평행	도형을 이루는 기본요소인 수직과 평행의 개념을 지도하는데 활용한다.	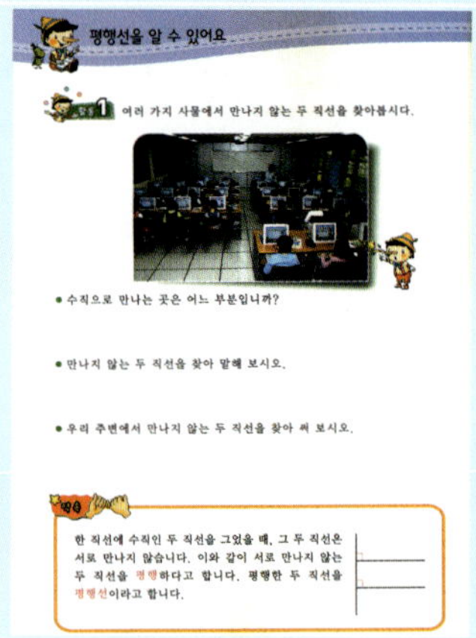
5-1	직육면체	3차원 모양을 2차원 모양과 관련시켜 공간지각능력을 익히도록 지도하는데 활용한다.	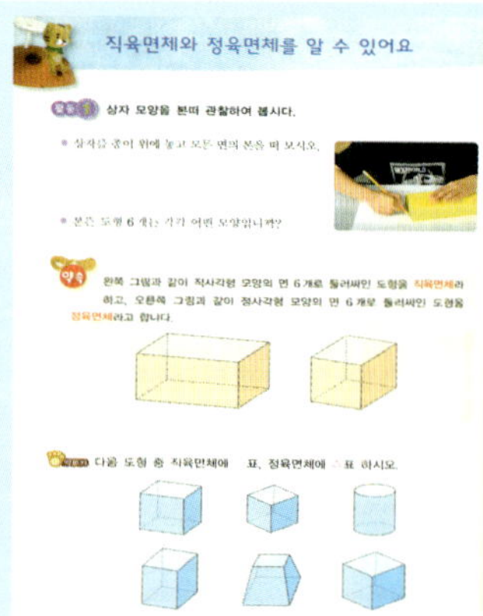

단원명		활용내용	활용형태
6-1	각기둥과 각뿔	각기둥과 각뿔의 구성요소와 도형의 성질을 통해 창의력과 사고력을 신장시켜주는데 활용한다.	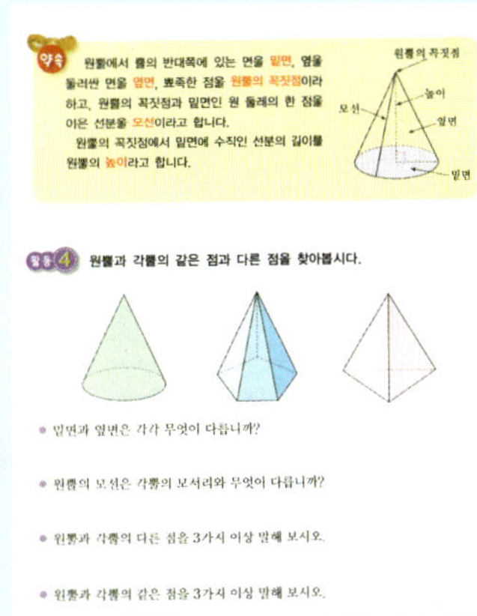 약속 원뿔에서 뿔의 반대쪽에 있는 면을 밑면, 옆을 둘러싼 면을 옆면, 뾰족한 점을 원뿔의 꼭짓점이라 하고, 원뿔의 꼭짓점과 밑면인 원 둘레의 한 점을 이은 선분을 모선이라고 합니다. 원뿔의 꼭짓점에서 밑면에 수직인 선분의 길이를 원뿔의 높이라고 합니다. 원뿔의 꼭짓점 / 높이 / 모선 / 옆면 / 밑면 활동 4 원뿔과 각뿔의 같은 점과 다른 점을 찾아봅시다. • 밑면과 옆면은 각각 무엇이 다릅니까? • 원뿔의 모선은 각뿔의 모서리와 무엇이 다릅니까? • 원뿔과 각뿔의 다른 점을 3가지 이상 말해 보시오. • 원뿔과 각뿔의 같은 점을 3가지 이상 말해 보시오.
6-2	겉넓이와 부피	겉넓이와 부피를 측정할 수 있는 능력을 지도하는데 활용한다.	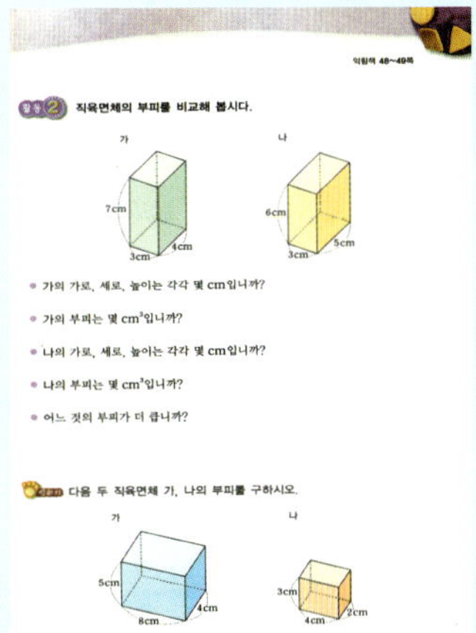 익힘책 48~49쪽 활동 2 직육면체의 부피를 비교해 봅시다. 가 7cm 3cm 4cm / 나 6cm 3cm 5cm • 가의 가로, 세로, 높이는 각각 몇 cm입니까? • 가의 부피는 몇 cm^3입니까? • 나의 가로, 세로, 높이는 각각 몇 cm입니까? • 나의 부피는 몇 cm^3입니까? • 어느 것의 부피가 더 큽니까? 다음 두 직육면체 가, 나의 부피를 구하시오. 가 5cm 8cm 4cm / 나 3cm 4cm 2cm
6-2	입체도형	회전체와 회전체를 평면으로 자른 단면을 지도하는데 활용한다.	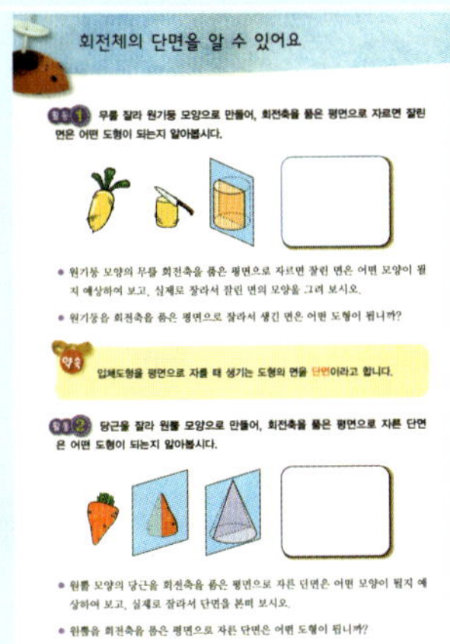 회전체의 단면을 알 수 있어요 활동 1 무를 잘라 원기둥 모양으로 만들어, 회전축을 품은 평면으로 자르면 잘린 면은 어떤 도형이 되는지 알아봅시다. • 원기둥 모양의 무를 회전축을 품은 평면으로 자르면 잘린 면은 어떤 모양이 될지 예상하여 보고, 실제로 잘라서 잘린 면의 모양을 그려 보시오. • 원기둥을 회전축을 품은 평면으로 잘라서 생긴 면은 어떤 도형이 됩니까? 약속 입체도형을 평면으로 자를 때 생기는 도형의 면을 단면이라고 합니다. 활동 2 당근을 잘라 원뿔 모양으로 만들어, 회전축을 품은 평면으로 자른 단면은 어떤 도형이 되는지 알아봅시다. • 원뿔 모양의 당근을 회전축을 품은 평면으로 자른 단면은 어떤 모양이 될지 예상하여 보고, 실제로 잘라서 단면을 본떠 보시오. • 원뿔을 회전축을 품은 평면으로 자른 단면은 어떤 도형이 됩니까?

단원명		활용내용	활용형태
6-2	원과 원기둥	원기둥과 원뿔의 구성요소와 도형의 성질을 지도하는데 활용한다.	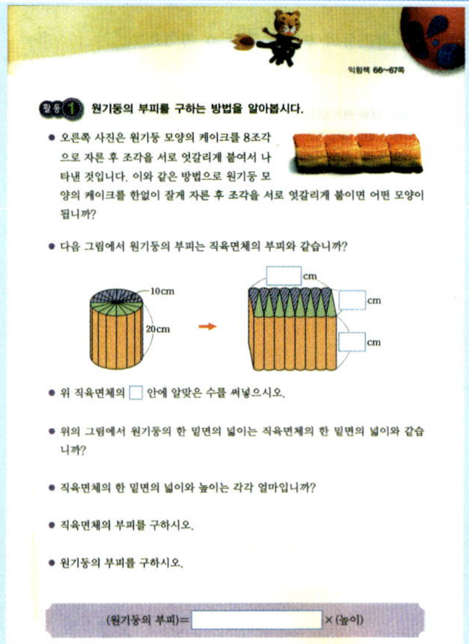 익힘책 66~67쪽 활동 1 원기둥의 부피를 구하는 방법을 알아봅시다. • 오른쪽 사진은 원기둥 모양의 케이크를 8조각으로 자른 후 조각을 서로 엇갈리게 붙여서 나타낸 것입니다. 이와 같은 방법으로 원기둥 모양의 케이크를 한없이 잘게 자른 후 조각을 서로 엇갈리게 붙이면 어떤 모양이 됩니까? • 다음 그림에서 원기둥의 부피는 직육면체의 부피와 같습니까? 10cm 20cm □cm □cm □cm • 위 직육면체의 □ 안에 알맞은 수를 써넣으시오. • 위의 그림에서 원기둥의 한 밑면의 넓이는 직육면체의 한 밑면의 넓이와 같습니까? • 직육면체의 한 밑면의 넓이와 높이는 각각 얼마입니까? • 직육면체의 부피를 구하시오. • 원기둥의 부피를 구하시오. (원기둥의 부피)=□×(높이)

약속하기

여러 가지 물건을 관찰하여 공 모양, 상자 모양, 깡통 모양과 같은 물건을 찾게 한다. 그 후 모형으로 '약속하기'에서 공 모양, 상자 모양, 공 모양을 나누는 기준으로 사용하도록 한다.

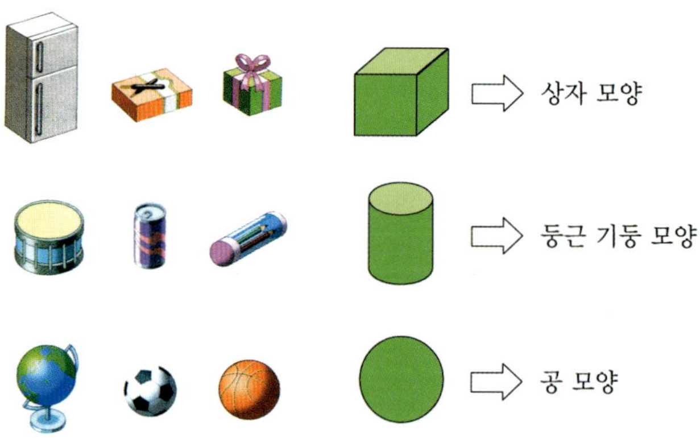

활동 1

1. 각뿔에 대하여 알아보자.

■ 생활에서 알아보기

• 교실이나 집에서 뿔 모양의 물건을 찾아보아라.

2. 뿔 모양을 찾아보아라.

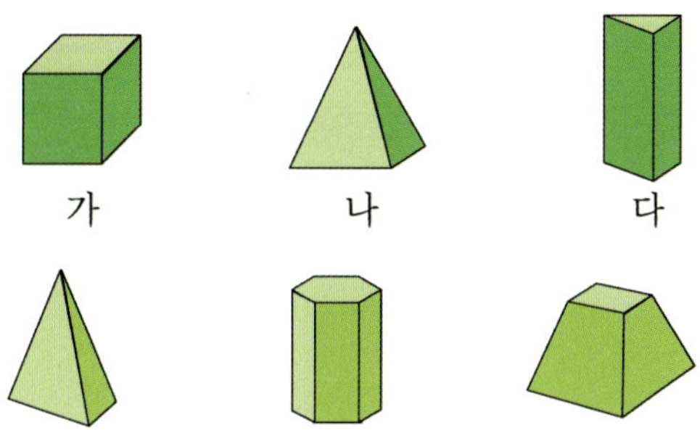

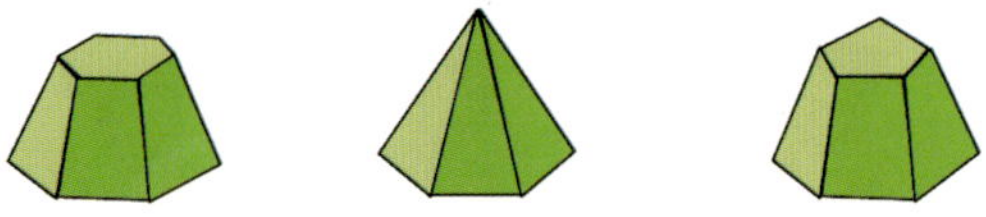

※ 그림 나, 라, 아와 같은 입체도형을 각뿔이라고 한다.

또한, 여러 가지 입체도형을 제시해 주고 특정 입체도형을 찾는 활동을 통하여 자연스럽게 입체도형의 특징을 파악할 수 있도록 한다. 기둥, 각뿔, 원기둥, 원뿔의 모형에서 특징을 찾아보고, 면, 모서리, 꼭짓점, 모선, 높이 등의 개념을 도입한다. 각 입체도형의 특징을 파악하고 면, 모서리, 꼭짓점이 몇 개가 있는지 찾아보는 활동을 하면서 규칙성을 찾아볼 수도 있다. 각 입체도형은 예시로 직접 전개도를 그리고, 전개도를 접어서 입체도형으로 만들어 보는 활동을 통해서 각 입체도형에 대한 이해를 높인다.

활동 2

1. 원기둥을 알아봅시다.
   - 생활에서 알아보기
     - 주변에서 둥근 기둥 모양으로 된 물건을 찾아보시오. 둥근 기둥 모양이 다른 입체 모양과 다른 점을 찾아보시오

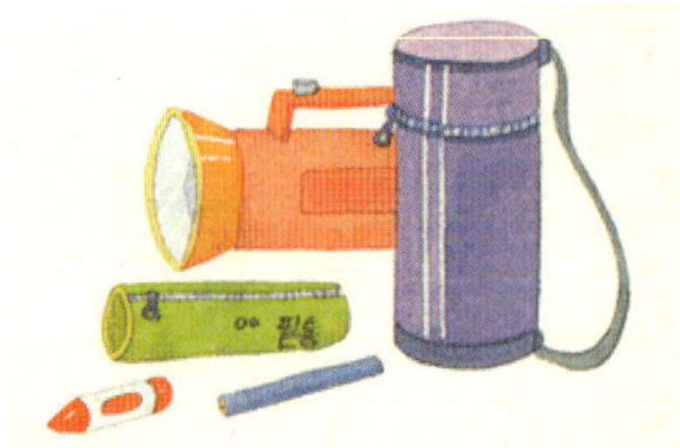

2. 각기둥과 둥근 기둥 모양을 비교하여 보시오.
   - 가와 나의 같은 점은 무엇입니까?
   - 가와 나의 다른 점은 무엇입니까?

※ 그림과 같이 위와 아래에 있는 면이 서로 평행이고 합동인 원으로 되어 있는 입체도형을 원기둥이라고 합니다.

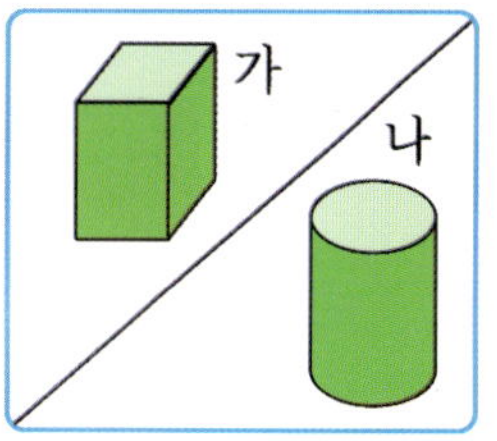

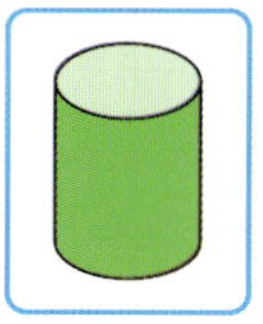

• 원기둥을 찾아보시오.

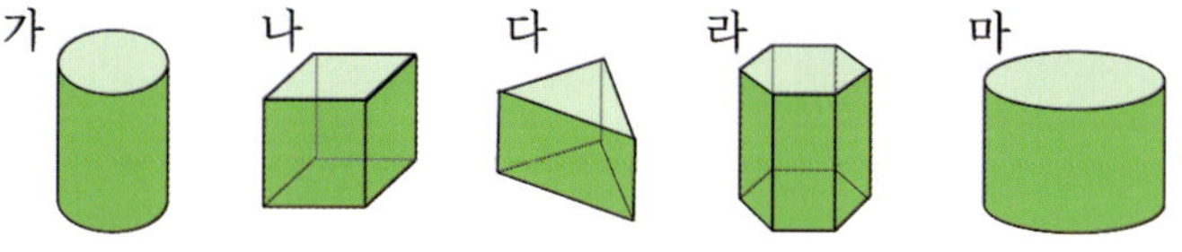

라. 모형 만들기

1) 전개도로 실제 모형을 만들기

	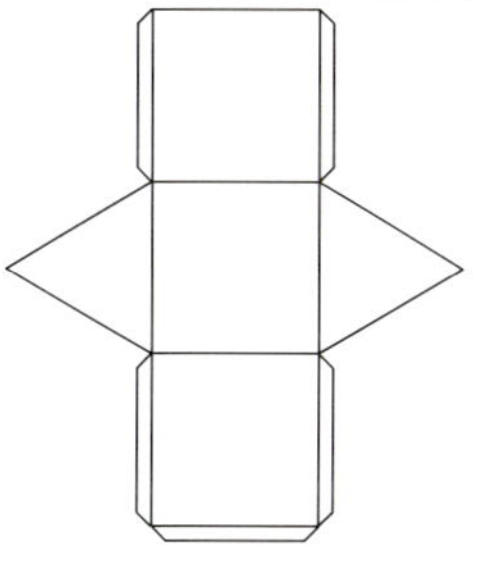

	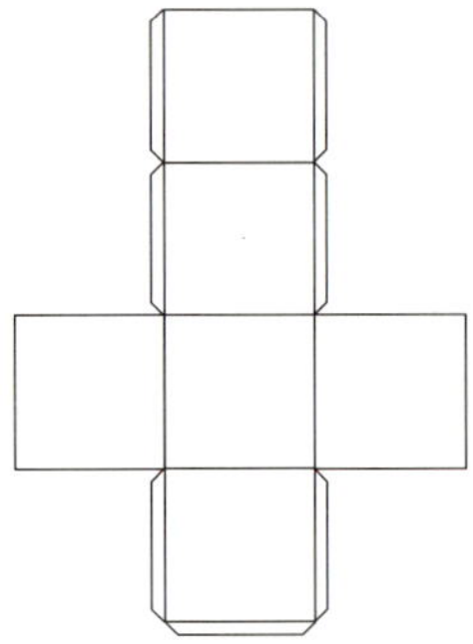
	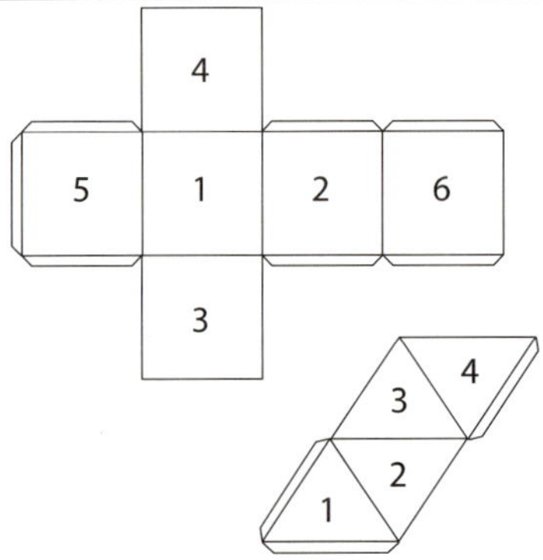4 5 1 2 6 3 4 3 2 1
	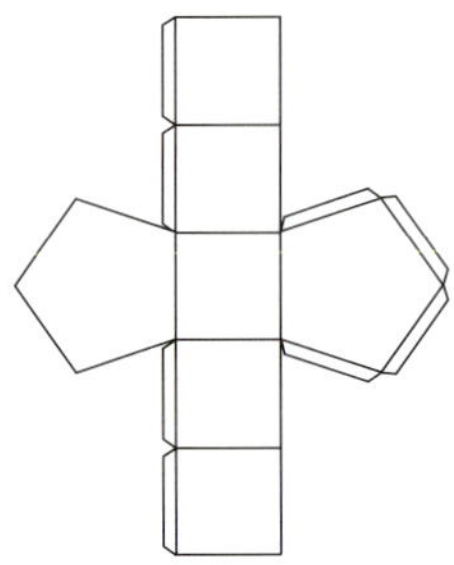
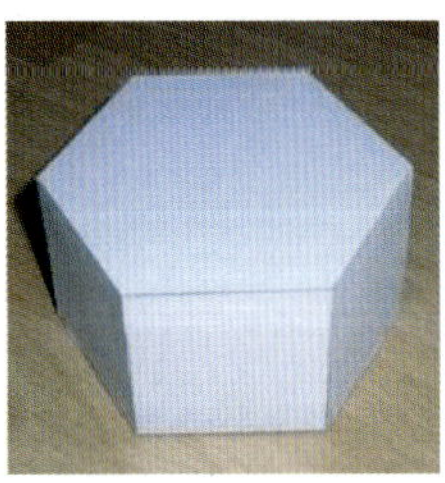	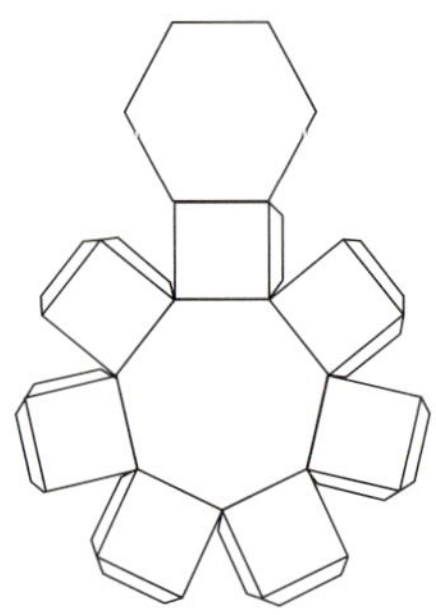

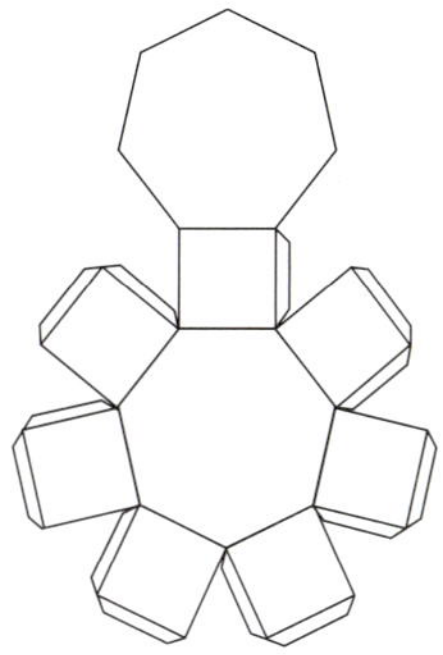

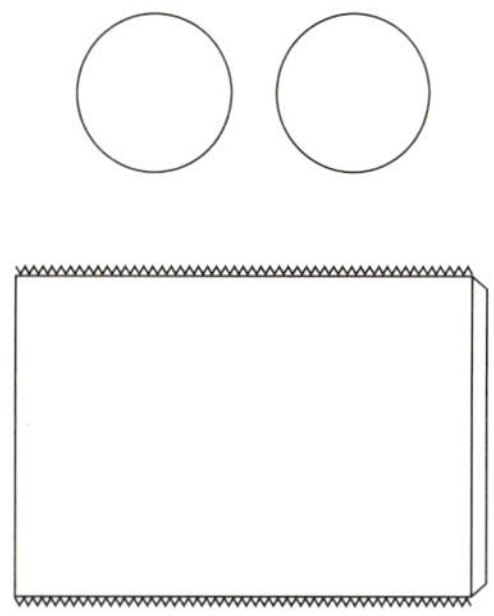

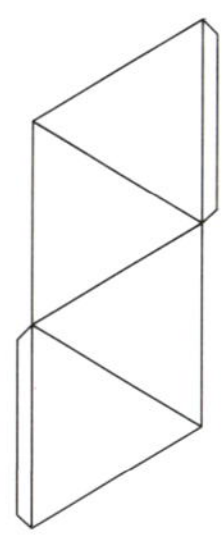

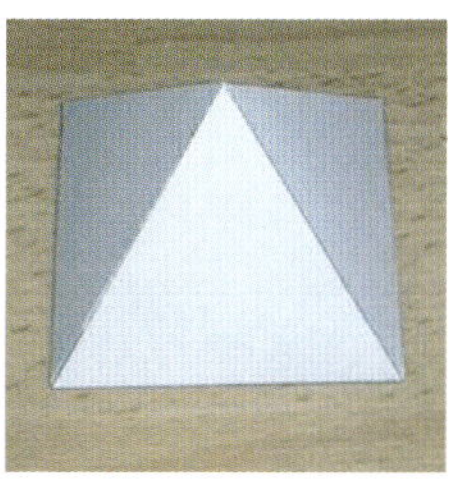

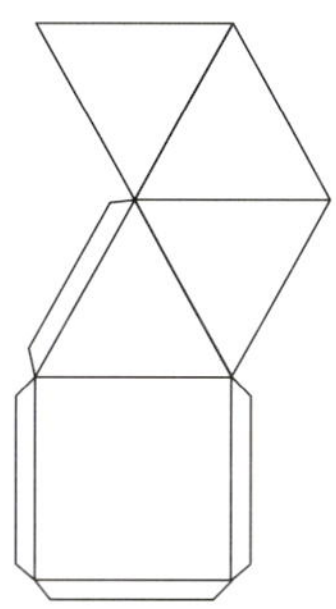

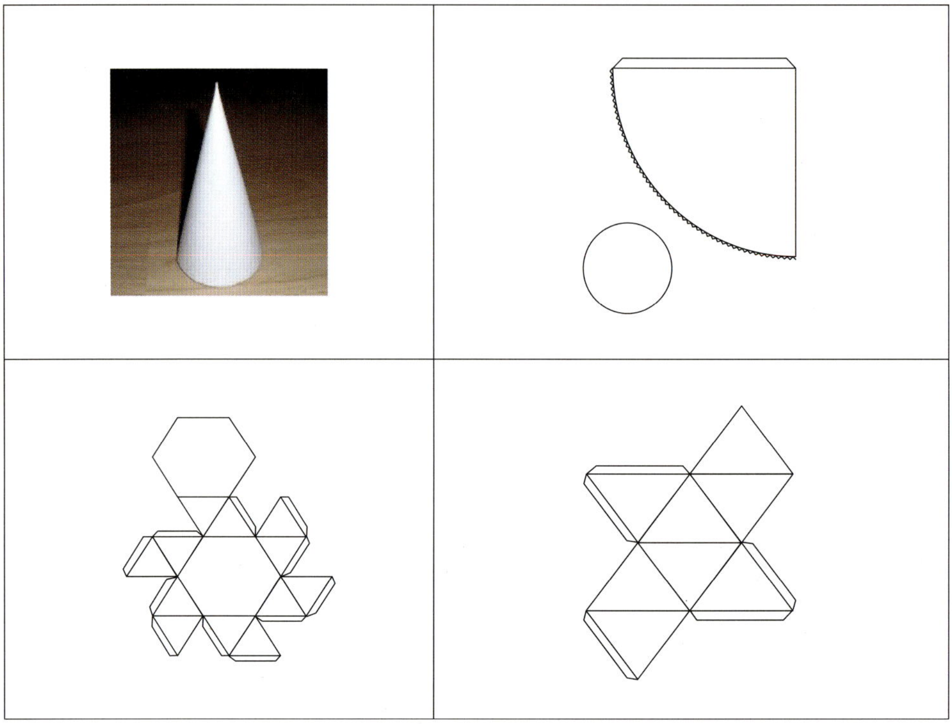

http://www.korthalsaltes.com/

2) 각뿔 만드는 방법

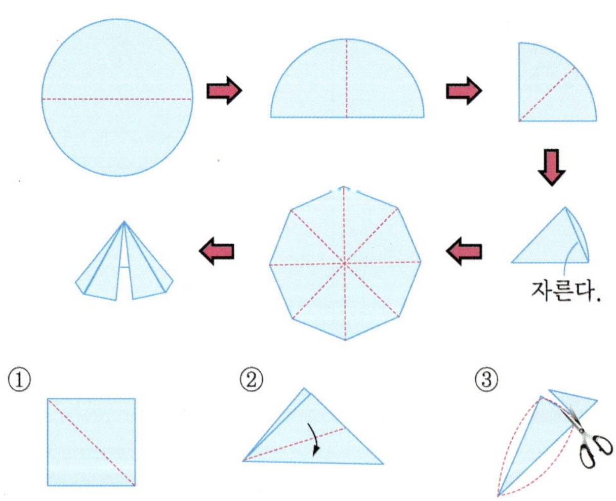

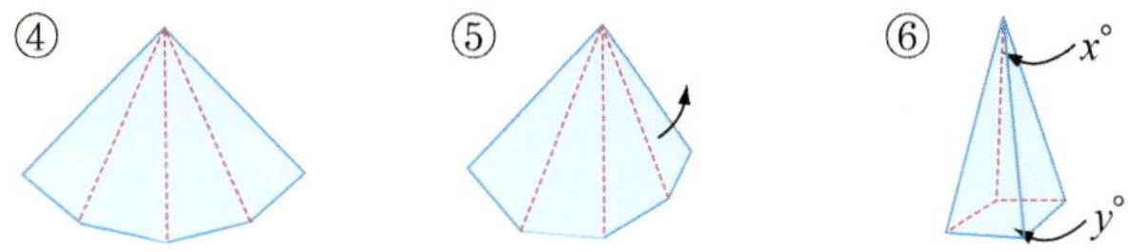

http://blog.naver.com/jmlee0917?Redirect=Log&logNo=100013752139

마. 활용의 실제

1) 각기둥의 구성 요소

각기둥의 뜻을 알고 구별할 수 있으나, 각기둥의 성질을 설명하기 위해서는 각 부분의 이름을 정하지 않으면 안 될 것이다. 이런 필요성에 따라 각기둥의 각 부분의 이름을 하나씩 정해 나가게 한다. 그림과 같은 각기둥에서 위와 아래에 있는 면을 각각 밑면, 옆으로 둘러싸인 직사각형 모양의 면을 옆면이라고 한다.

아래 그림과 같이 면과 면이 만난 선을 모서리라고 하고 모서리와 모서리가 만난 점을 꼭짓점이라고 한다. 또, 두 밑면에 수직인 선분의 길이를 높이라고 한다.

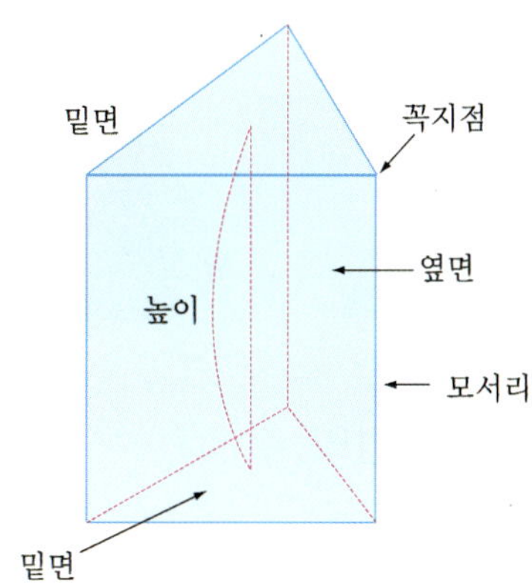

☞ 각기둥의 밑면과 옆면 찾기

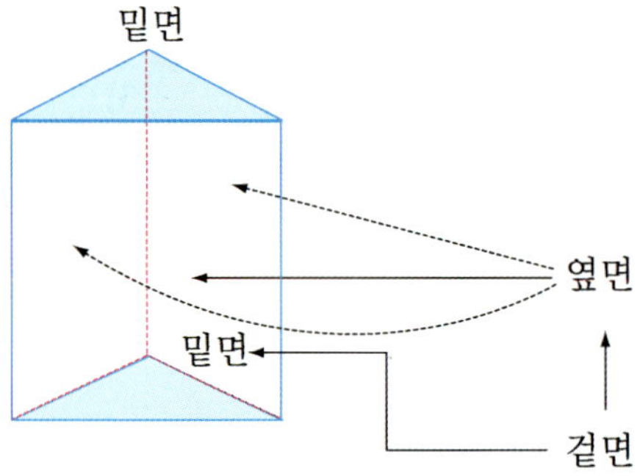

2) 각기둥의 이름

두 밑면이 서로 평행이고 합동인 입체도형을 '기둥'이라고 하고, 그 중에서 밑면의 모양이 다각형인 것을 '각기둥', 원 모양인 것을 '원기둥'이라한다. 각기둥에 있어서 밑면의 모양이 여러 가지인데 모두 각기둥이라고 부른다면, 불편할 경우가 생기게 됨을 인식하게 한다.

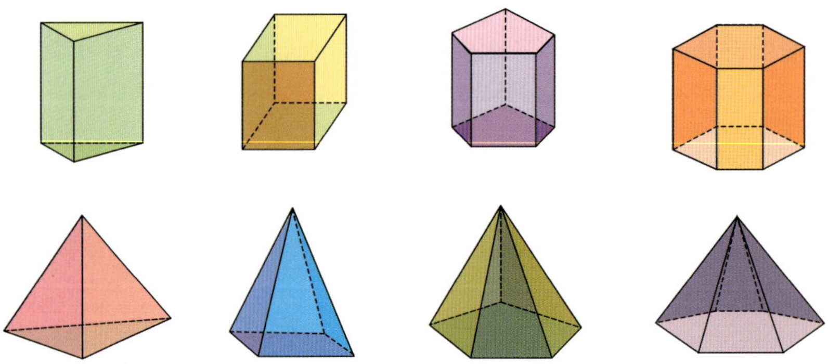

3) 각기둥의 면, 모서리, 꼭짓점의 수

각기둥의 면, 모서리, 꼭짓점의 수를 조사하여 표를 만들고, 그들 사이의 관계를 알아본다. 먼저 구체물이나 모형을 가지고 각 부분의 이름을 확인한 다음 면, 모서리, 꼭짓점의 수를 셀 때 다음과 같이 세 부분으로 나누어 세면 빠뜨리거나 중복되지 않게 셀 수 있음을 알게 한다.

• 모서리의 수와 밑면의 변의 수의 관계

각기둥	변의 수	모서리 수	관 계
삼각기둥	3	9	3x3=9
사각기둥	4	12	4x3=12
오각기둥	5	15	5x3=15

모서리 수 = 밑면 변의 수 X 3

꼭지점의 수와 밑면의 변의 수의 관계

각기둥	변의 수	꼭지점 수	관 계
삼각기둥	3	6	3x2=6
사각기둥	4	8	4x2=9
오각기둥	5	10	5x2=12

꼭지점 수 = 밑면 변의 수 x 2

• 면의 수와 밑면의 변의 수의 관계

각기둥	밑면 변의 수	면 수	관 계
삼각기둥	3	5	3+2=5
사각기둥	4	6	4+2=6
오각기둥	5	7	5+2=7

면 수 = 밑면 변의 수 + 2

☞ 각기둥의 옆면

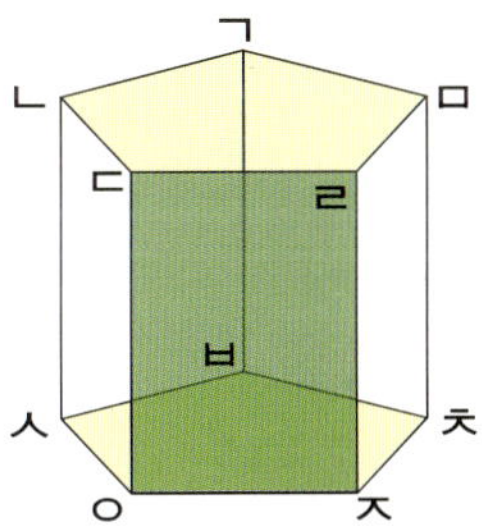

면 ㄷㄹㅈㅇ
면 ㄱㄴㅅㅂ
면 ㄱㅁㅊㅂ
면 ㄹㅁㅊㅈ
면 ㄴㄷㅇㅅ

자료출처 :http://contents.edu-i.org/gongmo/2001/shj000/2-2.htm

각 뿔이란 밑면은 다각형이고, 옆면이 삼각형인 입체 도형을 말한다.

• 모서리 : 면과 면이 만난 선분
• 꼭짓점 : 모서리와 모서리가 만난 점
• 각 뿔의 꼭짓점 : 옆면을 이루는 모든 삼각형의 공통된 꼭짓점

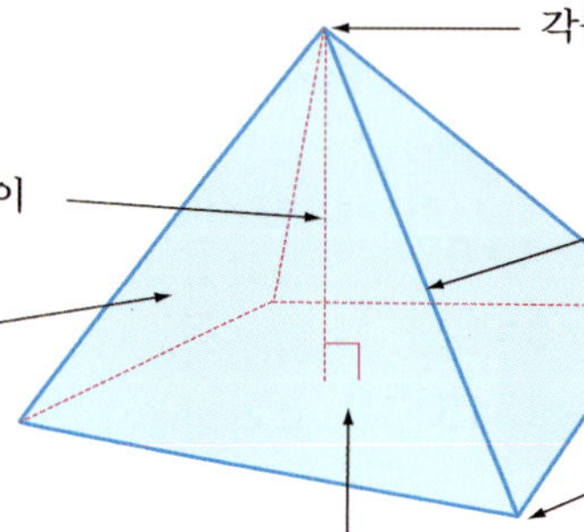

☞ 각뿔 구성요소의 관계

각뿔	밑면의 모양	옆면의 모양	밑면의 변의 수	면의 수	모서리의 수	꼭짓점의 수
삼각뿔	삼각형	삼각형	3	4	6	4
사각뿔	사각형	삼각형	4	5	6	5
오각뿔	오각형	삼각형	6	6	10	6
육각뿔	육각형	삼각형	6	7	12	7

▶ 각뿔에서 면의 수와 꼭짓점의 수는 밑면의 변의 수와 다음과 같은 관계가 있다.

(면의 수) = (밑면의 변의 수)+1

(꼭짓점의 수) = (밑면의 변의 수)+1

http://www.topianet.co.kr/topia/6/6s/6S000000.htm

바. 활용상의 유의점

- 학생들의 발달단계에 적합한 수준에 모형을 선택하도록 한다.
- 흥미 유발을 위해 수학적 원리나 개념 등의 내용을 간과 할 우려가 있음을 항상 주의해야 한다.
- 입체도형은 간단한 것으로 해야 한다.
- 여러 가지 입체도형을 만드는 활동은 쌓기나무 5~6개 정도로 한다.
- 모형의 전개도를 다양하게 그리도록 지도한다.

- 초등수학에서는 모선이 밑면에 수직인 직원기둥만을 취급한다.
- 초등수학에서는 밑면의 중심과 원뿔의 꼭짓점이 밑면에 수직인 직원뿔을 대상으로 한다.
- 원기둥의 전개도의 밑면을 오린 후 옆면을 오릴 때 밑면에 수직인 직선으로 오리도록 지도하여 옆면이 직사각형이 되게 한다. 원기둥을 모두 펼친 후에는 옆면과 두 밑면이 접해 있도록 전개한다.
- 회전체를 그리는 것이 어려운 학생은 조작 활동(교육용 프로그램이 활동)을 통한 지도를 한다.
- 회전체를 위에서 또는 앞에서 본 모양이 어떤 도형이 되는지를 관찰하도록 하여 투영도에 대한 이해력을 기르고, 회전체의 단면을 이해하도록 한다.

사. 활용 web site

- http://www.korthalsaltes.com
- http://blog.naver.com/jmlee0917?Redirect=Log&logNo=100013752139
- http://teachers.net/lessons
- http://cont121.edunet4u.net/leepc52/main.htm
- http://kr.kids.yahoo.com/multi/su/su_main6/dan/su6_2_6.html
- http://illuminations.nctm.org/LessonDetail.aspx?ID=L410
- http://blog.naver.com/zestmom/60015826918
- http://blog.naver.com/zestmom?Redirect=Log&logNo=60017055795
- http://blog.naver.com/zehnmark/100016116926
- http://blog.naver.com/jsmswith/90001099892
- http://blog.naver.com/mentoring2?Redirect=Log&logNo=12971118
- http://blog.naver.com/asix99?Redirect=Log&logNo=140010909644
- http://emath.new21.org/bbs/zboard.php?id=do&page=1&sn1=&divpage=1&sn=off&ss=on&sc=on&select_arrange=headnum&desc=asc&no=158
- http://www.mathconsult.ch/showroom/unipoly/list.html
- All Uniform Polyhedra 모든 다면체를 볼 수 있는 곳

3.13 산가지(Counter)

가. 유래와 배경

오늘날에는 전자계산기나 컴퓨터의 보급으로 복잡한 계산까지 쉽게 해결할 수 있다. 그러나 옛날 숫자를 모르던 시절에 조상들은 셈을 어떻게 했을까? 나라마다 셈 하는 방법이 있었는데 로마에서는 로마숫자로 셈을 한 것처럼 우리나라는 산가지라는 셈의 도구가 있었다.

산가지를 다른 말로 산목(算木), 산대, 산책(算策)이라고도 한다. 중국에서는 산(算), 주(籌)라고도 한다. 삼국시대에 중국에서 전래되어 조선말까지 주로 관(官)을 중심으로 사용되었다. 조선 후기에 민간 상업이 발달하면서 일반 대중들도 이를 널리 사용하게 되었다. 산가지를 사용했던 중국, 일본에서는 주판이 보급되면서 사라졌다. 산가지의 용기로는 주머니와 통이 많이 사용되었다. 산가지로 수를 나타내는 방법은 고대 중국의 것을 충실히 따랐다. 산가지의 배열은 일의 자리수와 십의 자리수가 서로 혼동되지 않게 세로와 가로로 구별하여 번갈아놓도록 했다. 배열을 할 때 일의 자리, 십의 자리, 백의 자리, 천의 자리들을 세로, 가로로 번갈아 가며 배열한다. 즉 일백, 만, 백만 자리는 세로로 배열하고 십, 천, 십만, 천만 자리는 가로로 배열한다. 주산반(籌算盤)도 산가지의 일종인데, 이는 격자산법에 의한 곱셈이 가능한 산가지이다 .

셈에 사용하는 나뭇가지를 주(籌), 산목(算木), 산대, 산책(算策), 산가지 등으로 부르고 셈하는 법을 주산(籌算), 산목산(算木算), 산가지 셈이라고 한다. 노자의 『도덕경』에 '수를 잘하는 사람은 산목을 사용하지 않는다'는 말이 있는 것을 보면, 일찍부터 산가지를 사용한 듯하다. 산가지는 일반적으로 대나무를 사용하였으나 쇠붙이, 상아, 옥 등으로 제작하기도 했다. 지름은 3푼(약 0.7cm), 길이는 6촌(약 14cm)으로 271개를 6각모양의 그릇에 넣으면 손에 알맞게 잡을 수 있는 크기였다. 크기는 조선 후기의 산서인 「습산진벌」 등의 기록에 지금처럼 7.7㎝ 정도로 규격화되어 있으나, 이를 꼭 지키지 않았다. 현재 국립 민속 박물관에 있는 산가지의 길이는 약 15cm 정도이다.27)

일이 잘되어 가다가 어떤 사람의 실수나 잘못으로 뒤틀리는 경우가 종종 있다. 이때 실수나 잘못을 저지른 사람에게 "산통 깨고 있네"라고 힐난을 한다. 여기에 쓰인 '산통 깨다'는 '일을 그르치게 하다'라는 의미를 지닌다. 이 '산통'은 두 가지로 이해할 수 있다. 하나가 '산통점'에 쓰인 '산통'이라는 것이다. '산통점'은 쉽게 말해 '산통'을 이용하여 치는 점법이다. '산통'은 '산가지를 넣는 통'을 말한다. 장님이 점을 칠 때에는 향목, 금속, 대나무 등을 이어 괘를 새긴 '산가지'라는 막대기를 이용한다. 이 '산가지'를 넣은 산통을 대여섯 번 흔든 다음 산통을 거꾸로 들면 그 구멍으로 '산가지'가 나온다. 바로 그 '산가지'의 괘로 점을 치는데, 이것이 '산통점'이다. '산통점'에서는 산통과 거기에서 나오는 산가지가 생명이다. 산통에서 산가지를 뽑아 점을 치는데, 산가지를 뽑기 전에 산통을 깨는 것은 점을 치지 못하게 하는 행위와 마찬가지다. 산통을 흔들어 산가지를 뽑기만 하면 길흉화복을 예언할 수 있는데, 그 바로 전 단계에서 산통을 깨는 행위는, 잘되어 가던 일을 중간에서 이루지 못하게 뒤트는 행위와 같다. 그래서 '산통 깨다'에 '일을 그르치게 뒤틀다'라는 비유적 의미가 생겨난 것으로 보인다.28)

산가지에 의한 수표시를 글자로 기록하는 주식숫자(籌式數字)는 거의 산가지의

27) 허경진(2003), 사대부 소대헌·호연재 부부의 한 평생, 푸른 역사, 290쪽
28) 조항범(2004), 정말 궁금한 우리말 100가지, 예담, 212쪽

배열을 그대로 표시했지만 약간 다른 점이 있었다. 즉 주식숫자는 산가지의 배열과 달리 ① 각 숫자 사이에 간격을 두지 않고 꼭 붙여서 썼으며, ② 빈자리를 0으로 나타냈고, ③ 음수의 표기를 마지막 자리의 숫자에 빗금을 그어 표시했다. 산가지의 배열법인 주식숫자에 의한 기수법은 우리나라에서도 중국과 똑같았지만 계산의 절차는 약간 다른 점이 있었다.[29]

산가지는 가지고 떼어내거나 여러 가지 형태를 만들며 노는 놀이이며 '셈하다'의 '산(算)'과 '가지'(나뭇가지의 가지)의 합성어이다. '산(算)가지'란 수를 셀 수 있는 특별한 도구가 없었던 시대에 수를 셈하기 위하여 수숫대, 싸리, 대나무 등을 짧게 깎아 사용하던 가는 대를 말한다. 그러나 주판이 나오면서 더 이상 셈의 도구로 사용되지 않고 놀이감으로 변하였다. 전국적으로 행해지던 놀이이며, 지방에 따라 '산가비', '산대', '수가지', '수대', '주가비', '주가지', '주대'라고도 하였다. 지금은 쉽게 구할 수 없어 성냥개비 또는 이쑤시개를 이용하여 산가지 놀이를 하고 산적꽂이에 이용하기도 한다. 산가지로 다양한 놀이를 할 수 있으며, 공간이 그리 많이 필요하지 않기 때문에 교실에서 재미있게 놀 수 있다. 놀이방법에는 산가지 떼어내기, 산가지 따기, 형태 바꾸기, 산가지 들기, 삼각형 없애기, 쌍 만들기 등이 있다.

나. 산가지와 초등수학교육

1) 산가지 활동의 효과

① 손의 조정력 기르기: 산가지를 떼어내기에서 가장 중요한 것은 다른 산가지를 건드리지 않고 조심스럽게 떼어 내는 것으로 놀이를 하면서 자연스럽게 손끝의 조정력을 기를 수 있다.

② 균형 감각기르기: 막대를 빼낼 때 가장 중요한 것은 적당한 막대를 선정하고, 틈을 찾아내어, 다음 차례로 넘어가는 동안 균형성을 기를 수 있다.

29) http://www.nol2i.com/file/ganada/sa/sa7.hwp

③ 한번 더 생각하기: 어떤 막대를 빼낼지 여러 각도로 보고, 생각을 해야 한다. 무엇보다도, 신중하게 빼내야 다른 막대를 건드리지 않을 수 있다.

④ 집중력 기르기: 가느다란 막대는 흔들리고, 다른 막대를 건드리게 되어 순간 순간에 고도의 집중력이 필요한 놀이이다.

⑤ 수 개념 기르기: 분류, 개수 세기 등은 초기 수 개념 발달에 도움이 된다.

⑥ 수 감각 기르기: 수 개념이 형성되는 시기에 조작활동은 수에 대한 인지과정을 도와줄 뿐 아니라, 감각까지도 길러줄 수 있어 효과적이다.

2) 산가지의 장점

① 재료를 자연물에서 구할 수 있다.

② 작은 공간에서도 재미있게 활동할 수 있다.

③ 간단하면서도 다양한 방법으로 활용할 수 있다.

④ 추상적인 개념을 구체적 조작을 통해 쉽게 이해할 수 있다.

• http://www.kwthe.go.kr/data_bank/data/%2814287%29%B1%B3%C0%B0%B1%E2%BC%FA%B3%AA%B4%AE%C8%B8%BA%B83.hwp

그럼 산가지는 이용한 예를 살펴보자.

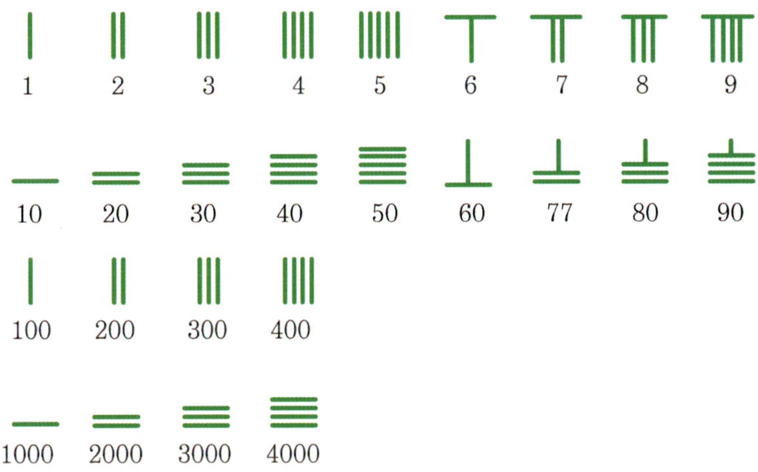

배열 할 때 일의 자리, 십의 자리, 백의 자리, 천의 자리를 세로와 가로로 서로 바꾸어 가며 배열했다. 즉 일, 백, 만, 백만 자리는 세로로 배열하고 십, 천, 십만, 천만 자리는 가로로 배열 했다. 그리고 빈자리는 0으로, 음수는 마지막 자리의 숫자에 빗금을 그어 나타냈다. 간단한 성냥개비나 나무젓가락 등으로 여러 가지 수를 표기해 보면 다음과 같다.

3264 55 401 −231

산가지를 이용한 덧셈과 뺄셈은 34＋8일 경우에 먼저 산가지로 34를 놓은 다음 일의 자리에 8개를 더 놓고 12개가 됨으로 10개를 덜어내고 십의 자리에 1개를 더 놓는다. 뺄셈 34－8에서는 34를 놓고 일의 자리에 있는 4개에서 8개를 덜어낼 수 없어 십의 자리에 있는 1개를 덜어내고 일의 자리에 10개를 더 놓은 다음 8개를 덜어내면 된다.

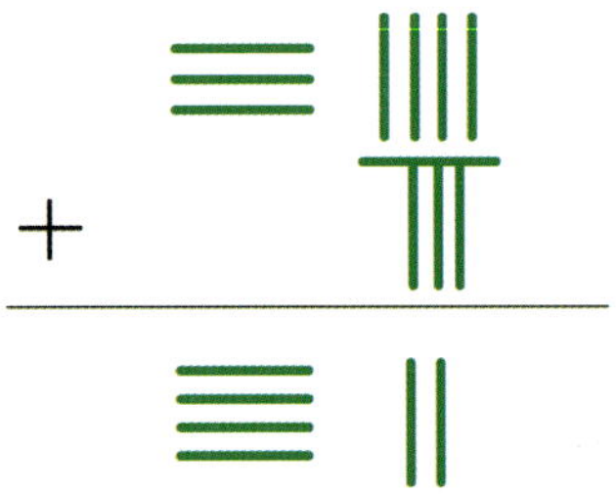

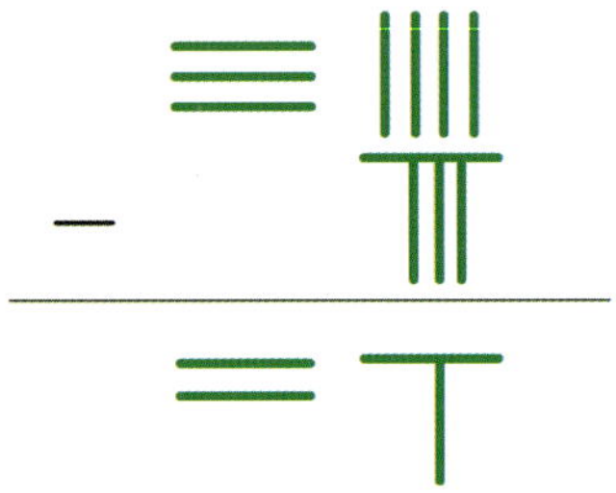

곱셈 16×23의 경우는 ①처럼 한가운데를 비워 두고 산가지로 16과 23을 만든다. 비워 둔 곳은 답을 나타내는 장소가 된다.

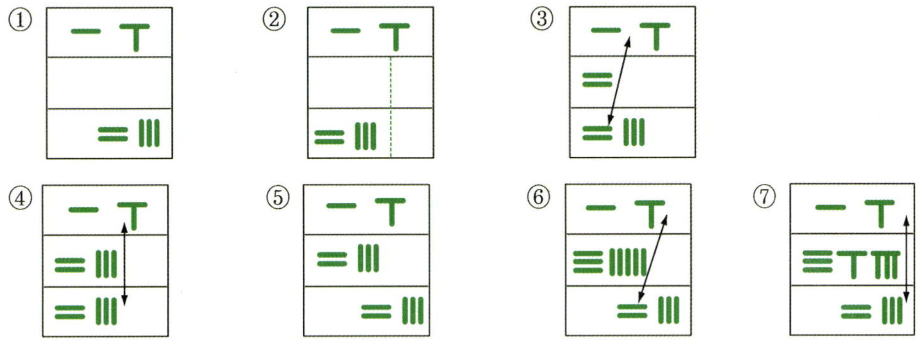

우선 16을 그림②처럼 16의 앞머리 숫자 밑에 이동하여 2와 3을 각각 십의 자리의 숫자 1에 곱하여 그 결과를 산가지로 나타낸다. 그것이 끝나면 23을 오른쪽으로 한 자리 이동시켜 동일한 계산을 한다. 나눗셈 630÷15를 해보면 곱셈과 마찬가지로 답이 제일 위로 올라 오도록 한다. 그리하여 나누는 수 15를 이동해 가면서 나눗셈을 하면 된다.

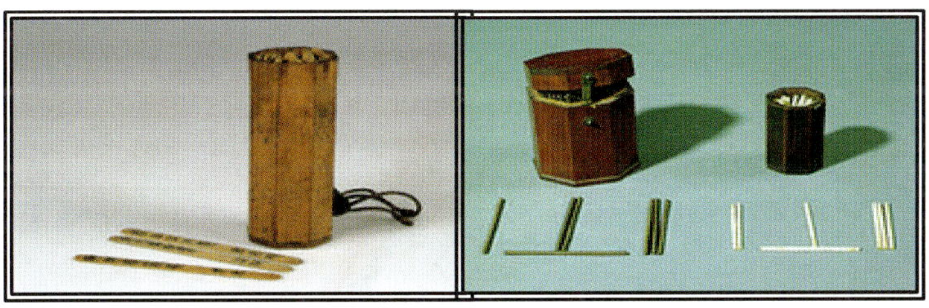

3) 초등수학 교과서에서 산가지를 활용 단원

1-1		1-2	
5까지의 수	그림보고 세어보기. 1~5 읽고 쓰기. 하나 더 많은 것, 하나 더 적은 것. 0의 약속, 읽기, 쓰기. 두 수의 크기 비교.	100까지의 수	몇 십 세기. 몇 십 몇 세기. 수의 순서. 두 수의 크기 비교.

1-1		1-2	
더하기와 빼기	더하기와 덧셈 식. 빼기와 뺄셈 식. 덧셈식과 뺄셈식. 더하는 수를 바꾸어 더하기.	10이 되는 더하기와 10에서 빼기	10이 되는 더하기와 10에서 빼기.
50까지의 수	10~19까지 읽기, 쓰기. 몇 십, 몇 십 몇의 읽기, 쓰기. 50이하의 수. 두 수의 크기 비교.	더하기와 빼기(1)	더하기와 빼기의 정확한 개념의 이해.

- http://www.imagemath.co.kr
- 복잡한 계산을 수행하기 위한 불필요한 시간의 낭비를 줄이고, 수학적 사고력, 문제 해결력, 수학에 대한 흥미와 호기심을 길러 줄 수 있도록 장려.

산가지 : 분류, 개수 세기 등 초기 수 개념 발달을 위한 자료	
- 클립	서로 길게 연결, 색깔 이용하면, 분류, 측정, 집합의 지도에 유용
- 플라스틱으로 만든 쐐기	쐐기판과 함께 사용 시 여러 가지 수학적 개념 지도에 활용
- 나무젓가락	재료를 재활용하여 사용할 수 있고 학생들이 직접 재료를 만들어 이용
- 이쑤시개	산가지로 이용하고 다른 교구로 이용할 수 있음.
- 성냥개비	가장 손쉽게 얻을 수 있으며 여러 가지 산가지 놀이에 사용
- 수수깡	재료의 길이와 모양, 색깔을 조절하여 사용할 수 있으며 분류, 개수 세기 뿐만 아니라 도형의 움직이기에도 이용

다. 활용의 실제

① 재료를 재활용하여 산가지 만들기	② 산가지를 사용하고 다른 교구로 응용하기
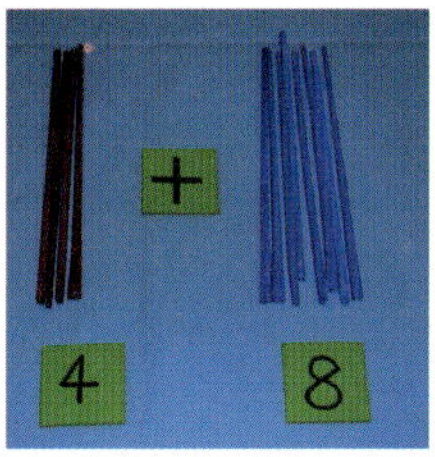 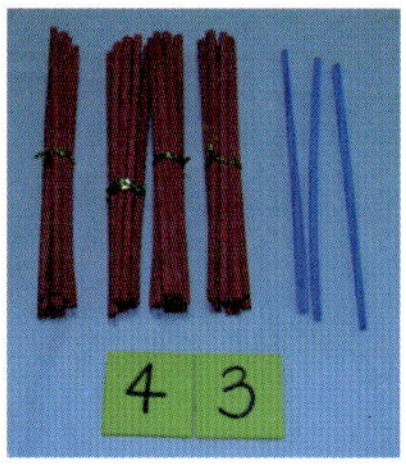	

산가지는 길이가 적당하고 모양이 같은 것이 좋다. 대나무, 플라스틱, 성냥개비 등의 많은 재료가 가능하다. 대표적인 것으로 나무젓가락이 있다. 나무젓가락을 반으로 갈라서 사용해도 되지만, 연필 깎기로 끝을 약간 뾰족하게 만들면 놀기에 좋다. 좀 더 모양을 내려면 나무젓가락에 사인펜으로 띠를 만들거나 칠을 하면 좋은데, 칠을 할 때에는 여러 가지 색을 사용하면 오히려 지저분하니 원색으로 5가지 정도만 골라 색을 칠하면 깔끔하다. 산가지로 여러 가지 모양을 만들어보거나 문제를 풀 때에는 성냥개비나 이쑤시개가 오히려 편리하다.

- http://user.chollian.net/%7Ekhd1001/tradi/indexc-m2htm.htm
- http://www.cheongwoon.es.kr/data_bank/data/(37455)sangagi.hwp

주위에서 손쉽게 사용할 수 있는 간단한 재료들을 가지고 수의 기본개념을 학습할 수 있다.

1) 덧셈, 뺄셈

① 덧셈 : 34+8 일 때, 산가지로 34를 놓은 다음 일의 자리에 8개를 더 놓는다. 일의 자리가 12개가 됨으로 10개를 덜어내고, 십의 자리에 1개를 더 놓는다. 그래서 답은 42가 된다.

② 뺄셈 : 34−8 일 때 산가지로 34를 놓고, 일의 자리에 있는 4개에서 8개를 덜어낼 수 없어 십의 자리에 있는 1개를 덜어내고, 일의 자리에 10개를 더 놓은 다음 8개를 덜어내어 26이 된다.

2) 산가지 떼어내기 놀이

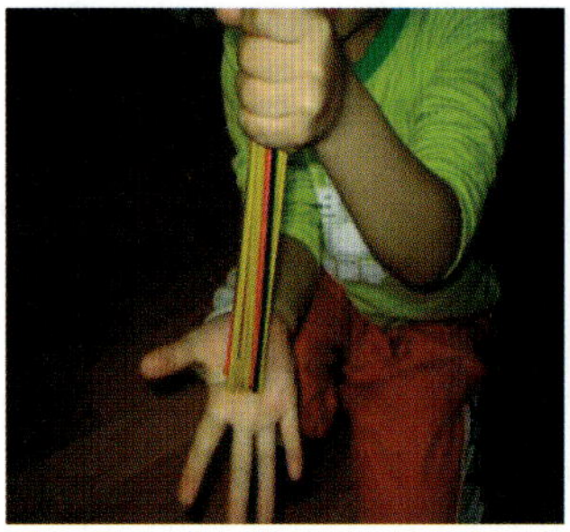

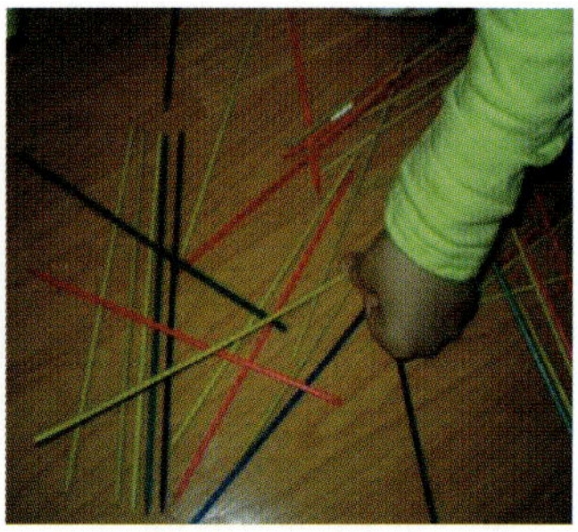

① 모둠원끼리 하기에 알맞은 놀이이다.

② 각자 산가지를 하나씩 손에 쥔다.

③ 가위바위보로 순서를 정한다.

④ 1등이 나머지 산가지를 손에 쥐고 잘 흔들다가 땅에 쏟는다. 이 때 되도록 많이 흩어놓아야 늘어내기 편하다.

⑤ 1등부터 손에 쥔 산가지로 땅에 흩어진 산가지를 하나씩 들어낸다. 들어낸 산가지는 가져가며, 이 때 다른 산가지가 움직이면 다음 사람으로 순서가 넘어간다.

⑥ 산가지를 가장 많이 가져간 사람이 이기며, 가져간 개수대로 순위가 정해져 놀이를 다시 시작한다.

⑦ 산가지에 여러 가지 색을 칠해 색깔별로 점수를 따로 계산하면 더욱 흥미진진하게 놀이를 할 수 있다.

- http://www.nol2i.com/file/ganada/sa/sa7.hwp
- http://blog.naver.com/kwyoung2000?Redirect=Log&logNo=20026013249

〈산가지 떼어내기 응용 놀이 방법〉

① 산가지에 다섯 종류의 색깔을 칠하고 각 색깔마다 점수를 정한다. 총 41개가 필요한데 색깔마다의 개수를 다음과 같이 한다.

> 노란색 산가지 : 20개 – 각 3점
> 빨간색 산가지 : 12개 – 각 5점
> 파란색 산가지 : 5개 – 각 10점
> 녹색 산가지 : 3개 – 각 15점
> 빨강, 흰색 띠를 두른 산가지 : 1개 – 20점

② 놀이의 순서를 정하고 선이 된 사람이 가지를 흐트러뜨린다.

③ 흩어진 가지들을 순서에 따라 집어 가는데, 건드리면 다음 사람으로 차례가 넘어가는데, 이 때 전통 놀이 방법과는 달리 남아있는 가지를 그냥 집어 간다. 즉, 한번 선이 흐트러뜨린 가지를 다 집어 갈 때까지 계속해서 돌아가면서 집어 간다.

④ 녹색의 가지를 집어 간 사람은 그 가지로 다른 가지를 떼어 내는데 이용할 수 있다.

⑤ 모두 다 잡아가면, 집어 간 가지의 점수를 합하여 승자를 가린다.

- http://cont111.edunet4u.net/2002/b-612an/bosco/min25.htm

3) 성냥개비로 모양 만들기

① 성냥개비 2개를 옮겨서 위, 아래가 바뀌도록 해 봅시다.

② 의자가 거꾸로 넘어졌다. 의자를 원래대로 바르게 놓으려면 성냥개비 몇 개를 어떻게 옮겨야 할까?

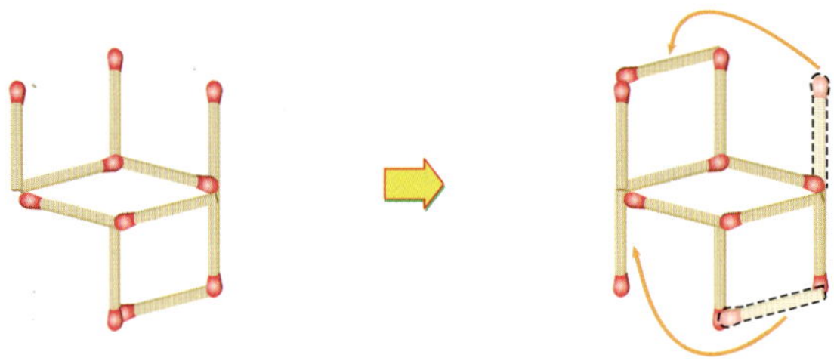

③ 아래그림에서 성냥개비 1개를 움직여 집의 방향을 바꾸어 보시오. 또한 성냥개비를 1개 움직여 2개의 집으로 만들어 보시오.

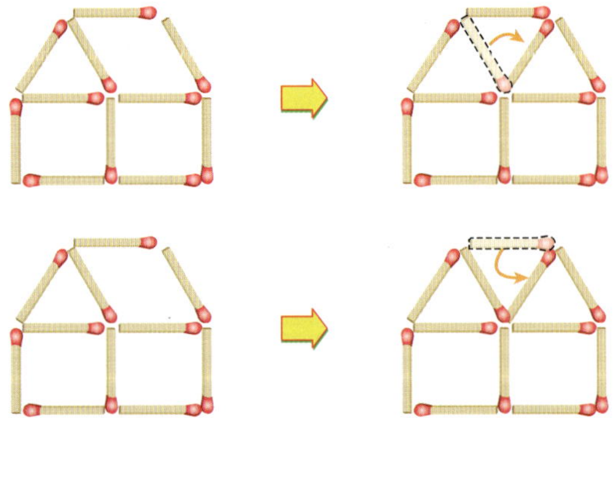

④ 다음은 성냥개비로 금붕어를 만든 것입니다. 성냥개비 3개를 옮겨서 금붕어의 방향을 반대쪽으로 바꿔보시오.

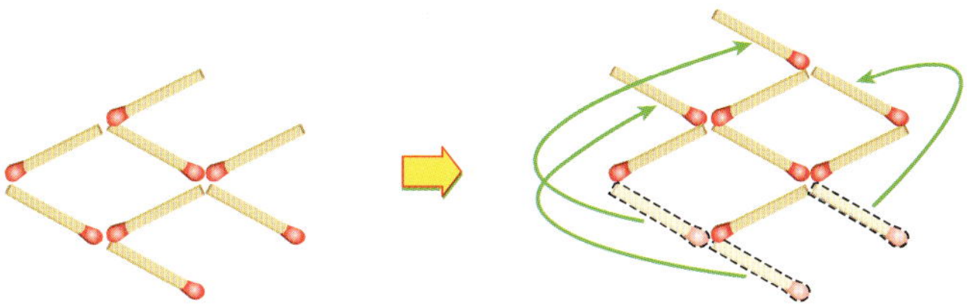

⑤ 다음 식에서 산가지를 한 개씩 움직여서 식이 성립하도록 만들어 보시오.

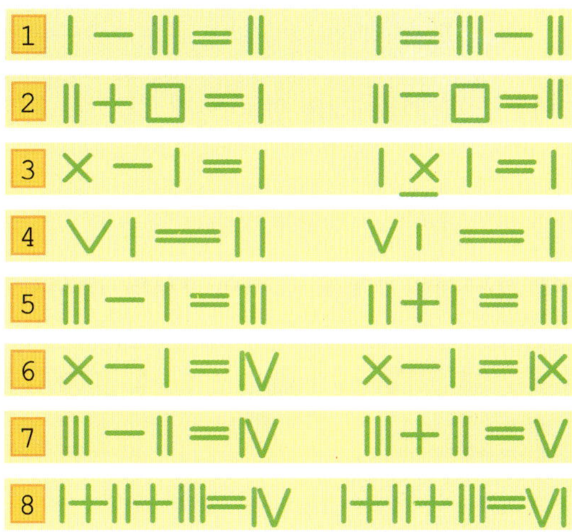

• http://my.dreamwiz.com/ybosco/min25.htm

⑥ 다음은 여섯 개의 성냥개비로 두 개의 정삼각형을 만들었다. 이 성냥개비로 같은 크기의 정삼각형 여섯 개를 만들어 보시오. 또 여섯 개의 성냥개비로 정삼각형 네 개를 만들어 보시오.

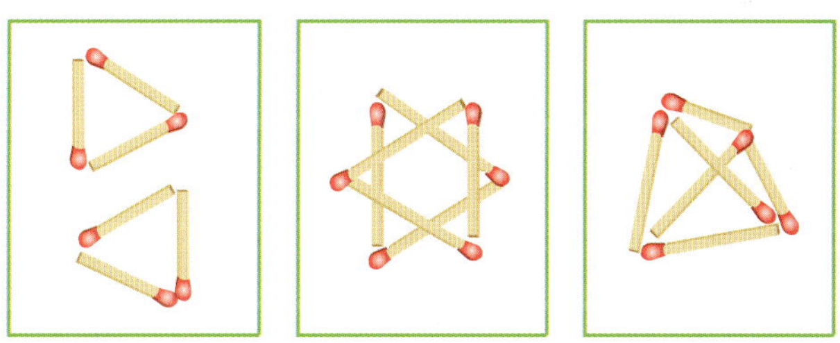

⑦ 다음 그림처럼 성냥개비 열 개가 둥글게 놓여 있다. 이 열 개를 두 개씩 뛰어 넘어 세 번째 것과 포개기를 계속하여 모두 X자로 포개지도록 하여 보시오.

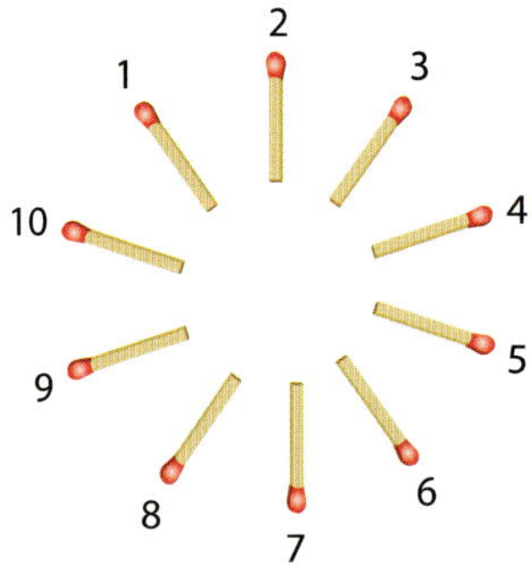

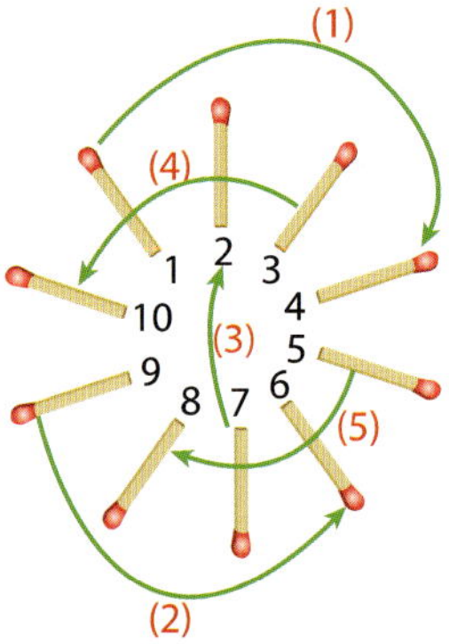

(출처 : 놀이연구회(1991), 가슴 펴고 어깨 걸고 2, 우리교육, 247쪽)

⑧ 도형 만들기

○ 아래의 도형에 성냥개비 2개를 더하여 9개의 정사각형을 만들기

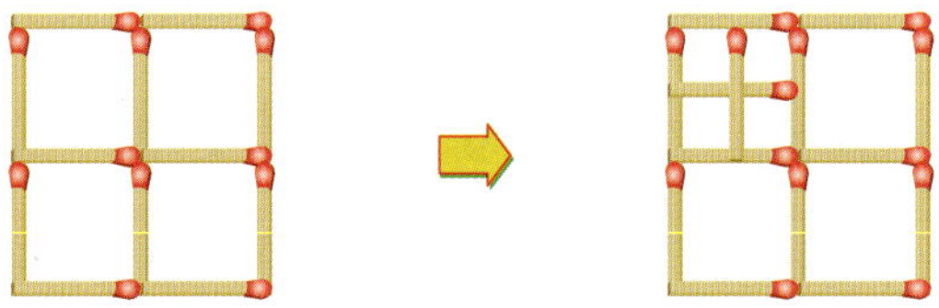

○ 아래의 도형에서 성냥개비 4개, 또는 8개를 없애서 같은 크기의 정사각형 5개 만들기

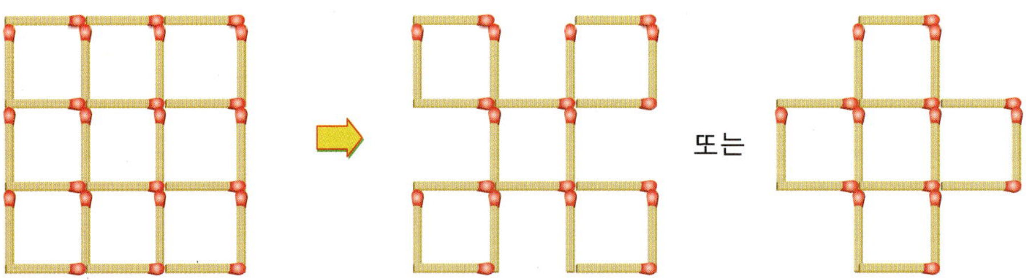

○ 아래 도형에서 성냥개비 6개를 움직여 평행사변형 6개를 만들기

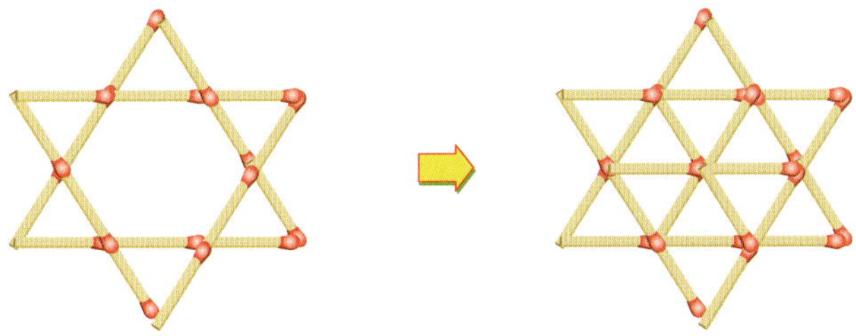

○ 아래 도형에서 성냥개비 2개씩 움직여 삼각형 개수 줄여나가기

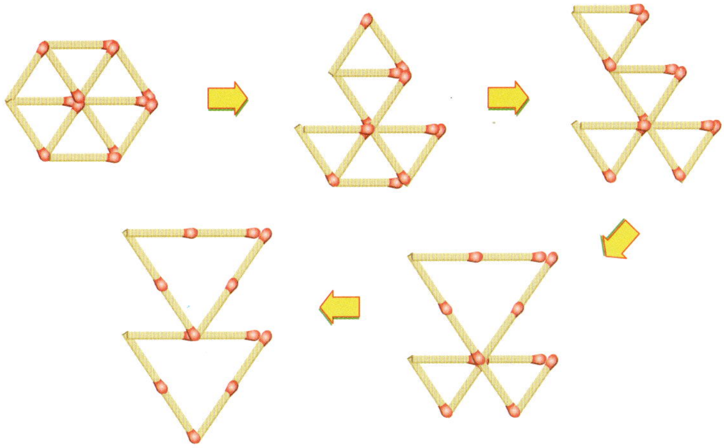

⑨ 산가지 가져가기 게임

- 가위 바위 보를 해서 차례를 정한다.
- 이긴 사람이 한 줌의 산가지를 손에 쥐고 땅에 대고 놓는다.
- 놓아서 넘어진 산가지 중 겹쳐 놓아진 산가지를 모두 가져간다.
- 남은 산가지를 가지고 상대편이 한다.
- 산가지가 다 없어지면 서로의 산가지를 세어서 많이 가진 사람이 이긴다.

(출처 : http://blog.naver.com/leemy01?Redirect=Log&logNo=20026014238)

라. 활용 website

- http://blog.daum.net/lgb58325/8110101
- http://user.chollian.net/~khd1001/tradi/indexc-m2htm.htm
- hunhj.com.ne.kr/play/ga/산가지 모양 맞추기2.hwp
- hunhj.com.ne.kr/play/ga/산가지 떼어내기.hwp
- http://cont111.edunet4u.net/2002/b-612an/bosco/min25.htm
- http://www.woorii.co.kr/play/play30.htm
- http://www.nol2i.com/

찾아보기

사

아

자

차

■ 저자약력 ■

안 병 곤

광주교육대학 졸업
건국대학교 사범대학 수학교육과 졸업
건국대학교 교육대학원 수학교육 전공
조선대학교 대학원 대수학 전공
광주동신여자고등학교 외 초·중·고교 교사 역임
현재 광주교육대학교 수학교육과 교수

수학 조작교구

2011년 9월 5일 초판 인쇄
2011년 9월 10일 초판 발행

저 자 / 안병곤
발행자 / 오판근
발행처 / 교우사

주 소 / 서울 동대문구 제기2동 148-19
전 화 / 925-2861(代), 편집부 / 925-2825
팩 스 / 925-2860

E-mail / kyowoo@kyowoo.co.kr
http://www.kyowoo.co.kr

등록 / 1994. 3. 24 제6-0256호

ISBN 978-89-8172-901-1 (93410)

값 22,000 원

© KyoWooSa, 2011.

※ 이 책의 무단전재, 복제를 금합니다.